正說大漢二十二帝

高祖劉邦　惠帝劉盈　文帝劉恒　景帝

武帝劉徹　昭帝劉弗陵　宣帝劉詢

元帝劉奭　成帝劉驁　哀帝劉欣

平帝劉衎　孺子劉嬰

光武帝劉秀　明帝劉

章帝劉炟　和帝劉肇

殤帝劉隆　安帝劉祜　順帝劉保

目錄

第五章　雄才大略　武帝劉徹

第六章　守成之君　昭帝劉弗陵

第七章 中興漢室 宣帝劉詢

第八章 柔弱之君 元帝劉奭

第十九章 玩偶皇帝 獻帝劉協 333

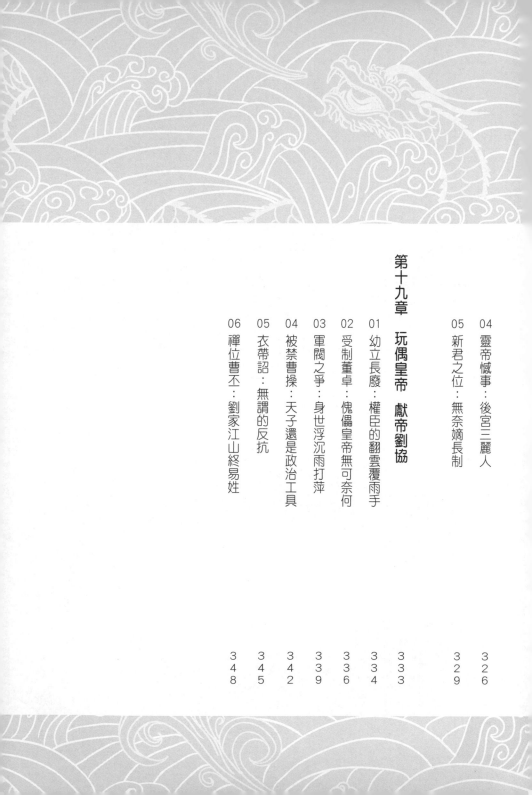

前言

劉邦建立的漢朝是中國歷史上第一個由農民起義推翻前朝統治而建立的封建王朝，也是中國歷史上繼秦朝之後的第二個大一統的封建王朝。劉氏王朝創造了輝煌的文明，是中華民族的奠基期，和同時期的羅馬帝國與印度的孔雀王朝並駕齊驅，堪稱世界古典文明時期的「三駕馬車」。

兩千年前的漢朝，是一個踔厲風發、慷慨激昂的時代，是一個勇於創新、敢於探索的時代。漢朝繼承了秦朝的中央集權制，但由於秦朝的歷史太短，並沒有給漢朝留下多少經驗可資借鑒，劉氏家族的許多統治方法都有待於不斷豐富和探索，因此它比第一個開創這種制度的秦朝貢獻更加卓著。雖然秦朝是中國皇權專制社會的開始，但一系列相關制度的建立和完善實際上都是在漢朝完成的。儘管其中也有曲折，然而四百多年的統治歷史，給後來的王朝留下了豐富的政治遺產。劉家的皇帝們以創制定例的開拓精神、輝煌的武功、昌盛的文化與科技，為中華民族的歷史寫下了濃重的一筆。有漢一代，以華夏族為主的中原部族集團在典章制度、語言文字、文化教育、風俗習慣等方面都逐漸趨於統一，構成了共同的漢文化，形成了延續至今的中華民族的主體民族——漢族。自此，「漢」與「華夏」共同成為中華民族的代稱，中華民族創立的文字系統也因之被稱為「漢字」。作為一個全然由華夏文明自身孕育出來的偉大王朝，大漢帝國在最深的層面影響了此後中國兩千年的全部歷史。「明犯強漢者，雖遠必誅」，至今讀起來仍讓人血脈賁張。

漢朝歷史共計四百多年，分為以劉邦家族為皇帝的西漢王朝和其後裔劉秀家族繼任漢家天下的東漢王朝。作為皇權的擁有者，劉氏家族不同於普通的家族，有著道不盡的酸甜苦辣與無奈紛爭。在這四百多年的歷史進程中，先後有二十多位劉姓皇帝登上了歷史的舞臺，然而外戚爭權也始終伴隨左右：諸呂之亂、霍光攬權、王莽代漢、竇氏欺主、梁冀跋扈……在劉氏家族與外戚家族的爭鬥中，另一勢力——宦官逐漸登上舞臺。在權力爭奪與鬥爭的過程中，一個輝煌的時代最終走向了沒落。兩漢四百多年，是中華民族歷史上最激動人心，也最令人迷惑和惋惜的時期之一。

《正說大漢二十二帝》一書，以劉家二十多位皇帝為中心，為讀者解讀了大漢帝國天子的家族興衰演變與坎坷歷程。

第一章　開國之君　高祖劉邦

漢高祖劉邦，西漢王朝的創立者。字季，沛縣（今江蘇豐縣）人。劉季，一個農民的兒子，五十五歲登上了皇帝寶座，成為中國歷史上繼秦始皇之後又一個一統天下的皇帝。他開創了大漢帝國，通過自己的聰明計略、大智大勇、浴血奮戰、堅持不懈，使一個農民登上封建社會最高統治地位的神話得以實現，亦使得一個普通的姓氏——劉氏成為普天下至尊之姓。與秦始皇和他的兒子不同的是，劉氏子孫繼其父業，發憤圖強，使大漢帝國登上了中國封建歷史的第一個峰巔，並使其威名遠播海外。

01 英雄出處：低位出身，娶得千金小姐

對於一個出身低微而又似乎懶饞的人，能成為一代君主已是一大傳奇，且又能娶得美若天仙的千金更是奇上加奇，劉邦就是這樣一個具有傳奇色彩的帝王之一。

劉邦是中國歷史上最富傳奇色彩的帝王之一。他出身低微、起於毫末、大字不識多少，卻能夠在強手如雲的亂世洪流中壓倒群雄登極稱帝，打下漢家四百年天下。

劉邦生於西元前二五六年，為秦時泗水郡沛縣豐邑中陽里（今江蘇豐縣）人。因世代務農，出身低微，劉家人連個正兒八經、像模像樣的名字都沒有。古時候對上了年紀的男子、婦人分別尊稱為公與媼，兄弟排行的次序以孟、仲、季相列，於是劉邦的父親就叫劉太公，母親叫劉媼，劉邦的大哥早死，二哥叫劉仲，他是老三便叫劉季。

也許是受不了務農的重擔與折磨，也許是認為這種「臉朝黃土背朝天」的生活方式沒有出息，反正劉季從小就「不事家人生產作業」（《史記．高祖本紀》）。他不種田，又沒有別的事情可幹，就整日遊手好閒、東逛西竄。劉公劉媼自然是氣得不行，對他又打又罵，辦法使

盡，可就是無法將他束縛在幾畝田土之上。日子一長，父母管不了那麼多也就只好聽之任之了。

在劉邦內心深處，他的確是瞧不起種田這一單調乏味、沉重苦悶的農活。父母幹了一輩子，又能怎樣？累得腰弓背駝、骨瘦如柴，卻還常常是衣不蔽體、食不果腹。如果以農為業，那麼自己這輩子的出路與下場肯定比父母強不了多少。

在秦朝之前，中國還沒有出現文官考試制度，那時如果想做官只得有賴於鄉里長老的推薦或憑藉家族的顯赫地位，所以一直以來家族地位和鄉鄰關係對一個年輕人的仕途起著非常重要的作用。像劉邦這樣農民出身的人想要出人頭地是絕對沒有希望的，要想改變這種局面就只有靠自己了。

對劉邦來講，最能夠幫他建立並提高知名度的是他的長相。司馬遷在《史記・高祖本紀》中寫道：「高祖為人，隆而龍顏，美鬚髯，左股有七十二黑子。」相貌出眾本身就是人的一種資本，再加上在他的左腿上生有七十二粒黑痣，這些黑痣在當時的民間智者與方士巫師眼中可謂是有神靈保佑或神靈附體等。在這些神乎其神的傳聞中，加以自身性情的豁達大度，劉邦被大家寵愛著。也許正是這些天生的優勢從小就助長了劉邦那與眾不同的朦朧激情。

劉邦三十四歲那年，秦滅楚國。兩年後，秦統一六國，設郡縣於天下。按照秦帝國的政治制度，在地方上，郡下設縣，縣下設鄉，鄉下每十里設亭。這個時候，中陽里幾個德高望重的老者也改變了對劉邦的看法。由他們牽頭湊集了一筆銀子，替劉邦在沛縣東部的泗水亭謀了個亭長的職務。

亭長的職責是接待來往的官吏，平時負責練兵，為政府輸送財物、傳遞文書等，實際上是秦帝國基層政權組織中微不足道的小吏。然而就是這樣一件小職務的謀得，不僅讓劉邦有了一份穩定的收入，從而免去了父親整日對他的嘮叨不休，同時也讓他有機會與縣府裡的下級官吏往來，使他見識了不少世面，結交了不少新朋友，獲得了社會的認可，是他人生的第一次轉折，也為他日後的騰達奠定了基礎。

劉邦心裡潛藏的虛榮心得到了滿足，但是他並沒有就此止步。他雖然沒有什麼遠大的目標與不達目的誓不甘休的追求，卻總覺得自己的未來並不就是這麼一個小小的亭長而已，他總想結識一些大人物。恰巧這時，他聽說單父縣的豪傑呂公來到了沛縣。

呂氏一家頗有資財，是單父縣的名門望族。呂公共有五個孩子，除女兒呂雉之外，還有兩個兒子，一個叫呂澤，另一個叫呂釋之；兩個女兒為呂長姁和呂嬃。呂公生性豪爽，喜歡結交朋友，為人處事很講江湖義氣，對於往來的各路朋友無不有求必應。呂公在結交了很多朋友的同時，也結下了一些恩怨，為了躲避仇人，決定去投奔正在沛縣做縣令的好友。呂公遷來沛縣之時，搬家用了大車幾十輛、牛馬數十匹，沛縣縣令也親自出城迎接，這件事立即在沛縣引起了很大的轟動。

沛縣中有頭有臉的人物聽說縣令來了貴客紛紛前來祝賀。那天，呂公和縣令坐在內廳，人們便往內廳湧，一時人滿為患，秩序有些亂。縣令向屬下蕭何示意，蕭何便提高了嗓門說：

「各位請注意：賀禮不滿一千錢的，不要到內廳的正座上來，就請在堂下就座。」

劉邦也是賀客人之一，他見是熟人蕭何主持收納財禮，心中不覺大喜。靈機一動，便說：「我賀錢一萬。」負責招待客人的人大吃一驚，但立即高聲向門內喊道：「泗水亭長劉季賀萬錢！」

接待人員隨即導引劉邦入門到堂上入座。這時，坐於堂上主賓席的呂公聞聽有賀萬錢的貴賓到來大吃一驚，便急忙起身到門口迎接劉邦到堂上就座。

劉邦在門客的引導下，大搖大擺地步入堂上。酒宴進行期間，劉邦神態自若、談笑風生，與呂公談得很是投機。

酒席臨近尾聲，客人們開始陸續離座告辭，呂公一一答謝。當劉邦也要離座時，呂公向劉邦使了一個眼色，劉邦心領神會知道呂公是要他暫且留住。於是劉邦等待客人離去，自己安然留在後面。

呂公送走全部客人後，轉身面對劉邦請他坐下。呂公入座後，鄭重地對劉邦說：「您相貌非凡，我家中有個親生的女兒，我願意把她嫁給你為妻。」

此時劉邦已年近四十仍未娶妻。他見呂公是一位不平凡的長者，又是縣令的故友，就一口應了這門親事。

呂雉已經二十八歲了，在當時這麼大的姑娘還沒有出嫁的已經很少了。但憑藉優厚的家世和出色的容貌，呂雉當然不愁嫁，為她提親的人也的確很多，只是呂公挑選女婿的標準極高，凡看不上眼的就想法找藉口婉言謝絕。

劉邦的不凡氣度和灑脫的言談舉止贏得了呂公的賞識，閱歷頗豐的呂公斷定劉邦將來必成大事，便慨然將自己的愛女呂雉許配給了當時尚屬混混級別的劉邦。這不能不讓人感歎呂公的精明和其過人的遠見，後來的事實也證明呂公的選擇是正確的。

02 豪傑本色：順應天意，沛縣起義

「豪傑」對於任何一個英雄來說都是其本色，不在於地位的高低。陳勝、吳廣都出自貧苦農民家庭，卻發動了名垂史冊的中國歷史上第一次農民起義。

秦始皇去世之前已是民怨沸騰，反者四起。西元前二〇九年七月，陳勝、吳廣在大澤鄉（今安徽宿州）發動起義，拉開了秦末農民戰爭的序幕。陳勝，字涉，陽城（今河南商水西南）人，出生於一個地位極為低下的貧苦農民家庭。吳廣，字叔，陽夏（今河南太康）人，也是一名貧苦農民。

陳勝、吳廣都在被徵發之列，他們走到蘄縣（今安徽宿州）大澤鄉時遇到滂沱大雨，延誤了到達漁陽的期限。按照秦代法律的規定，誤期就要處斬。死亡威脅著每一個人，暴虐的統治激起了九百名貧苦農民莫大的義憤。陳涉大喊：「王侯將相，寧有種乎！」率領民眾揭竿而起。陳勝在攻下陳（今河南淮陽）後稱「王」，建立了「張楚」政權。

隨後農民起義風起雲湧，各地紛紛懲治縣令。沛縣縣令在這種情況下想主動投降起義軍來

保全自己的性命，便找到沛縣主吏蕭何、獄掾曹參來商議。蕭何建議說：「你現在是秦朝的官吏，領著沛中子弟起兵，恐怕不大合適吧。最好還是把那些逃亡在外的人召回來，至少能有幾百人，這樣大家就不會不聽話了。」

蕭何、曹參都是沛豐人，和劉邦是老鄉，因此互相認識得也比較早。當劉邦還是一個市井之徒時，蕭何已在沛縣做吏掾，曹參則為獄掾。劉邦做了亭長之後，有不明白的事都會去請教他們。

縣令點頭表示同意，便讓樊噲去找劉邦。樊噲出身寒微，早年曾以屠狗賣肉為業。他和劉邦是同鄉，又是連襟關係，交往甚密。這時聚集在劉邦手下的人已經有好幾百人了，樊噲見劉邦後告知了詳情，劉邦二話沒說便啟程和他一起回到沛城。誰知劉邦還沒到沛城，縣令就開始反悔了，打算先殺掉蕭何、曹參。蕭何、曹參聞訊後，急忙越城逃到劉邦處。等劉邦的隊伍趕到沛縣城下時城門早已緊閉，劉邦寫了一封信射到城裡，號召沛城父老殺掉縣令、響應各路義軍。城中人民對縣令的出爾反爾非常憎恨，再加上他平日欺壓百姓，於是便決定投靠劉邦與朝廷對抗。他們合力殺了縣令，開門迎接劉邦入城，並推舉他為縣令。劉邦一再推託，眾人不好強求，於是立他為沛公。也就是說，劉邦還是沛縣的起義首領，只不過是換了個稱呼而已。劉邦在沛縣衙門設壇祭祀，並宣稱自己是赤帝之子而樹起紅色大旗，正式宣布起兵反秦。接著，蕭何、曹參和樊噲等人分頭去招兵買馬，沛中子弟踴躍參加，隊伍很快發展到了兩三千人。沛公率領這支起義隊伍，從此匯入了秦末農民大起義的洪流。

沛縣父老推戴劉邦為沛公，他雖然表面上不願意，內心卻非常高興。劉邦心裡很清楚此時誰也不敢做首領，因此他表面上推讓是為表明自己帶頭起義不是為了封侯稱王、不是出於私心，而是在父老子弟們的再三推舉之下不得已而為之，目的是救民於水火；同時也是為著起義後能有效地管束部下——既然是眾人推舉，眾人就應服從他的管束和指揮。這點足見劉邦的大智慧。劉邦與其他首領的不同之處就在於，他不是為著自己封侯封王，而是想最終奪取皇帝寶座來改變家族的命運與利益，建立劉氏的天下。從此劉邦開始了他人生征途中的第一步。

03 劉邦獲勝：楚漢相爭，逐鹿中原

並不是所有的偉大領袖都出身高貴或驍勇善戰，劉邦以一個小人物的身分贏得了相持四年之久的楚漢戰爭，並最終實現了統一天下的皇帝夢。

秦亡後，誰能成為那個時代的偉大人物？最有資格的有兩個人：一個是劉邦，一個是項羽，他們都是從農民起義領袖轉化而成的擁兵自重的諸侯王。劉邦、項羽兩個諸侯王集團圍繞爭奪政權的問題，展開了一場長達四年之久的楚漢戰爭。

當時，劉邦先入關中欲稱王，受到項羽的百般阻撓，發生了鴻門宴事件；鴻門宴上死裡逃生的劉邦接受項羽的安排做了漢王。經過一番準備後，劉邦出兵攻楚，雙方持續了四年之久的艱苦戰鬥，劉邦終於在垓下之戰一舉消滅了項羽的勢力，贏得最後的勝利。

劉邦是個農民，而項羽則是沒落的貴族。項羽的出身是相當高貴的，他的祖父叫做項燕，是楚國的名將。但到了項羽父親這一代，家族開始破落。所以項羽早年追隨他的叔叔項梁逃難到了吳中，就是現在江蘇省蘇州市的吳中區。不過項羽雖然是一個破落貴族，身上卻依然有著貴族的高傲氣質。項羽的軍事力量也很強，可謂戰必勝、攻必克，所以滅秦之後自稱為西楚霸王，一時雄冠天下。

秦二世三年十月，劉邦攻進了關中，接著項羽也進入了咸陽，他們獲得了推翻秦王朝的勝利。在這個勝利面前，劉邦和項羽的表現完全不同。劉邦「約法三章」深得民心。他原來在沛縣的時候是喜歡錢財、酒肉和女人的，來到秦朝皇宮看見數不盡的金銀財寶、美女珍饈居然不動聲色、秋毫無犯，有這麼大的克制力，可見他志向遠大。

項羽的做法卻是「殺子嬰，燒宮室，屠咸陽」，他每攻下一座城池就大肆屠城。項羽一門心思想衣錦還鄉，於是就把從秦皇宮裡面搜刮來的那些金銀財寶和大批的美女裝上車子浩浩蕩蕩地開回了彭城，也就是現在的徐州。勸說他的人搖頭歎息，說了句「沐猴而冠」，項羽聽到這話以後就把這個人扔進滾油鍋裡去了。遊說項羽的人被項羽殺了，然而項羽奪取天下稱王稱帝的機會也被自己扔進了油鍋。

楚漢戰爭中有這麼一件事情，在兩軍處於對峙狀態的時候，項羽久攻劉邦不下，於是項羽就在軍前架起了一口大鍋，把劉邦的父親五花大綁地推到了陣前，然後說：「劉邦，如果你再不投降，我就把你父親下油鍋了。」不料劉邦笑著說：「呵呵，項老弟，別忘了，我們兩個在懷王手下的時候約為兄弟，咱倆既然是兄弟，我父親就是你父親，你要是打算把咱們的父親煮了，別忘了給哥哥留碗肉湯喝。」項羽下不了手，只得留下劉太公一命。

實際上項羽這個時候已經犯了一個錯誤，你因為打仗打不過人家就要把人家的父親放到鍋裡去煮，這是一種無賴之舉，而項羽是一個貴族，貴族是不擅長使用無賴手段的。這樣一來項羽是一肚子窩囊氣，劉邦卻是一臉的不在乎。

可見，在挫折面前，劉邦表現得比較冷靜，而項羽則顯得狂暴浮躁。劉邦為了維護劉家的利益，表面上是捨棄父親，實質上卻採用迂迴政策來和項羽鬥智鬥勇。

在楚漢戰爭的最後階段，項羽在彭城大敗劉邦。這無疑給劉邦造成了重大損失，但他沒有洩氣，並意識到自己雖然受挫，但將領損失不是很多，蕭何據守的關中、巴蜀，仍然是他穩定的大後方。另外，劉邦多年來奉行不擾民、行仁義的政策，支持者頗多，所以劉邦仍然有力量與項羽一爭天下。

雙方就這樣對峙了十個多月。劉邦兵盛食多，項羽兵疲食絕，最後在辯士侯公的說和下，劉邦和項羽約定：雙方以鴻溝（今河南滎陽、中牟、開封一帶）為界，「中分天下」，西邊屬漢，東邊歸楚。項羽送還了劉邦的父親和妻子。

鴻溝之約後，劉邦採納張良、陳平的進諫藉機尾隨項羽而來。漢王五年（前二〇二年）十月，劉邦在陽夏（今屬河南太康）之南追上項羽，他與韓信、彭越約期會師共擊項羽。到了固陵（今河南太康西），韓、彭兩軍未至，項羽向劉邦發起攻擊，漢軍大敗，劉邦只好又堅壁固守。他向張良尋求計策，張良說若能以齊地實封韓信，以梁地實封彭越，他們肯定會全力幫助擊敗項羽。於是劉邦派人通告韓信和彭越，只要他們並力擊楚，打敗項羽後就封他們為齊王和梁王。韓、彭立即回報：「我們馬上進兵。」這時，楚大司馬周殷也被劉邦勸降，淮南王英布也帶兵前來會戰，漢軍在兵力上佔據了絕對優勢。到十二月，雙方在垓下會戰，漢軍近三十萬人團團圍住了項羽。

項羽當時兵少糧盡。一天夜裡，他突然聽到漢軍在他的駐地四面唱起了楚歌，以為漢軍已全部佔領楚地。於是項羽跨上駿馬，率騎兵八百人連夜突圍而出。天亮以後，漢軍才發覺項羽已經突圍，劉邦令騎將灌嬰率騎兵五千人追擊。項羽渡過淮河，只剩下一百多隨從。到陰陵（今安徽定遠西北），項羽迷路，引兵向東，至東城（今安徽定遠東南）被灌嬰追上。這時項羽身邊只有二十八騎，他奮力與漢軍激戰三次，殺死漢軍幾百人，最後拔劍自刎。

垓下之戰是楚漢戰爭結束的標誌，這場戰爭以項羽失敗自殺、劉邦獲勝而告終。此後，劉邦正式建立了西漢王朝，統一了全國，秦末分裂割據、諸侯混戰的局面至此基本結束。劉邦的皇帝夢終於實現了，而且也壯大了劉氏集團，使劉氏家族一舉登上了權力的巔峰。

04 磐宗固本：剷除異姓諸侯王，分封同姓諸侯王

劉邦平定天下以後，逐漸剷除異姓諸侯王。同時他「懲戒亡秦孤立之敗」，又大封同姓子弟為王，用以屏藩朝廷。然而有違劉邦初衷的是，有些同姓王一旦強大就同異姓王一樣都想推翻朝廷，自己當皇帝掌握最高權力。

劉邦作為漢朝開國皇帝，廟號「太祖」，謚號「高皇帝」。史稱漢高祖。劉邦從一個流氓無賴起家，斬白蛇起義，挺進關中，最後與項羽歷時四年爭奪皇權。經過十幾年的拼搏廝殺，終於開創了西漢王朝，當上了漢朝的開國皇帝，可以說是歷盡千辛萬苦才創下了劉家天下。在劉邦晚年的時候，社會已經比較穩定，經濟也有了相當的恢復，並呈現出良好的發展勢頭。但劉邦心裡並不踏實，首先讓他日夜放心不下的是各地的異姓王，這些異姓王手裡都有兵將，有的與劉邦不是一條心。其次就是一些將領，他們為功勞大小和賞賜的多少而爭鬥不休，如果安撫不當就會投奔那些異姓王作亂。還有原先六國的後代也不能掉以輕心。而在中央，丞相的權力對他這個皇帝也構成了威脅。正是因為劉邦感到政權依然存在威脅，所以他要著手殺掉一些

對自家江山不利的人物。

劉邦首先向兵力最多、功勞最大的楚王韓信開刀。韓信原是項羽屬下，但不受項羽重用，在漢弱楚強的形勢下，韓信看出劉邦可成大事就投奔劉邦，被求賢若渴的劉邦拜為上將。拜將之後，韓信率領大軍奪取自古兵家必爭之地井陘（今河北石家莊西北），俘虜趙王，攻佔了趙國；還平定安撫齊國，向南擊潰楚國軍隊二十多萬，最後更是徹底消滅了項羽集團。連劉邦都誇韓信「統百萬之軍，戰必勝，攻必取」。在楚漢之爭中，韓信為劉邦打敗項羽立下了汗馬功勞。可是天下安定了，這個手握重兵的悍將韓信卻讓劉邦如同芒刺在背、寢食難安。所以劉邦決定剪除異己，首先拿韓信下手。

機會終於來了。西元前二〇一年十二月，有人揭發韓信謀反。劉邦採用陳平之計，假稱要到雲夢巡狩，通知各位諸侯到陳縣聚齊。韓信為了證明自己並無反叛之意，就帶著項羽亡將鍾離昧的頭顱去見劉邦。可是劉邦仍命令武士將他逮捕，韓信感歎說：「真如常言說的『狡兔死，走狗烹；飛鳥盡，良弓藏；敵國破，謀臣亡』。現在天下太平，我是到了該死的時候了！」可能這話道出了劉邦的心機，劉邦沒有立即誅殺韓信，只是說：「有人揭發你謀反。」

劉邦將韓信逮捕帶回洛陽，對於所謂「謀反」罪行也不加深究便釋放了韓信，只是將他降爵為淮陰侯。從此，韓信知道劉邦妒嫉自己的才能，便經常稱病不去上朝。

西元前一九六年，韓信被人告發與陳豨通謀欲反。呂后採用蕭何的主意將韓信誘騙入宮抓捕，最後在長樂宮的鐘室殺掉了韓信。隨後，韓信的三族都被誅殺。

在楚漢戰爭中，功勞最大的除了韓信便數梁王彭越了。彭越原是一個打家劫舍的強盜，在秦末農民起義浪潮的推動下，他也帶領一幫人馬舉起了反對秦王朝的義旗。後來劉邦的勸說下歸順了，被劉邦封為梁王。劉邦在發兵征討陳豨時也曾調他領兵參戰，但他裝病不去。劉邦平叛歸來派人責問，他的部將有人勸他謀反，彭越猶豫不決。不料此事被人告發，於是劉邦便將彭越逮捕。後來在呂后的建議下，劉邦同意立即處斬彭越，並將他的肉剁成醬，煮熟以後分贈給諸侯，以昭懲誡。

英布又稱黥布，也是強盜出身，原是項羽手下一員衝鋒陷陣的猛將，由於屢建戰功被項羽封為九江王。在楚、漢戰爭中英布跟項羽發生了矛盾，後被劉邦爭取過來，參加了著名的垓下之戰。英布鑒於韓信和彭越慘死的教訓，不肯束手待斃。於是讓部下秘密集中兵馬伺機反抗，英布的動向被人告發，劉邦派人調查也抓到了一些證據，他才公開扯旗造反，後來被劉邦鎮壓。

劉邦感到相權太重，已對皇權構成威脅。西元前一九五年，劉邦的少年朋友當朝相國蕭何代表老百姓對他建議說：「長安地方狹小，而上林苑中有很多已經廢棄的空地。希望陛下能下令允許百姓進去耕作，不要把它變成了養獸的場所。」劉邦認為對蕭何下手的機會來了，於是他聞言大怒，說蕭何是受了商賈的賄賂才來為他們請求開放上林苑的，便不顧多年交情下令把蕭何逮捕並關進監獄。過了幾天有人問相國犯了什麼大罪，劉邦解釋說：「我聽說李斯做秦始皇的相國，有功都歸於秦始皇，有壞事都算在自己頭上。而現在相國不僅接受商賈的賄賂，還請求開放我的上林苑來討好百姓，所以我把他關進監獄治罪。」通過整治蕭何，劉邦打擊了相權，進一步提高了皇帝的權威。

在短短的七年之內，除了地處偏遠南方而勢力弱小的長沙王吳芮以外，幾乎所有能對劉氏王權構成威脅的開國功臣都被劉邦以各種名義剷除掉。劉邦終於用他鋒利的屠刀解決了功臣的問題，可以安心地傳位給子孫後世了。在誅殺開國功臣的過程中，呂后也表現出不平凡的政治才幹，她為人剛毅果敢，處事多謀善斷，審時度勢、果斷潑辣。她的心狠手辣不僅令滿朝文武敬畏，甚至連劉邦也為之悚然。而且此時呂后的勢力已滲入朝廷，並成為以後奪取劉氏天下的一股潛在力量。

劉邦剷除諸侯王之後，首先想到的就是不能重蹈秦朝滅亡的覆轍，他認為秦朝滅亡的一個重要原因在於沒有分封諸王。當天下出現事變的時候，秦朝政權孤立無助，內有奸臣當道，外無諸侯援助，很快就被推翻了。因此劉邦決定分封劉姓諸王，於是將長子劉肥封為齊王。

劉肥即齊悼惠王，漢代齊國的第一代國君。劉肥是劉邦和曹氏所生的，是劉邦眾多兒子中年齡最大的一個。為了照顧劉肥，劉邦還把曹參派到齊國做國相協助治理齊國。

位於東方的齊地土地肥沃、人口眾多，是各諸侯國中勢力最強大的，必須找一位能夠震懾住東方各王的管理者，在中央政府難以及時管治的地方有效地維持秩序。保持齊國的勢力強大，當中央有事的時候，即使離國都較遠也能夠有效地保持實力，進可拱衛中央，退可保持劉氏王脈。劉邦的心思可謂用心良苦，後來的事實證明這樣做收到了很好的效果。

漢高帝六年所分封的同姓諸侯王有：

荊王劉賈。劉賈出於劉氏宗族，但不知屬於宗族中的哪一支，他跟隨劉邦南征北戰屢立戰功。劉邦以淮東原東陽郡、鄣郡、吳郡近五十個縣封劉賈為荊王，都於吳。

楚王劉交。劉交是劉邦的同母幼弟，劉邦以薛郡、東海、彭城的三十六縣封劉交為楚王，都於彭城。

代王劉仲。劉仲是劉邦的二哥，劉邦以雲中郡、雁門郡、代郡的五十三縣封劉仲為代王。

吳王劉濞。劉濞是劉仲的兒子。漢高帝十一年，英布叛亂，荊王劉賈被英布軍所殺。高帝十二年，立劉濞為吳王，稱王於荊王劉賈的故地。

劉邦分封諸侯的結果，是全國近三分之二的土地為諸侯王國所有，歸中央政府直轄的只有包括京師在內的十五個郡而已，而這十五郡還包含有列侯、公主的食邑在內，於是這些諸侯王國逐漸發展成為同國家政權相對抗的勢力。為此，漢高帝的後繼者文帝、景帝、武帝，不得不採取「眾建諸侯而少其力」、「削藩」、「推恩」等政策來削弱諸侯王國的勢力。漢景帝時期還爆發了吳楚七國之亂，西漢王朝為了削弱諸侯國勢力在長時期內付出了沉重的代價。這一切都是實行分封諸侯王國所留下的禍患，這是劉邦做夢也沒有想到的。由於劉邦及其繼任者們大封劉氏的做法，使得原本是豐沛鄉村的一支普通劉氏家族的漢朝皇族，從此遍布全國各地。「遍地劉」的格局，大概在這個時期就已經基本形成了。

05 鞏固政權：推行無為，頒布律令

有鑒於秦始皇的「賦斂無度」、「戍徭無已」的教訓，劉邦實行了與民休息、「無為而治」的政策，譴責秦朝「誹謗者族、耦語者棄市」的苛法，從而鞏固了政權。

西元前二〇二年二月，劉邦正式在汜水（今山東曹縣附近）即位稱皇帝，定國號為「漢」，史稱「西漢」或「前漢」，宣布定都洛陽。都城的選址與建設，對於鞏固政權、控制全國局面而言意義重大。所以，定都選址便是劉邦為鞏固政權所採取的頭項政策。

洛陽是一個千古名城，最早的歷史可以追溯到西周初年。當時，周公旦為了震懾關東諸侯而督建洛陽城，歷時數年而成。初期洛陽的規模較小，由王城和成周兩部分組成，周公旦把它作為西周的陪都來使用。周敬王時期發生朝臣叛亂，敬王為了避禍難而從王城遷居到成周，並且對洛陽城進行了大規模的擴建和整修，洛陽的規模初步形成。從西元前七七〇年到西元前五二〇年，東周諸王一直居住在洛陽，於是洛陽作為全國中心的地位自東周起就確立了下來。

另外，劉邦的文臣武將們大多數是關東人，他們都希望離自己的家鄉近一些，不願意去關中，因此都支持劉邦定都在洛陽。鑒於以上幾點考慮，劉邦便初步把洛陽作為西漢的都城。但是婁敬和張良則反對定都洛陽，希望定都長安。

婁敬是齊人，當時正赴隴西戍守，經過洛陽時聽說劉邦想定都洛陽，便專程去洛陽拜見劉邦。婁敬直言不諱地對劉邦說：「您定都洛陽是考慮洛陽是周朝古都吧，但如今您不能那麼想。周朝到成康年間，已經有了近千餘年的發展歷史，根基深厚、國富民強，周朝以洛陽為中心當然可以號令諸侯，共用天下中心的威風；而漢朝則不同，漢朝剛剛建立，經過了多年的戰爭，根基不厚、國力不穩，因此都城的地理位置必須考慮到進可攻，退可守。無險可守，若國君有德行則可以稱王，沒有德行就容易亡國。據小人分析，關中地區地理環境相對有利，四面環山，據險可守；關中地區土地肥沃、物產豐富，當年秦國就是憑藉這裡而統一天下的；皇上原先和關中的父老『約法三章』，又曾做過漢中王，在這些地方很有威望，漢室初立天下，正好可以用以鞏固國家。」

高祖還是舉棋不定，又問策於張良。張良，字子房，戰國時韓國（今河南中部）人，是劉邦的軍師，為其出謀劃策，屢建功業，是西漢的開國元勳。張良非常同意婁敬的想法，高祖採納了他們的建議拍板定都長安。

西元前二〇五年十月，劉邦正式遷都長安。由於關中地區在戰爭中受到很大破壞，劉邦便任命蕭何營建新都，選址在咸陽東部的長安鄉。長安城的營建用了很長時間，至西元前二〇〇年才正式竣工。之後，蕭何又主持營建了未央宮。宮殿建成後，劉邦移駐未央宮，太后、太子等人則住在長樂宮裡。漢朝的皇室建築基本定型，長安作為全國的政治、軍事、文化和經濟中心的地位也完全確立了下來。

劉邦即位之初，由於連年混戰，整個社會已經是一片殘破，甚至出現雖有沃野千里卻空無一人的景象。劉邦出行，竟然找不到四匹顏色相同的馬，只好找顏色相近的馬來代替；而大臣出行，更是只能乘坐牛車。所以當時劉邦想要鞏固政權是一件非常棘手的事情。

對此，劉邦採取了一系列輕徭薄賦、與民休息的無為政策。為了使民眾得以休養生息，朝廷實行了輕稅薄賦的政策。秦漢時，政府的農業稅和私人地租都叫「租」或「稅」；「賦」，一般指戶賦、口賦、算賦等戶口稅。大漢建國後，採取「輕田租，十五而稅一」的政策，即只抽農作物的十五分之一為農業稅，稅率是比較低的。

劉邦奉行的無為而治政策，有利於調動農民的生產積極性，恢復在長期戰爭中遭到破壞的農業經濟，對於長期飽受戰爭之苦的農民來說是非常有利的。他所制定的一系列重要制度和政策，不僅鞏固了剛剛建立起來的劉氏江山，而且對綿延兩百多年的整個西漢政權都起到了「立制垂範」的作用。

秦朝滅亡、漢朝興起是中國歷史上封建王朝的一次自然更替，雖然是一次翻天覆地的改朝換代、政權轉移，但是更換的只是帝王將相而已，秦朝時期由秦始皇開創的專制主義中央集權的封建制度，基本上完好無損地沿襲了下來。

秦始皇統一中國後，費盡心思建立了一系列利於維護國家統一的統治制度。地方的權力集中到中央，中央的權力集中於皇帝，有效地防止了諸侯割據局面的出現，適應了社會發展、人民渴望穩定的要求。到西漢時期，這些制度仍然有利於皇權的專制和集中，能有效地號令天下、統治萬民，確保最有力地維護了劉氏的利益。但漢朝對秦朝的制度並不是簡單的生搬硬套，而是在繼承的基礎上有所發展。此後中國的封建統治制度一直持續了兩千年，雖然歷經每個朝代的增減刪益，但基本的體制一直沒有改變。因此，封建制度始於秦，固於漢，「漢承秦制」在其中發揮了很大的作用。

總之，劉邦通過一系列的努力建立了一整套井井有條、自上而下的統治制度，統一集權的大漢帝國初步確立了，劉氏的江山也基本上鞏固了。

06 邊事之策：和親匈奴，海內漸安

「和親政策」的治國策略，使得漢朝邊境得到了安定，也使得大漢江山得到了維護，但這只是一個暫時性的決策，一旦時機成熟，大漢王朝必定反擊。

匈奴是中國的一個古老民族，長期在中國北部的草原、沙漠地區遊弋，過著粗放的游牧生活。秦王朝時期，蒙恬率十萬大軍北擊匈奴，收復河套地區黃河以南的土地，並修築萬里長城防禦匈奴南下入侵。匈奴部族的老酋長名叫頭曼，他的前妻為他生了一個兒子叫冒頓。後來頭曼又喜歡上了另一個年輕的姑娘，並生下了一個幼子。頭曼日益衰老，對後妻和幼子也就越來越疼愛。時間長了，頭曼打算把酋長的位置傳給幼子，但又怕長子冒頓不答應，於是頭曼想借他人之手除掉冒頓，就派冒頓到月氏去當人質。冒頓剛到月氏，狠心的頭曼就發兵攻打月氏，希望月氏遷怒於冒頓而殺死他。冒頓機敏果敢，他察覺到了父親的意圖，就趁著天黑奪取良馬逃了出來。頭曼見冒頓安然返回又驚又喜，認為兒子很有膽識，並把一部分部眾分給他。但是冒頓卻不肯原諒父親，他表面上很溫順，內心卻對頭曼恨之入骨。後來他將鳴鏑射向了自己的

父親，並把繼母與弟弟除掉，宣布自己繼任單于。

秦朝末年，當漢軍與楚軍於滎陽相持不下的時候，匈奴在首領冒頓單于的率領下建立了統一的國家，並且利用內地的分裂混戰局勢不斷地向內地侵擾搶掠，給中原政權帶來了極大的威脅。

中原地區的富庶對寒冷荒涼地帶的游牧民族來說是一個難以抗拒的誘惑，冒頓的勢力壯大之後就接連不斷地開始了向漢朝的進攻和騷擾。劉邦建國後，將韓王信遷徙到代國，建都於馬邑。匈奴大軍包圍馬邑，韓王信因受到漢王朝懷疑害怕遭到誅殺，率眾於馬邑投降匈奴。

劉邦不能忍受這種侵略，於西元前二〇〇年乘著剛剛擊敗項羽、統一中國的餘威，親自率領大軍向匈奴進攻，結果在白登山被冒頓團團圍住險些被俘，後來採用了陳平之計賄賂單于妃子才得以突圍逃命。

劉邦苦於國家剛剛建立無法與匈奴爭雄，一時不知如何是好。這時候，大臣婁敬向劉邦建議把漢朝的公主嫁給單于，實行和親政策。婁敬認為當前漢室剛立不能跟匈奴汗國作戰，冒頓單于弒父殺妻，蠻橫至極，降服他的唯一辦法就是把公主嫁給他，多給他金銀財寶作為安撫。單于娶了漢朝公主自然就成為漢朝的外婿，將來公主的孩子繼任單于更成為漢室的外親成員，這樣就可以有效地避免戰爭了。劉邦覺得有道理，就想把大女兒魯元公主嫁給冒頓，但呂后堅決不同意，反覆地勸誡劉邦，劉邦也不敢違背妻子的意願，就把一位宗室的女兒封為公主嫁給了冒頓。

與匈奴和親以後，雙方「約為兄弟」，西漢政府除了把漢宗室女子嫁給匈奴單于外，每年還要送大量財物給匈奴。在武帝以前的惠帝、高后、文帝、景帝期間，漢朝在同匈奴的關係上一直奉行劉敬（即婁敬，因建議定都長安有功，被劉邦賜姓劉）為漢高帝所制定的「和親」政策，以妥協的方式來減緩匈奴在北部邊境上造成的危害。這種「和親政策」具有屈辱性質，雙方是不平等的，而且這種政策的實行並不能從根本上解除匈奴對西漢王朝的威脅，這也決定了這種政策的暫時性，一旦條件成熟，漢朝一定會反擊。到漢武帝時，隨著條件的成熟，漢朝相繼發動了三次大規模的對匈奴作戰，基本上解除了匈奴對漢朝的威脅。之後，一直到漢元帝時才又一次實行了「和親政策」。從歷史意義來看，「和親政策」使漢朝邊境獲得了相對的安寧，也促進了漢族與北方少數民族的團結與和睦，維護了大漢江山社稷的利益。

07 立太子：無奈，留有遺憾

雄心壯志的漢高祖在太子的廢立問題上留下了幾分無奈，一個柔弱寡謀、不思抵抗的太子怎能治理好國家，但他還是深謀遠慮地為太子安排了輔佐大臣，以鞏固自己打下的江山。

漢高祖劉邦征戰沙場，戎馬一生，但英雄一世也終究逃脫不了生老病死的自然規律。西元前一九五年，淮南王英布發動叛亂。劉邦在呂后和許多大臣的建議下，不顧老邁的年齡和多病的身體親自率軍出征。征討進行得很順利，但是在一次戰鬥中劉邦不幸被流箭擊中受傷不輕，不得不提前返回長安，留下其他將領繼續追擊英布。

由於一路的勞累、耽誤拖延了病情的醫治，劉邦的身體一日不如一日。但回到長安之後，他並沒有安下心來養病，他知道自己的時間已經不是很多了，因此要在這最後的一段時間之內處理好國家大事，使政權能夠順利地交接，漢家的天下不至於轉到別人的手中。在生命的最後幾個月內，劉邦接連採取了幾項重大措施。

首先是確定皇位繼承人，預定太子。劉邦對自己早先所立的太子不太滿意。在西漢建立之初，劉邦立了他和皇后呂雉所生的兒子劉盈為太子。但是劉盈為人過於「仁弱」，脾氣性格、辦事作風都不像自己，恐怕很難使劉氏江山永固。劉邦擔心「仁柔」的劉盈繼承皇位後，大權會被呂后掌握。而他與戚夫人所生的兒子趙王如意年紀雖小，但在長相、性格上都像自己，適於繼承帝業。同時，劉邦發現呂后已經擅權，而戚姬卻無過問朝政的能力，於是劉邦就有了廢易太子的念頭。

劉邦幾次想改立趙王如意為太子，可最後終究沒敢改立。無論是從感情上來說還是從國家的角度來講，趙王如意都是最適合的人選，但是事與願違，就連劉邦這個叱吒風雲的開國皇帝竟然也有這麼多的無奈。

劉邦當了皇帝以後，最寵愛的妃子就是戚夫人。劉邦與戚夫人所生的兒子趙王劉如意聰明伶俐、堅決果敢，常在劉邦身邊撒嬌，使他享受到了天倫之樂。劉邦總覺得如意才像是自己真正的繼承人。戚夫人也自然明白，如果如意能被立為太子，日後自己就是皇太后，善於妒嫉的呂后也就無法再加害自己了。於是戚夫人日夜懇求劉邦廢掉劉盈，改立如意為太子，有時甚至哭泣相求。劉邦有改立太子的想法，但是開國重臣們卻極力反對改立太子之事，有的人甚至斬釘截鐵地說：「臣口不能言，然臣知其不可。陛下欲廢太子，臣絕不奉詔。」在群臣的反對聲中，劉邦只好暫時將這件事擱置。

呂后知道劉邦寵愛戚夫人到了極點，說不定真的會為戚夫人而改立太子，她非常害怕劉盈的太子之位不保，自己也會遭人暗算，於是她接受張良的建議懇請商山四皓出山輔佐。四皓為呂后多次拜訪而深受感動，終於答應出山輔佐劉盈。有一次，劉邦詢問太子劉盈如何處理政事，太子說要善於用人，劉邦大笑，就問太子手下都是一些什麼人，劉盈說：「我常常得到四皓的指點。」一向來劉邦最尊敬的就是商山四皓，沒想到他們竟來輔佐太子。劉邦非常吃驚，認為太子羽翼已成，天下歸心，地位已經不可撼搖了，從此就再也不提廢太子的事情了。

此外，劉邦要更換劉盈改立如意，劉盈母家這一關就很難通過。劉盈的母親呂后跟隨劉邦平定天下，掌握著很大的政治權力，是漢朝宮廷的頭號人物。劉盈的舅舅呂澤、姨夫樊噲都是跟隨劉邦打天下的開國功臣，他們在朝中擁有很大的勢力。如果劉邦執意要廢掉太子，恐怕會引起夫妻反目，甚至有可能發生政變，如意也會更加孤立，不僅無法繼承皇位，還可能遭遇不測。

劉邦更易太子雖然沒有成功，但是預立太子卻從此成為漢代一項定制。這一制度後來為中國歷代封建王朝所承襲，成為皇位繼承的慣例。

儘管劉盈在大臣的支持、商山四皓的輔佐、外戚的擁護之下保住了太子之位，並即位登基，成為後來的漢惠帝。但是劉邦的擔心是對的，惠帝實在太過懦弱，一登基，大權就旁落到了母親呂雉手中，而劉盈也因為過於憂鬱而早早去世了。作為一名開國之君，劉邦早就看到了劉盈懦弱不能成器的一點，才有了改立太子的想法，只是劉盈雄厚的政治背景，不是劉邦一人改變得了的。

不能更易太子，劉邦所擔心的就是劉盈能否保住漢家的政權。為了防止劉家大權的旁落，劉邦和大臣們訂立了誓言，這就是著名的「刑白馬盟」。劉邦以古代盟會的形式，殺白馬祭天，與大臣們歃血為盟，宣誓非劉姓不得為王，非功臣不得封侯。誰若違背此約，天下可共起而擊之！劉邦是市井行伍出身，非常重義氣，劉邦的大臣們也大多是貧寒出身，因此以誓約的形式訂立條款，更容易為大家所接受和遵從，流傳也更加廣泛，天下人都知道有此誓約，其約束力和影響力也就更大。後來呂后當權果然受到了這一誓約的掣肘，大臣們誅殺諸呂也是根據這一誓約。

劉邦最後指定了輔佐劉盈的丞相人選，為漢王朝最終渡過難關發揮了重要作用。劉邦在病危彌留之際，指定曹參做蕭何的繼承人，曹參之後由王陵和陳平繼承；又指定周勃為太尉，獨掌軍事大權。這些人當中沒有一個是呂后的親屬，更沒有她的嫡系，對呂后以後的用人形成了極大的限制。日後也正是太尉周勃和宰相陳平匡扶了漢室，劉邦安排將相得當，足見他用心之深。

第二章 仁弱皇帝 惠帝劉盈

漢惠帝劉盈是西漢的第二個皇帝，他是劉邦和結髮妻子呂雉唯一的兒子，生於西元前二一一年。

惠帝生性仁弱無能，大權由母親皇太后呂雉執掌，中國歷史從此開始進入呂后時代。

惠帝劉盈在位七年（西元前一九五年—— 前一八八年），壽二十三歲，葬於安陵（今陝西咸陽市北三十五里），尊謚孝惠皇帝。

皇后張氏無生育，後宮嬪妃們為他生了共計六個兒子。除太子劉恭外，還有：劉強（淮陽王）、劉不疑（恆山王）、劉山（襄城侯）、劉朝（軹侯）、劉武（壺關侯）。（有譜載生七子，除上面六子外，增加：劉泰，或作劉太，平昌侯。）

01 登基帝位：子弱母執政，心狠手辣

一個掌握大權的君主，最忌諱的就是無權執政成為影子皇帝，而漢惠帝由於自己的仁弱，造成了呂后執政的狀況。呂后為了自己的利益，不惜做盡一切毒辣之事。

漢惠帝劉盈十六歲的時候就繼承了皇位，但他是個短命的皇帝，僅僅在位七年就去世了，這和他的母親呂后有直接的關係。劉盈能登基做皇帝是母親呂后的功勞，但是他的英年早逝也和母親的所作所為有著極其重要的關係。

高祖劉邦去世後，呂后為了維護漢惠帝的帝位，便對戚夫人母子下了毒手。

戚姬是西元前二〇八年劉邦在定陶得到的，從那時起一直到劉邦去世的十四年中，劉邦所寵愛的姬妾唯有戚姬一人而已。戚姬一直能博得劉邦的歡心，並經常陪伴劉邦轉戰各地。十四年中，戚姬有她的歡樂，也有她的憂傷。皇帝的寵愛、兒子的天真與聰明，給戚姬帶來了無限的歡樂；皇上多次想要改立如意為太子，又給戚姬帶來了美好的憧憬。可是，呂后與太子劉盈的存在，卻猶如壓在戚姬胸上的一塊巨石，她每念及此總是不寒而慄。大臣們群起反對易立太

子，更是使戚姬感到希望渺茫。商山四皓的出現，她同皇上楚歌楚舞，更是不祥之兆。事實上，他們都來日不多了。

劉邦活著的時候，因為寵幸很多的後宮姬妾而冷落了呂后。這使呂后非常嫉恨，等劉邦死了，自己當了太后，她便對以前的姬妾們進行迫害，有時竟達到了喪心病狂的地步。對惠帝早死最有影響的一件事，就是呂后對戚夫人的殘忍迫害。

高祖劉邦去世後，呂后下令將戚姬囚禁在永巷獄中，遣人剃去戚姬的頭髮，給她穿上赤土染成的囚服，戴上刑具，在獄中罰做舂米的苦役。尊貴的皇帝寵姬淪為囚徒，變化之大使戚姬難以承受。為發洩心中的不滿與憂傷，她一邊舂米，一邊歌唱：「兒子為王，母親為囚，每天舂米從早到晚，常常與死罪者為伍！母子相離三千里，我的情況誰能夠告訴你？」呂后得知，大怒道：「你還想依靠你的兒子呀！」

於是呂后派人召趙王入京，想要把他們母子一同殺害。惠帝將趙王接進宮中與自己同吃同住，不給呂后下手之機，但呂后還是伺機毒死了趙王如意。惠帝得知後失聲痛哭，追悔無及。呂后在惠帝宮中毒死趙王如意後，對戚姬的迫害也隨之進一步升級。太后下令將戚姬的手足砍斷，挖去她的雙眼，把她的耳朵薰聾，用瘖藥使她啞不能言，將她置於地窖之中，稱她為「人彘」，讓她過著豬一般的生活。

幾天後，太后召惠帝去觀看「人彘」。惠帝見到這目不忍睹的慘景，問是何人，犯有何罪竟受此酷刑，當他得知這就是戚夫人時不禁大哭起來。心地善良的漢惠帝，見他的生身母親毒死趙王，如今又把戚夫人殘害得這般模樣，心靈上受到巨大刺激，因此害病以致鬱鬱而終，年僅二十三歲，諡號「孝惠」。

呂后殘害戚夫人母子的做法是極其殘忍的，這一做法使得她在歷史上留下了殘暴毒辣的壞名聲。

02 獨攬朝政：變劉家江山為呂氏天下

統治階級內部始終都在為自己的利益而戰，為自己的利益做出決策，為鞏固自己的統治地位而不擇手段，做出一些荒唐的事情，甚至連最親的人都可以殺死。

惠帝即位後，呂后把魯元公主所生的女兒，即宣平侯張敖的女兒嫁給惠帝做皇后。論輩分，張皇后應管惠帝叫舅舅。呂后這樣做，為的是便於控制惠帝。為了奪得政權、鞏固政權，竟然做出了如此有違人倫的荒唐事情！

惠帝和張皇后並沒有生孩子，呂后為此想盡了辦法、請盡了名醫，可還是一無所濟。於是呂后將一懷孕美人藏養於深宮，讓張皇后假裝懷有身孕，再奪取美人生的兒子假稱為張皇后所生，並將其立為太子，然後殺了那個美人滅口。

惠帝死後，太子繼立為皇帝。太子年幼，大權基本上在呂后的掌控之中。小皇帝慢慢長大，聽說生身母親被迫害而死，自己並非皇后所生，便氣憤地說：「皇后怎麼能如此殘酷地殺害我的母親，反讓我認她為母親！我長大以後一定要報殺母之仇。」這話傳到了呂后的耳中。

呂后召集眾大臣商議要廢了皇帝，眾大臣都懼怕呂后，便叩頭說：「皇太后為了治理天下百姓，謀慮安定宗廟社稷，想得周到深刻，群臣叩頭，接受詔令。」小皇帝被廢除，呂后便殺了他，又立常山王劉義為皇帝，實際上朝政大權均由她一人把持，此時呂后已經公開出面處理天下大事，稱為「臨朝稱制」。

呂太后打算進一步晉封自己的叔侄兄弟為王以分享劉氏政權，並藉此確立呂氏的優勢地位。為此，她想出兩條辦法來克服阻力，其一是擴充呂家的勢力，其二是削奪大臣的權力。

王陵、陳平為了保全自己，提出請呂家的人擔任宮廷守衛，這一建議正中呂后下懷。但呂后的最終目的是想封呂家的人為王，她知道這幫老臣曾追隨劉邦打下天下，心念劉氏天下，肯定不會同意呂家的人封王，於是便在朝會的時候試探性地問右丞相王陵。王陵便直言不諱地拿當初高祖在世的時候所訂下的白馬盟約「不是劉家的人如果稱了王，天下的人聯合起來擊破他」來反對呂后。呂后聽了這話大不高興，又問左丞相陳平、太尉周勃，周勃等人則見機行事，回答說：「高帝平定天下，封王劉氏子弟；現在太后君臨天下，封王呂家的人，理應可以。」呂后非常高興，宣布散朝。

為了封呂家人為王的事不致引起朝野太大的震動，呂后做了許多鋪墊性的工作。

她首先做的是鞏固自己的權勢，平衡各派的力量。她清楚地知道劉氏在朝廷和地方的勢力還是佔絕對優勢的，於是對官職進行了調整，不露聲色地完全控制了中央的大權。王陵因廷折太后而辭職，呂后便讓陳平擔任空出來的右丞相位置，而升嫡系的辟陽侯審食其（讀作「審異基」）為左丞相。審食其倚仗太后撐腰，反而比陳平擁有更大的權力，許多善於見風使舵的公卿大夫，有事寧可暗中和審食其商量，也不去找右丞相陳平。陳平雖為兩朝元老，也是高祖指定的丞相繼承人，但卻沒有審食其權力大。好在陳平為人隱忍，他當然明白自己的處境和太后的意思，並不和審食其爭權，這樣三人倒也相安無事。

呂后先封呂家已經去世的人為王。追封她父親呂公為呂宣王，兄長呂澤為悼武王。呂后非常有心計地假借死人先造輿論。但對死者和異姓王的分封，畢竟沒有給劉氏任何好處，為了進一步減少阻力，也是為了迷惑眾人，接著又封非劉非呂的人為侯。

她封高祖時功臣、郎中令馮無擇為博城侯，齊國丞相齊壽為平定侯，少府延為梧侯，高祖騎將張越人的兒子張買為南宮侯。恰好在此時，呂太后的獨生女魯元公主去世了，太后順水推舟將她和張敖的兒子張偃封為魯王，追謚魯元公主為魯元太后。這樣，又出現了一個非劉氏的張姓諸侯，而且是高皇帝的外孫，大臣們也沒有太多的理由反對，這就為呂后日後的分封增添了合法性。接著又封了一些劉氏的人，封劉強為淮陽王，劉不疑為恆山王，劉山為襄城侯，劉朝為軹侯，劉武為壺關侯。

呂后在做完這些事後才大封呂家的人，呂后執政八年，封呂氏四王八侯。四王是：呂公封宣王，呂台封呂王，呂通封燕王，呂祿封趙王。八侯是：呂他封俞侯，呂更始封贅其侯，呂忿封呂成侯，呂榮封祝茲侯，呂嬃封臨光侯，呂莊封東平侯，呂種封沛侯，呂平封扶柳侯。呂氏四王八侯分據朝廷各重要部門，成為呂后的心腹和左右手。

呂后為了進一步控制劉氏家族的政權，為自己以後的執政掃除障礙，便把呂祿的女兒嫁給齊王劉肥的兒子劉章，並封劉章為朱虛侯。

呂后用同樣的方法把呂家的姑娘嫁給高祖劉邦的第六個兒子趙王劉友做王后，但是劉友很不喜歡她，卻喜歡其他的妃嬪。這使得呂王后十分惱火，就跑到呂后面前告狀，故意說趙王對呂后一點都不恭敬，還編造「呂家的人怎麼能封王！太后百歲之後，我一定要去打擊他們！」以這樣的話來誣衊趙王。呂后勃然大怒，派使者把趙王叫到京城囚禁起來。呂后並不接見他，只是命令士兵嚴加看管，不許給他飯吃。趙王餓得不行了，唱起淒涼的歌，歌詞道：「呂家人當權啊！劉氏危機，脅迫王侯啊！強配我王妃。我妃妒火中燒啊！誣陷我以大罪，讒女亂國啊！皇上竟不察覺，我沒有忠臣啊！何故失國……」最後，趙王被活活餓死，死後按照普通老百姓的身分安葬。

趙王劉友死後，呂后又封劉邦第五個兒子梁王劉恢為趙王。為了監視趙王劉恢，又把侄子呂產的女兒嫁給他做了王后。王后的隨從也都是呂家人，他們橫行無忌、施展權勢，趙王劉恢的一切行動自由都被剝奪了。劉恢唯一寵幸的愛姬也被王后用毒酒毒死。劉恢敢怒不敢言，二月娶王后，六月便自殺了。呂太后和代王劉恆商議，想讓他為趙王。劉恆眼見三位趙王都不得好死，哪裡敢去擔任，就以願意為國家長守邊疆為藉口，婉言拒絕了呂后的「美意」。呂后非常高興，立刻封侄子呂祿為趙王。呂后原本怕代王劉恆起兵作亂，下一步想除掉代王，但代王願意為國家長守邊疆的回答確實讓她放心不少。

燕王劉建去世後，沒有嫡子，呂后就讓呂通做了燕王，呂通原來東平侯的職務，則由其弟呂莊繼承。經過一系列的打擊與排擠，呂氏諸王和張氏王的力量已逐漸凌駕於劉氏王之上。

除此之外，呂后想盡辦法削奪大臣的權力。呂后嫌右丞相王陵不聽話，便任命他為輔導皇帝的太傅，實質上是奪了他的實權。隨後，又提升左丞相陳平為右丞相，任命辟陽侯審食其為左丞相。按說左丞相只是監護、管理皇宮中的事務，職位在右丞相之下。但由於審食其是呂后的親信，重大事務都參與決策，朝廷大事不通過審食其就不能決定，右丞相陳平只能俯首聽命而已。這樣一來，劉家的江山就成了呂氏的天下。

03 忍辱負重：冒頓修書戲辱呂后

小不忍則亂大謀，為了更好地把握手中的權力，呂后竟然能忍受這樣的戲辱，可見呂后的深謀遠慮非同一般。

與匈奴的關係一直是西漢王朝前中期一個非常棘手的問題。早在漢朝統一中原以前，冒頓單于就統一了匈奴。漢初國弱，漢高祖劉邦征戰一生，不曾向任何人服輸，但卻對匈奴毫無辦法。漢惠帝和呂后時期，也不得不對匈奴採取忍讓政策。

劉邦死後，太子劉盈繼位，是為惠帝，惠帝仁弱，呂后控制了整個朝廷的大權。冒頓單于對漢朝的形勢有所了解，認為呂后孤兒寡母沒有什麼本領，更加懦弱可欺。於是他不斷地派軍隊騷擾漢朝邊境，漢朝再次遭受邊患之苦。

一次，冒頓給呂后寫了一封信，派遣使者送到長安，呂后看完信之後，不禁氣得全身發抖。冒頓在書中寫道：「孤僨之君，生於沮澤之中，長於平野牛馬之域，數至邊境，願遊中國。陛下獨立，孤僨獨居，兩主不樂，無以自娛，願以所有，易其所無。」

信中的話，句句充滿了詆毀誣衊之意，這分明是在戲弄呂后。她立即召來大臣們舉行會議，把匈奴的國書傳給群臣看，呂后憤憤地說：「這分明是沒把我大漢放在眼裡，匈奴如此無禮，我要斬殺他的使臣，發兵消滅他的國家！」

樊噲大將軍氣得火冒三丈，站起來對呂后說：「我願意帶領十萬人馬，鏟平匈奴。」別的大臣們見匈奴如此無禮也非常氣憤，他們憑著一時的性情，又見呂后和樊噲都有討伐的意圖，於是就一齊聲討匈奴。

中郎將季布卻若有所思地站在一旁一動也不動，他見樊噲心直口快，全然不思征伐匈奴的難處，大臣們也都不顧利害地一味順從。季布曾經是項羽的部將，他很會打仗，幾次把劉邦打敗，弄得劉邦很狼狽。後來項羽被圍自殺，劉邦奪取天下當上了皇帝。劉邦每想起敗在季布手下的事就十分生氣，於是下令緝拿季布，後又赦免季布，孝惠帝時任中郎將。呂后知道他有想法，就讓季布發表意見，季布大聲地說：「樊噲如此莽撞，真該斬首啊。」呂后和群臣意想不到他會這樣說，都很吃驚。

季布說：「當年高祖皇帝統領四十萬兵眾，北伐匈奴，樊噲身為上將，隨從出征，竟被匈奴圍困平城七日，樊噲無力解圍，天下的百姓作歌唱到『平城之下亦誠苦，七日不食，不能彀弩』，如今歌聲未絕，樊噲又想動搖天下的根基，妄言率軍剿滅匈奴，這難道不是當面欺騙太后嗎？據我所知，匈奴像禽獸一樣凶猛，沒有禮俗教化，聽到他們的恭維之言不值得高興，聽到他們的惡言惡語也不值得生氣。」季布站在大殿上滔滔不絕，大臣們看到呂后臉色不好，都替他捏了一把汗。

呂后聽完季布的話，雖然心有不甘，卻覺得非常有道理，於是她歎了一口氣不再提出討伐匈奴的事情了。呂后命令大謁者張澤擬成回書，回書上面說：「單于不忘敝邑，賜之以書。敝邑恐懼，退日自圖。年老氣衰，髮齒墜落，行步失度。單于過聽，不足以自汙。敝邑無罪，宜在見赦。竊有御車二乘、馬二駟，以奉常駕。」

使者回到匈奴，冒頓見呂后語氣極其卑遜甚是得意，也就不再肆意騷擾漢境。到了漢惠帝三年的時候，冒頓還派遣使者向漢朝獻馬，呂后又封宗室之女為公主嫁給了冒頓，漢匈重新修好。

呂后性格剛強，從不肯受半點委曲，但是她在匈奴侮辱一事上的忍讓，讓我們看到了她深謀遠慮的一面。她深深地明白「小不忍則亂大謀」的道理，為了更好地實現自己獨掌大權，實現呂氏家族一手遮天，她忍常人所不能忍，體現了一個政治家的謀慮。

04 發動起義：匡扶劉氏江山，呂氏集團覆亡

呂太后沒有完成她的政治計畫就去世了。漢朝統治階級內部矛盾驟然激化，袒劉之軍蜂起。齊王劉襄發難於外，陳平、周勃響應於內，劉氏諸王遂群起而殺諸呂，劉氏皇族集團與呂氏外戚集團的一場流血鬥爭，以皇族集團的勝利而告終。

周勃是江蘇沛縣人，是漢高祖劉邦的老鄉。他的祖先原先在卷城（今河南原陽）居住，後來因為躲避蝗災的緣故遷徙到沛縣。周勃家世貧寒，祖祖輩輩都是無名小輩。周勃自沛縣起事始即追隨劉邦，攻城掠地，功勳卓著，高祖六年被賜予列侯爵位，享有絳縣八千一百八十戶的食邑，號稱「絳侯」。

劉章是劉襄的弟弟，劉襄是齊國第一代國君劉肥的兒子，劉肥死後繼為齊王。劉章奉命進入漢宮值宿護衛，呂太后封他為朱虛侯，並把呂祿的女兒嫁給他為妻。劉章不像劉友、劉恢那樣明著和呂后作對，而是耐著性子等待機會。

呂后一死，劉氏諸王和漢廷宿舊們都摩拳擦掌，準備從呂氏手中奪回權力，而諸呂也正準

備發動政變，形勢非常危急。呂后去世後，呂祿任上將軍，呂產任相國，他們想發動叛亂奪取政權。劉章知道了他們的陰謀，就派人報告他的哥哥齊王劉襄。兩人準備發兵西征，裡應外合誅殺呂氏族人，立齊王為皇帝。

世上沒有不透風的牆，齊國國相召平很快得知了這件事，就想發兵攻打齊王王宮。齊王劉襄派魏勃前去鎮壓，魏勃使計騙取了召平的信任，直接派兵包圍了相府，召平才知自己已經上當，見大勢已去只好自盡。齊王劉襄於是讓駟君做國相，魏勃任將軍，祝午任內史，把國中的兵力全部派出。劉襄又派祝午到東邊去詐騙琅琊王劉澤，說呂氏族人叛亂，齊王發兵想西進誅殺他們。祝午說：「齊王年輕幼稚，不熟悉征戰之事，願把整個封國託付給大王。齊王不敢離開軍隊，就派臣請大王到臨淄去會見齊王商議大事，一起領兵西進平定關中之亂。」琅琊王劉澤相信了祝午的話就去見齊王，齊王與魏勃早已埋伏好了，趁機扣留了琅琊王劉澤，全部接管了琅琊國的軍隊。

劉襄繼續起兵向西進攻濟南的呂國。呂國上下聽說齊王發兵西進，就派大將軍灌嬰帶兵東進攔擊齊兵。灌嬰早就想誅殺呂氏，很快地和齊國約好共同討伐呂氏。不久，劉襄奪取了原先的封地濟南郡。

當時周勃擔任著有名無實的太尉一職，根本無法進入軍營主持軍務。周勃知道呂氏要發動叛亂後，就和丞相陳平商量，他們想到大臣酈商的兒子酈寄和呂祿是好朋友，就派人挾持了酈商，要酈寄去勸說呂祿：「太后死了，皇帝年紀又小，您身為趙王，卻留在長安帶兵，大臣諸侯都懷疑您想對您不利。如果您能把兵權交給太尉，回到自己封地，齊國的兵就會撤退，大臣們也心安了。」酈寄為了保住父親的性命，建議呂祿把將印歸還朝廷，把兵權交還給太尉周勃，和大臣們訂立盟約，返回封國，這樣就可以高枕無憂、世世代代做諸侯王了。呂祿果然相信了酈寄的話，但是對於交出兵權尚有些擔心，遲疑未決。

就在這時，曹參的兒子曹窋把郎中令賈壽告知呂產、灌嬰與劉襄等諸侯王將聯合準備誅滅諸呂，催促呂產趕快進宮的消息，告訴了丞相陳平和太尉周勃。於是，陳平和周勃決定先發制人。周勃又派酈寄等勸說呂祿：「皇帝命令太尉主管北軍，讓您回封國去，要是不趕快交出將軍印就要大禍臨頭了。」呂祿認為酈寄不會欺騙他，就解下將軍印把兵權交給了周勃。周勃拿著將印進入北軍中，他大呼一聲：「擁護呂氏的袒露右臂，擁護劉氏的袒露左臂。」軍士們都將左臂袒露出來，表示擁護劉氏，於是周勃接管了北軍。

呂產還不知道呂祿的北軍已落在周勃手裡，仍然把持著南軍想要頑抗到底。呂產跑到未央宮想要發動叛亂，周勃派朱虛侯劉章帶一千多個兵士趕來把他殺了。接著，劉章與周勃、陳平等人誅殺呂氏殆盡，大臣們商議要讓齊王繼皇帝位，可是琅琊王和一些大臣認為齊王的母后家族凶惡殘暴，怕會重蹈呂氏的覆轍，於是就擁立了后族勢力薄弱的代王劉恆。

第三章　勵精圖治　文帝劉恆

漢文帝劉恆（前二〇二年——前一五七年），是中國歷史上著名的皇帝。他是西漢第三代皇帝，是高祖劉邦的第四個兒子，母親為薄姬，七歲時被封為代王。西元前一八〇年，呂后去世，劉恆繼承皇位，在位二十三年。他為政清明，勵精圖治，頗有作為。他在位期間採取輕徭薄賦、發展生產、安撫百姓的「休養生息」政策，有效地推動了漢初經濟的恢復和發展。他大力推行安撫邊疆、減少征戰的統治措施，國家得以安定。文帝開啟了一代清明的歷史時期，與其後的景帝一起被後人稱為「文景之治」。

01 艱難即位：韜光養晦，奪回劉氏天下

臨大廈將傾的危機，劉恆艱難即位，在穩定民心的前提下，成為大漢的第三代皇帝，奪回了劉氏江山。

劉邦生有八個兒子，其中呂后生了老二劉盈，後來繼位為漢惠帝，卻不幸早逝。呂后為了掌權，對庶出的其他諸子大加迫害，到呂后去世時，除了老大劉肥善終，已有四人被她害死，兒子中只剩下淮南王劉長和代王劉恆。

劉恆的出世緣於一次非常偶然的機會。據說是在楚漢之爭時，劉邦擊潰了項羽所封立的魏國，把魏王豹的後宮嬪妃全部擄獲，並命令她們織衣鋤地，以示懲罰。一天，劉邦來檢查這些女子的勞作情況，發現薄姬頗有姿色，便將她帶回宮中。薄姬的父親是吳地人，秦朝時與魏王的宗室女相愛而生下了她。

薄姬入宮歲餘不得見，是其少時好友管夫人、趙子兒得幸劉邦後，笑與薄姬「先貴無相忘」的少時之約，劉邦聞聽此語才在當日寵幸了她，沒想到的是後來薄姬居然懷孕，並生下了

劉恆。由於當時戰勢緊張，劉邦漸漸將地她冷落了。劉恆出生後，從來沒有得到父親的關心和疼愛，一直都是和母親相依為命，在他人的虎視眈眈之下戰戰兢兢地生活。

薄姬與世無爭，不與妃妾們爭寵，劉恆不得父親喜歡，就終日看書習字，母子二人像是被遺忘了一樣，然而正是這種安分守己的生活才使勢單力薄的母子二人得以保存性命。劉恆和母親從一開始就不受寵又沒有什麼野心，不想爭權奪利，只想過安穩的生活，自然就逃過了呂后的手掌。呂后專權，劉氏皇族死的死、亡的亡，劉恆勢單力薄，根本無力與呂氏集團對抗，他也只能先顧命自保，相時以待，才有可能恢復劉家的天下。

西元前一八〇年，好消息不斷地傳來，執掌漢室大權多年的呂后死了，宮廷發生政變，太尉周勃、丞相陳平誅殺諸呂，朝廷的動向還難以卜知，因此劉恆不動聲色地繼續待在他的代地。不久，朝廷的使臣來到了代地，奉請代王劉恆回長安即皇帝位。

劉恆不敢貿然成行，他立即召集僚屬商議。郎中令張武說，朝廷的大臣都是高祖的大將，擅長兵法權術，不能輕信以防有詐。中尉宋昌則認為，劉氏的天下是天意神授，深入人心，誰也改變不了的；現在劉邦的兒子中只剩下淮南王劉長和代王劉恆二人，劉恆年長名聲又好，應該不會有什麼問題。

議來議去，劉恆自己也拿不定主意，就去請教母親，薄姬向來處事謹慎，更不知該怎麼辦了，於是劉恆派舅舅薄昭前往京城探聽周勃、陳平的虛實。薄昭很快就回來了，他將周勃等人殺死諸呂的情況一一向劉恆稟報，並說劉氏定天下萬民歸心，不可錯此良機。劉恆聽後很高興，決定進京即皇帝位。

朝中大臣原想擁立齊王劉襄或淮南王劉長為帝，但是考慮二人外戚勢力強大怕重蹈覆轍，以後還會有外姓專權，禍害劉氏江山；而代王仁孝寬厚，母后謹良，外戚勢力薄弱，便轉而擁護劉恆為皇帝。

劉恆要宋昌陪同自己坐在代王的專用車裡，令張武等六人乘坐普通車子作為隨從，小小的車隊便登上了前往長安的道路。劉恆一行走到距長安五十多里的高陵時又犯嘀咕了，唯恐有詐而決定就此不動，派宋昌再去探望周勃等人的動向。宋昌一個人騎著馬，在距長安城北三里遠的渭橋邊碰到了周勃、陳平等人，他們已率領朝中大臣在此恭迎聖駕了。宋昌趕緊回去稟報，劉恆快馬來到渭橋接受了大臣們的拜賀。

劉恆的車子很快進了代邸，群臣也一齊隨從而來。丞相陳平、太尉周勃等幾名謀劃和發動政變的骨幹人物到劉恆面前禮拜，並宣讀了他們聯名給劉恆的上表。大臣們一致認為現在的小皇帝劉弘非劉氏之後，不能繼承劉氏江山。高皇帝劉邦的大嫂、二嫂、同曾祖的弟兄琅琊王劉澤，以及其他宗室、列侯、俸祿二千石的官吏們都認為劉恆應當成為皇帝的繼承人，請他即天子位。

大臣們的意見集中了劉氏宗親和上層官吏的看法，而且把宗親放在首位，這既符合劉恆的意願，又符合他的利益。於是周勃跪倒在地，奉上皇帝的印璽，劉恆再三辭謝，以示謙遜恭讓之禮。

劉恆進入長安之後並沒有立即入住皇宮，而是住在自己作為外王時在京的行宮代邸裡。大臣們誠惶誠恐，紛紛跪拜請求代王早日繼承皇位以穩定民心。

劉恆見時機已經成熟，於是便正式宣布即皇帝位。他當夜就安排宋昌為衛將軍，統管駐守長安的南軍和北軍，張武為郎中令，負責宮內安全和領銜為皇帝服務的各級官員。劉恆的帝位就此鞏固了下來，他成為漢朝的第三代君主——文帝。

02 削相封侯：整頓朝綱，鞏固皇權

為了加強皇權，鞏固自己的帝位，漢文帝集中整頓吏治，恢復被錯誤廢除的將相，此舉穩固了劉氏江山。

漢文帝劉恆登基以後，面臨的第一個問題就是如何鞏固自己的皇帝地位，使劉氏江山更加穩固。為此文帝採取了緩急得當、有條不紊的措施，並取得了明顯的效果。

文帝即位是在很秘密的情況下進行的，只有少數官位較高的文臣武將們知曉此事，下層官員和民間根本不知道宮中已經發生了這麼大的變動。即位的當天晚上，文帝就立刻做出了許多重大的國事安排。他首先控制了京城和皇宮的軍隊侍衛，由親信宋昌、張武分別擔任最高指揮官，從而確保了皇帝的人身安全不受到他人的控制和約束。

文帝隨後又向全國發布了第一道詔書，宣布劉邦的第四子已即位將大赦天下。於是新帝登基的消息馬上傳遍了天下，文帝的舉措得到了各地父老百姓的支持。這樣，不但他的地位得到了鞏固，風雨飄搖了多年的劉氏江山也穩固下來了。

繼位兩年後，文帝下達詔書讓大批諸侯回到自己的封國去。有官職在身不能離開，或朝廷特許留住的也要把太子遣送封國，這道與上層人物關係重大的命令在具體實行的過程中遇到了相當大的阻力。列侯們除了想得到爵位以外，還想在京師謀求到有權力的職位，所以詔書下達一年之後，諸侯王還是沒有一個走的。文帝有些惱火，要丞相帶頭回到封國，以此擋回列侯們不受器重的怨言，表明文帝這樣做不僅是治國的需要，而且也是對列侯們的真正器重。他再次下詔說：「前時詔書要列侯各到封國，有的託辭不走。丞相（**指周勃**）是我所器重的人，請他為我率領列侯到封國。」於是周勃的丞相之職被免，回到了他的封地絳縣（今山西曲沃東）。

文帝讓列侯歸國這一措施，其實是要處理一批他所不器重或不放心的人物，以此鞏固他的地位。

周勃就是其中的一個。周勃是發動政變誅滅諸呂、擁戴文帝當皇帝的頭號功臣，文帝確實感激他，給了他最高的獎賞。但他對周勃卻心懷畏懼。文帝即位後，丞相仍由陳平擔任，周勃還是任太尉。謀士出身的陳平一向謀慮深遠，他感到自己與周勃之間失去了平衡而處於危險地位，於是託病不出，堅持要求把周勃的位置排在自己之上。文帝見勢便採取了兩全其美的辦法，把丞相職位一分為二，要周勃任右丞相，位居第一，陳平任左丞相，位居第二；空出的太尉一席由將軍灌嬰填補。周勃自己認為功高權大，每當「朝罷趨出，意得甚有驕主色」，而文帝對他卻是「禮之恭，常目送之」。

有人提醒周勃說：「你誅呂氏、立代王，威震天下；受重賞、處尊位，得寵已極。長此下去勢必引禍及身。」周勃猛然意識到問題的嚴重性，立即「請歸相印」，文帝毫不遲疑地答應了。周勃當右丞相前後只有一個多月。辭相一年後，丞相陳平去世，因無合適人選，文帝又讓他當了丞相。復職後十個月，文帝又以列侯歸國的名義將他免職。

周勃回家後，每當河東守尉到絳縣例行公事，周勃都因唯恐被誅殺而如臨大敵，經常披帶戰甲，家人在接待客人時手裡也拿著兵器。於是就有人告他謀反，文帝立即把他抓進了監獄。後來在薄太后的幫助下，周勃才得以倖免。薄太后提著文帝的帽帶子說：「絳侯懷揣皇帝寶璽，統帥長安北軍的時候不造反，如今住在一個小縣裡反倒會造反？」文帝親自調閱了周勃的案卷，確無造反實據，這才放了他，並恢復了他的爵邑。周勃出獄後在家頤養天年。文帝最終未讓周勃橫死，算是中國帝王史上少見的特例了。

朝廷的大臣調整完畢，文帝就開始了對各地封侯的調遣。文帝首先做的就是恢復原先劉氏諸王的封地和其他利益，以昭天下乃劉氏之天下之名，把呂后所剝奪的齊王、楚王等人的土地如數歸還，重新冊封呂后殺害的諸王子嗣為王，各歸封地。立原趙幽王劉友之子劉遂為趙王；徙封原琅琊王劉澤為燕王。後來，又立劉遂之弟劉辟強為河間王；朱虛侯劉章為城陽王；東牟侯劉興居為濟北王；立皇子劉武為代王，又徙封為淮陽王，後徙封為梁王；封劉參為太原王；劉揖為梁王。

在當時來看，漢文帝的分封政策對鞏固劉家天下起到了一定的作用，但從長遠來看，這也埋下了以後諸侯叛亂、對抗中央的隱患。

03 治世：休養生息，開創盛世

劉恆為政清明，在治世上提出了休養生息的政策，開創了安民之道，使漢初社會經濟得到了穩定的發展。

西漢王朝建立後，漢高祖、惠帝、呂后都著力發展農業生產，穩定統治秩序，收到了顯著的成效。然而文帝即位之時，由於「一人耕之，十人聚而食之」，農民遭受殘酷剝削，統治階級淫侈之風日益嚴重，造成國家財力嚴重不足，人民生活困頓。

賈誼是西漢文帝時期洛陽人，是中國歷史上著名的政論家、思想家、散文家。賈誼作《過秦論》，為文帝提出治國的根本方針「牧民之道，務在安之」，受到了文帝的極大讚賞。「牧民之道，務在安之」，這既是惠帝以來朝野共同的要求，也是鞏固西漢統治的需要。

在「安民」方針的指導下，文帝首先在思想上大力推行黃老政治，堅持「清靜無為」、「躬修節儉」。在經濟上則採取了減省租賦的辦法。另外還減輕徭役，成年男子的徭役減為每三年服役一次。除此之外，文帝還下詔開放原來歸國家所有的山林川澤，准許私人開採礦產，取消在原先的關口之處對來往商人的審查收稅制度和對人民上山打柴、下河捕魚的禁令。這些政策實施之後，出現了「富商大賈周遊天下，交易之物莫不流通」的繁榮局面，勞動人民可以自由地出入山林河澤之中，生活也有了一定的補助保障，安居樂業的局面逐漸形成了。

經濟有了起色，文帝並沒有欣然自喜而浪費資財，而是仍舊奉行勤儉節約的政策。文帝在位二十三年，車騎服御之物都沒有增添；屢次下詔禁止郡國貢獻奇珍異物；平時穿著都是用粗糙的黑絲綢做的衣服；為自己預修的陵墓也要求從簡。

文帝為政清明，從諫如流。在諍諫面前他肯承認自己的過失並及時改正。張釋之是個嚴格執行法律的官吏，以敢在皇上面前據理力爭而著稱，文帝任命他為廷尉。後來在審判案件時無意間驚動了聖駕和高祖祠廟塑像座前的玉環失竊兩案中，儘管文帝的旨意是要處當事人以重刑，但張釋之堅持依法辦事，不但說服了文帝，也維護了法律的公正。

漢文帝極力推崇黃老哲學，黃老思想雖然吸引了法家的「執法」、「守法」思想，但基於「安民」、「惠民」的立場，對法家「重刑輕罪」的主張並不首肯。黃老思想不僅要求「君正」，而且要求「法正」。所以漢文帝堅持「賞罰信」的思想，主張嚴格執法，即使帝王也只有「執道生法」的權力，而不得犯法。他本人就是一位不以個人意志破壞法律規定而「循守成法」的帝王。

在黃老思想作用下，漢文帝堅持廢除秦之苛法。文帝元年（前一八〇年）十二月，廢除「收孥連坐法」。明令宣布：「現在，廢除一人犯罪，家人收為奴婢及各種株連的法律。」這是對舊傳統的否定，對成法的改革。

文帝最重要的德政是改革刑制，廢除肉刑。這一刑制的改革，在中國法制史上的意義重大，它是中國古代刑制由野蠻階段進入較為文明階段的標誌。這一改革，為中國刑制向新「五刑」的過渡奠定了基礎。

由於文帝採取了上述方針和措施，使當時社會經濟獲得了顯著的發展，統治秩序也日臻鞏固。西漢初年，大侯封國不過萬家，小的五六百戶。到了文帝和景帝時期，流民還歸田園，戶口迅速繁息，列侯封國大者至三四萬戶，小的也戶口倍增，而且比過去富庶多了，中國古代社會開始進入治世」。

04 誅殺淮南王劉長：忍無可忍則無須再忍

權力的爭奪，常常導致戰爭的爆發，為了維護自己的統治地位，不能一忍再忍，就連一直推行無為政治的漢文帝也不得不發動戰爭。

漢文帝大力推行無為政治，對維護社會穩定，促進經濟發展固然起了很大作用，但也催化了諸侯王勢力的惡性發展。諸侯勢力之大，形成了「尾大不掉」之勢，使劉氏宗室內部在皇權和王權的分割問題上產生了尖銳的矛盾，這個矛盾從文帝即位後就開始激化了。

誅呂安劉之事始於齊王起兵，成於呂產授首。這中間劉章的功勞不亞於周勃，但劉章原本主張立齊王為帝，所以文帝對劉章心懷不滿，故意壓低其功勞，使其位居周勃、陳平之後，封王一事也不了了之。文帝即位一年過後分封諸子，才順帶分別立劉章、劉興居為城陽王、濟北王，他們受封的土地遠不能和趙梁相比，而且都從齊地中割出。

劉章因為大功不得賞而忿恚不已，就國一年後鬱鬱而終；文帝三年（前一七八年），濟北王劉興居起兵叛亂，首開西漢時期王國武裝反抗朝廷之先例。文帝派兵鎮壓，叛軍頃刻瓦解，劉興居被俘後自殺。

劉邦有八子，三子早死，為呂后所殺，唯文帝與淮南王劉長尚存。劉長是趙姬所生。漢高帝十一年，淮南王英布反叛，高帝率大軍親征擊滅英布，當即立劉長為淮南王。劉長自以為是文帝的弟弟，與文帝關係最親，在國驕縱不法，文帝一次次予以寬恕，他卻更加肆無忌憚。

劉長與文帝去打獵時，公然坐在皇帝的車上，不時稱文帝為「大兄」。劉長身強力壯，力能舉鼎。劉長痛恨辟陽侯審食其，發誓一定要殺掉審食其。原來高祖八年，劉邦路過趙國時，趙王派一位美人侍候。高祖劉邦走後，趙王發現美人已懷孕，就另外修築宮室讓她居住。不久高祖因貫高謀反一事下令逮捕趙王全家，美人亦未倖免，被拘留在河內獄中。美人的弟弟趙兼通過審食其報告呂后美人已有劉邦骨肉一事，呂后因忌妒不願告知高祖，審食其也不敢堅持。那位美人就是劉長的母親，她生下劉長後，見仍未得到皇帝承認便忿恨自殺了。劉長封王後，認為審食其當初沒有盡職力爭，對自己母親的死負有責任，就蓄謀殺掉他。

文帝三年，劉長入京朝拜，袖藏鐵錘往拜審食其，乘其不備將其錘殺。當朝大臣在光天化日下為親王所殺，此事引起朝野震驚，但劉長聲稱是「報母之仇，為天下誅賊」，歷數辟陽侯罪三，文帝只好不予追究。

當時，上至薄太后，下至太子、大臣都害怕劉長。劉長錘殺辟陽侯未被治罪，歸國後更是目中無法，不守規定的禮儀。在國中招納四方遊士，包庇在漢犯罪者，又自請讓國博取聲譽，自高於文帝。

文帝實在是沒辦法，就讓自己的舅父薄昭以長輩的身分給劉長寫了一封措詞嚴厲而懇切的信，勸他改過自新、好好做事。劉長接信後很不愉快，不但不聽勸告，還打算起兵作亂，並派人與匈奴、閩越聯繫。

世上沒有不透風的牆，陰謀暴露後，劉長的王位被廢，參與作亂的人全被處死，劉長被遣送蜀郡嚴道，在車中絕食自殺。淮南王死，百姓作歌以刺文帝，曰：「一尺布，尚可縫，一斗粟，尚可舂。兄弟二人，不相容！」

權力的爭奪，總能把人的劣根性表露無遺，當自感皇權受到威脅時，各種溫情脈脈的面紗立刻就會被撕下，從而露出赤裸裸的劍鋒來。就連以溫仁寬厚著稱的漢文帝也同樣不能免俗，但他為了自己的統治能更加牢固、長遠，更為了劉氏的江山不致斷送在自己手裡，也只能這麼做。

05 不念舊情：皇舅犯法，與庶民同罪

在封建社會，「家天下」觀念下的統治者會讓親信來執權，一旦這些親信有了對利益的訴求，便對統治者造成威脅。因此當他們勢力過於膨脹、倚權橫行霸道、目無法紀而影響到統治者的利益時，他們的壽命也就達到了終點。

漢文帝劉恆是漢高帝劉邦的妃子薄姬所生，文帝即位後，薄姬被尊為皇太后。薄昭是皇太后的弟弟，也就是漢文帝的親舅舅。文帝即位後，鑒於薄昭是自己的親舅舅，而且年幼時對自己和母親多加照顧，便封他為軹侯。然而薄昭仗著自己是皇上的舅舅，到處橫行霸道、目無法紀。

文帝十年，朝廷派一名使者去見薄昭，只因使者一時疏忽而惹怒了薄昭，他便大發雷霆下令殺了使者。這個後果比較嚴重，按照漢代法律，殺了天子使者就是大逆不道，罪在不赦。文帝聽說薄昭殺了朝廷派去的使者，又是氣憤，又是後悔。他怨恨舅舅無法無天，也後悔自己不該給他那麼高的地位。可是要處死舅舅，對於講究「孝道」的漢文帝來說實在是件難事。

漢文帝從小被父親冷落，戍守在邊疆。舅舅薄昭從那時起就在時為代王的文帝身邊出謀劃策，同生死、共患難，感情十分深厚。後來絳侯周勃等人粉碎了「呂氏集團」，奪回了政權，派人請劉恆回朝執政。在那個政治動亂的時刻，又是薄昭冒險進京探明實情，保駕劉恆登基。文帝一想到這些便不忍心下手。

然而，若不處死舅舅呢，豈不是縱容他胡作非為，很難再取信於民。更嚴重的是還會帶來外戚當權的後果，有可能使呂氏篡權的悲劇重演，到時好容易剛剛穩定的劉氏江山又要改姓薄氏。漢文帝思前想後，終於下定決心要依法處置薄昭以穩定劉氏江山，維護自己劉氏家族的利益。

隨後，文帝召見大臣說出了自己的想法，他們之中也有人勸文帝不必對自己家人過於認真。文帝說：「王子犯法與庶民同罪，如果容忍藐視王法的權貴恣意妄為，劉家的江山就不牢靠了。」

大臣們見漢文帝的主意已定，便不再多說什麼了。隨後漢文帝把丞相張蒼、大夫賈誼二人召來，要他們想個兩全其美的辦法，既要依法治舅舅死罪，又要保全自己的「孝」名。由此可見，漢文帝是一個非常有心計的人。

賈誼說：「車騎將軍大逆不道，依照我朝法律理應處死。萬歲若念昔日情分和功業，可將國舅召來，設酒宴共飲，席間申明大義，勸其自刎。」

那天，文帝便派人設宴款待了舅舅薄昭。薄昭在酒席間十分高興，沒一點想死的念頭。文帝得知舅舅不願自盡，心中十分氣惱，覺得舅舅沒有氣節，也感到自己臉上無光。為了逼迫舅舅依法自裁，同時也是為了給那些敢於以身試法的大臣和外戚們一點顏色看看，文帝果斷地下令：大臣們換上喪服，一起到車騎將軍薄昭家中哭喪。

於是在丞相張蒼的率領下，大臣們換上了喪服、排著隊伍，由吹鼓手在前面開道，吹吹打打直向薄昭府第而來。薄昭知文帝決心已定，只好拔劍自刎了。

漢文帝依法處死了舅舅，不僅嚴明了朝廷法度，而且在之後的若干年中，那些驕橫的大臣、外戚很少敢鬧事，從而有效地防治了外戚專權，鞏固了劉氏的江山，維護了劉氏家族的利益。

06 安撫南越與匈奴：維護四周邊境的安定

漢文帝即位以來，為謀求邊境的安定，一直採取隱忍的和親政策，避免了許多戰爭的爆發。

南越，是中國古代對南方少數民族聚居地區的統稱，一般指五嶺以南、南海以北的這片土地。南越地區正式進入文明社會是在秦朝時期，但是秦朝在南越地區的統治並不穩固，秦王朝實行殘暴的剝削政策，遭到了各族人民的激烈反抗。秦朝末年，趙佗（真定人，今河北正定）正式建立了南越國，自稱南越武王。

漢文帝即位後，對四夷諸侯實行懷柔政策示以友好，不願發生兵戈之擾。

對於趙佗，在真定老家為其修葺先人墓，還給其本家兄弟安排官職。文帝派使者告諭各諸侯國和四方各少數民族，首先表示對南越王的問候，並介紹漢王朝自高祖劉邦、呂后、惠帝的演變過程和文帝劉恆的即位經過，現在國家已經恢復正統，願與各諸侯部族相安往來。同時也嚴肅批評趙佗在長沙一帶用兵滋事，文帝本來可以用兵南越，但是「高祖當年承認南越王，允許你管轄長沙以南。我沒有理由擅自變更。希望捐棄前嫌，著眼將來，向我大漢稱臣」。

趙佗叩首領旨，連連謝罪，表示服從大漢皇帝，永為藩臣。趙佗派人犒勞在南方和南越相持的漢軍，並請求漢軍將領周灶代向漢文帝上書，幫他尋找內地的同門兄弟，還請求文帝撤回駐紮在長沙國監視南越的大量軍隊。

趙佗從那時起稱臣，並派使節入朝。然而趙佗並沒有真正遵守諾言，依然在南越使用皇帝稱號。但只要漢室一過問或者派使者入朝，又表示自己尊奉漢天子，位同諸侯。

北方的匈奴一直是困擾西漢邊境的一大問題，自從漢高祖實行和親以來，漢匈之間避免了許多戰爭的發生。但是在文帝的時候，匈奴還是不斷入侵漢朝的邊境地區，掠奪當地居民的財物和牲畜，屠殺地方官吏和守衛士兵。

漢文帝為了謀求邊境的安定，一直採取隱忍的和親政策。漢軍只守不攻，盡量避免大動干戈，但匈奴卻不守信約一再犯邊，文帝也是無計可施。這時政論家晁錯提出了一個非常好的建議。晁錯是西漢潁川郡人，家境充實，年輕的時候到軹縣跟隨很有名氣的學者張恢學習。晁錯學習非常用功，而且能活學活用，張恢就推薦他到朝廷做官。晁錯通曉文獻典故，做事靈活而且有見解，仕途很順當，不久就做了太常掌故。

晁錯針對匈奴悠忽不定的侵擾，認真分析了兩國的基本形勢，然後上書建議文帝在邊境地區建立城邑：招募內地人民遷徙邊地，國家給予相當補助，以維持他們在邊境地區的基本生活。對於願意遷徙的百姓，有罪的可以免除其罪，無罪的則授予爵位，或者免除徭役。邊境所建立的城邑，不宜過大，否則難以管控；也不宜過小，否則難以阻止匈奴的進攻，一般都保證具有相當的規模。國家鼓勵邊境居民和匈奴作鬥爭，能奪回被匈奴所搶財物的人，政府將其中的一部分獎勵給他們。

鑒於遷民實邊最大的好處在於國家無動亂之苦，百姓無侵擾之災，邊民以自保而利於自身，從而利於國家，文帝便欣然接受了晁錯的建議。

這一措施實施後，收到了良好的效果。漢文帝經過幾次戰鬥之後吸取了教訓，大力發展養馬事業，他在邊地設立馬苑三十六所，建立了專門的政府機構，使用奴婢三萬餘人飼養馬匹三十餘萬匹，大大壯大了軍隊的力量。文帝還下詔鼓勵民間養馬，還給予成績突出者許多獎勵。文帝的各項措施為緩和及解決匈奴侵邊問題創造了良好的條件。

第四章　子承父業　景帝劉啟

劉啟（前一八八年——前一四一年），西漢第四代皇帝。高祖劉邦之孫、文帝劉恆之子，母竇姬。西元前一七九年被立為太子，母竇姬為皇后。文帝病逝後，三十二歲的劉啟即位，在位十六年。諡號「孝景皇帝」。

漢景帝劉啟在西漢歷史上佔有重要地位，他繼承和發展了其父漢文帝的事業，與父親一起留下了「文景之治」的美譽；又為兒子劉徹的「漢武盛世」奠定了基礎，完成了從漢文帝到漢武帝的過渡。

01 無為而治：清靜恭儉，國泰民安

景帝即位後，奉行文帝的治國方針，維護民安，使當時社會經濟穩定地向前發展，呈現出國泰民安的太平景象。

景帝即位後，奉行文帝的治國方針，保持安定局面，發展生產，休養生息。為了達到這一目的，他對內採取重農、薄斂、輕刑和教化的措施，對外則採取和親匈奴的措施。

景帝說：「農，天下之本也。」因此他多次下令郡國官員以勸勉農桑為首要政務。此外，景帝還宣布允許人民遷徙到土地肥沃、水源豐富的地方從事墾殖。景帝以前的田租常制是「十五稅一」，即交納收成的十五分之一；景帝將其改為「三十稅一」。景帝曾兩次下令禁止用穀物釀酒，還禁止內郡以粟餵馬。

景帝時期，對農民的剝削（賦役）、壓迫（法律）較以前有所減輕。所謂約法省禁，就是法令要簡約，刑罰要寬疏。前元元年（前一五六年），景帝即位伊始就頒布了詔令「令田半租」，即上文介紹的「三十稅一」，從此這一新的田租稅率成為西漢定制。景帝為了與民休息和發展生產，在位期間很少使用勞力。除為自己修建了規模不大的陵墓陽陵外，基本上沒有興建其他土木工程。

在法律上，景帝實行輕刑慎罰的政策。文帝時的笞刑經過景帝的幾番更改後，使很多犯人免死於刑下。另外，景帝還多次大赦天下，對文帝廢除肉刑改革中的一些不當之處進行修正。景帝強調用法謹慎，並提醒法官不可「以苛為察，以刻為明」，如果犯人有不服或冤屈，必須重新審判。

景帝時期，由於社會經濟的恢復及發展已達到相當的程度，所以統治階級上自景帝，下至郡縣官都逐漸重視文教事業的發展。其中最有名的便是文翁辦學。文翁，廬江郡舒（今安徽廬江縣西南）人，景帝末年被任命為蜀郡太守，他創辦了中國歷史上第一所地方官辦學校——成都學館。

在思想領域，景帝奉行無為而治的思想，學術上則對諸子採取相容並蓄的態度，允許各家爭鳴。景帝在崇尚黃老道學的同時，也很注重儒家的教化作用，為儒家設立了不少博士官，大大推動了儒家的影響。

外交上，景帝繼續採取漢初以來與匈奴和親的政策。儘管漢匈和親，但匈奴一方還是時常小規模地入侵漢境。對於匈奴的入侵掠奪，景帝從維護漢匈和好的大局出發，雖然是有戰有和，但和多戰少。

景帝並不是一味妥協，對匈奴也進行了必要的抵禦。在反擊匈奴的戰鬥中，湧現出了一批卓越的將領，其中尤以「飛將軍」李廣最為突出。李廣，隴西成紀（今甘肅莊浪西）人，他的先祖李信是秦國名將，所以李廣堪稱將門之後。

景帝除了支持李廣、程不識等邊將對匈奴進行抵抗之外，從未主動出兵反擊，最多只是增調部分騎步兵屯守防禦。為了維護漢匈和睦關係，景帝還在漢匈邊界設置關市，互通有無，大大促進和便利了漢匈之間的經濟文化交流。這種寬厚的對匈政策保證了漢朝社會的安定局面，對人民的休養生息起到了很大作用。

景帝在位期間，社會經濟穩定發展，人民生活安定。這段時期與文帝時期在歷史上合稱為「文景之治」，是西漢王朝的太平時代。

02 當仁不讓：成功平叛，穩固皇權

景帝專注於中央集權問題，諸侯國因為這一問題而發動了一場戰爭，景帝成功地解決了王國問題，穩固了皇權。

西漢的諸王國問題由來已久，追根溯源則在於高祖劉邦。劉邦大封同姓子弟為王，企圖以家族血緣關係來維持劉氏的一統天下。但是劉邦所分封的同姓諸王人口眾多、土地遼闊，佔據了西漢整個疆土的一大半，大大超過了朝廷所保留的十五郡的土地和戶口，形成尾大不掉的局面。這樣一來，受封的同姓諸王逐漸形成了割據狀態，朝廷與諸王國的矛盾也就日益加深。

漢景帝即位後，漢初分封的劉姓諸王與皇帝的血統關係逐漸疏遠，在政治上也並不可靠，諸王對朝廷的威脅日益嚴重。晁錯時任御史大夫，他向漢景帝上書《削藩策》，極力主張削弱地方王國勢力，以維護漢王朝的統一。

景帝接受晁錯所上的《削藩策》，下詔削掉了幾個諸侯王的領土，把吳王劉濞（劉邦兄劉仲之子，吳王劉濞開銅礦、鑄「半兩」錢，煮海鹽，設官市，免賦稅，於是吳國經濟迅速發

展，劉濞的政治野心也開始滋生）的會稽郡給削掉了。景帝的削藩政策激起了諸王的強烈反對，吳王劉濞首先與齊悼惠王劉肥的幾個兒子聯絡，以「誅晁錯、清君側」的名義共同起兵，反叛中央，隨後又與楚、趙、淮南等國通謀。他殺死了吳國境內中央政府所設置的二千石以下的官吏，和楚王劉戊、趙王劉遂、膠西王劉卬、濟南王劉辟光、淄川王劉賢、膠東王劉雄渠分別起兵。就這樣，景帝三年（前一五四年），爆發了以吳王劉濞為首的七個諸侯王國的叛亂，史稱吳楚之亂，或「七國之亂」。

劉濞發難後與楚軍會合，組成吳楚聯軍。隨即揮戈西向，殺漢軍萬人，頗見軍威。梁王劉武（竇太后的幼子，景帝的弟弟）派兵迎擊，結果梁軍大敗。

叛亂的消息傳到長安後，景帝準備以武力抗擊，但他內心卻搖擺不定，這給了與晁錯成見頗深的袁盎以可乘之機。袁盎原為吳相，與劉濞關係甚密。袁盎對景帝說：「方今之計，獨有斬錯，發使赦吳、楚七國，復其故地，則兵可毋刃血可俱罷。」景帝為換取七國罷兵，情急之下聽了袁盎的話，表示「不愛一人以謝天下」，因此殘忍地把晁錯殺死，隨後又族誅。

景帝誅晁錯，去除了七國起兵的藉口，然而七國仍不罷兵，這進一步暴露出其反叛的面目。景帝後悔莫及，終於決定以武力平息叛亂。他立即派中尉周亞夫（絳侯周勃的次子）為太尉，率三十六位將軍迎擊吳楚叛軍；又派曲周侯酈寄擊趙，將軍欒布率兵解齊之圍；並命竇嬰（竇太后堂兄之子）為大將軍，守滎陽督戰。漢軍很快地平定了七國之亂，吳王濞逃到東越，被殺。

七國之亂是西漢中央與諸侯王國間的一次關鍵性的戰爭，僅僅三個月就勝負分明。七國失敗後，形勢發生了巨大的變化。景帝抓住這一有利時機著手解決王國問題，以加強中央集權。首先參與叛亂的七國，除保存楚國另立王外，其餘六個皆被廢掉。隨後，景帝下令取消了諸侯王的治民之權，只能「衣食租稅」，又減縮王國的政權機構，降低王國官職的等級，裁減了官吏，王國內的各重要官員都由中央任命，政事由中央處理。從此，諸侯王國雖仍存在，但諸侯王只能衣食王國的租稅，不能過問政治，成為有爵位而無實權的貴族。至此，西漢王朝中央集權顯著加強，國家統一的局面真正獲得了鞏固。

03 周亞夫被殺：功高震主，惹來殺身之禍

在封建社會，一些位高權重的臣子倚仗自己的功勞而對君主不甚恭敬，結果只會為自己招來殺身之禍。

周亞夫力挽狂瀾，僅僅用了三個月就平定了七國之亂，為此他很受漢景帝的器重。景帝前元七年（前一五〇年），周亞夫升為丞相。周亞夫是個有勇有謀的武將，可政治上的縱橫捭闔卻不是他的強項，丞相這個位置讓他在國家大政上和景帝產生了許多分歧，直接影響了君臣關係，最終被景帝疏遠而以「死後想謀反」的罪名被判入獄，最後因絕食而餓死在獄中。

周亞夫任丞相的當年，正趕上景帝想要廢掉太子劉榮，周亞夫卻極力反對，惹得景帝很不高興。之後，景帝的生母竇太后要封景帝的皇后王氏的兄長王信為侯，景帝就和周亞夫商議，想讓丞相給自己一個面子。但周亞夫卻板著面孔以「非劉氏家族的人不能封侯，非立功者亦不能封侯」為理由極力反對，景帝聽後也無話可說。但這回周亞夫一下子得罪了太后、皇后、國舅，景帝也由此開始討厭周亞夫。

後來，匈奴王徐盧等五人歸順漢朝，景帝非常高興，想封他們為侯，以鼓勵其他人也歸順漢朝，但周亞夫又反對說：「如果把這些背叛國家的人封侯，那以後我們如何處罰那些不守節的大臣呢？」景帝聽了很不高興：「丞相的話迂腐不可用！」然後就將那五人都封了侯。周亞夫感到很失落就託病辭職，景帝批准了他的要求。

不久，景帝又把周亞夫召進宮中設宴招待，想試探他的脾氣是不是改了。在宴席上，景帝故意讓人在他的面前不放筷子，周亞夫非常惱怒，大聲地呵斥向管事的要筷子。景帝笑著對他說：「你想要什麼？難道這還不能讓你滿意嗎？」周亞夫羞憤不已，不情願地向景帝下跪謝罪，景帝剛開口說「起」，話音未落，他就馬上站了起來掉頭走了。景帝歎息道：「此人這麼狂傲，等我死後怎麼能放心這樣的人來輔佐少主呢？」

這事剛過去，周亞夫又因事惹禍，這次是因為他的兒子。兒子見他年老了，就偷偷買了五百甲盾，準備在他去世後發喪時用，甲盾在當時是禁止個人買賣的。周亞夫的兒子給傭工期限少，又不想早點給錢，結果心有怨氣的傭工就告發他私買國家禁止的用品是想要謀反。景帝派人追查此事，以「死後要謀反」的罪名把周亞夫打入監獄。

周亞夫無法忍受此屈辱，當差官逮捕他時就想要自殺，但被夫人阻攔，進了監獄之後絕食抗議。五天後，吐血身亡。

後人在稱讚周亞夫治軍有方的同時，也為他不能頤養天年而感到惋惜。周亞夫方有餘而圓不足，性情過於耿直，對皇帝不夠尊重，結果導致悲劇結局，確實令人慨歎。

04 爭太子：母為子爭，明暗相鬥

封建統治者因家族內部利益產生爭奪，明爭暗鬥是常見的，各人為了自己的利益，不惜手足相殘、骨肉相煎。

封建時代，太子的廢立將導致統治集團權力的重新分配，各種矛盾可能在此時突然爆發，所以這是君主政體最薄弱、最危險的環節。景帝從登基那天起就無時無刻不在考慮身後的儲位問題，他一共有十三個兒子，卻沒有一個嫡出。原來，景帝的正妻薄皇后（**薄太后的娘家孫女，在景帝做太子時由薄太后指定包辦的**）始終未生一男半女，這便引起了宮廷內部覬覦儲位的各方勢力激烈的明爭暗鬥。明爭的主要是竇太后，一心想立幼子梁王劉武為太子。暗鬥的是後被封為皇后的王夫人，想立自己的兒子劉彘為太子。

竇太后（西元前二〇五—前一三五年）名猗，清河郡（今河北清河）人，呂后時被入選進宮。呂后挑選一些宮女出宮賞賜給諸侯王，竇姬被選中去了代國。代王劉恆非常喜歡她，先與她生了女兒劉嫖，後又生了兩個兒子：劉啟和劉武。

劉恆原來的王后生了四個兒子後去世。等到劉恆成為皇帝後，原王后生的四個兒子也相繼病死。於是竇姬在文帝即位不久就被封為皇后，長子劉啟立為太子，女兒劉嫖封為館陶長公主，幼子劉武先封為代王，後封為梁孝王。

竇太后生大兒子劉啟時難產，差點要了她的命。為此，竇太后不太喜歡大兒子劉啟而對小兒子劉武寵愛有加，並認為劉武不僅謙德謹讓、孝道為先，而且有雄才大略，以後能安邦定國。等劉啟做了皇上以後，竇太后就非常希望劉啟能同意百年之後由弟弟梁王繼承皇位。

竇太后把這個意圖當面告訴了景帝。景帝非常孝敬母親，為了不傷母親的心，就說：「等和大臣們研究以後再做決定，我沒什麼意見。」後來景帝在一次朝會上專門討論這個問題，大部分臣子表示不贊成，認為應該傳位給景帝自己的兒子。散朝後，景帝很無奈地對母親說：「這事先放放再說吧，我盡量滿足您的意思。」

七國之亂爆發前夕，梁王劉武作為諸侯王由封國入長安。當時漢景帝還沒有立太子，在款待梁王的宴會上，大家都很高興。出席宴會的有景帝、竇太后、梁王及一些大臣。酒過三巡，菜過五味，景帝雙手摟住梁王，嘴裡念念有詞：「我千秋萬歲之後，將皇位傳於你。」梁王心裡明白這是景帝一時說的醉話，但心中還是暗暗慶幸，他認為君無戲言，而且在場的文武大臣都聽到了。竇太后聽了錯誤地以為這是景帝為立劉武為儲王而在大臣之間做政治鋪墊。這時竇后的從侄竇嬰（**大將軍，封為魏其侯**）一本正經地說：「天下者，高祖天下，父子相傳，漢之約也，上何以得傳梁王！」景帝便起身看了竇嬰一眼，接著眼睛半睜半瞇默然無聲，裝著喝醉的樣子，身子搖晃、站立不住。結果這事又不了了之，竇太后由此對竇嬰心生憎恨。

景帝前元七年（前一五〇年）十一月，景帝廢掉了七國之亂後所立的太子劉榮，竇太后一見機會來了，又勸景帝立梁王為儲。竇太后、景帝、梁王三人在一次酒宴上，竇太后以殷代兄弟相傳的例子告訴景帝一定要把皇位傳給梁王，景帝答應了。酒宴結束，漢景帝專門召集大臣們商議這事，袁盎就講了春秋時代宋國哥哥把皇位傳給弟弟，最終釀成內亂的史實，希望景帝能夠引以為戒。後來袁盎親自拜見竇太后，把春秋時代宋國的故事重複了一遍，動之以情，曉之以理，竇太后才最終取消了以梁王為儲君的念頭，並且讓梁王回到封國。竇太后在梁王立儲這件事上干政，以失敗告終。

暗鬥的主角是漢武帝的母親王夫人（**王娡，後封為皇后**）。王夫人，槐里（今陝西興平縣境）人，父王仲，生母為臧兒。兄弟王信、田蚡、田勝，妹王兒姁。王夫人曾嫁人並生一女名金俗，其母富貴，遂將王夫人姐妹倆送進劉啟的太子宮。

王夫人入宮後給劉啟生下四個孩子，一龍三鳳，前三個均是女孩，分別被封為平陽公主、南宮公主和隆慮公主，兒子就是後來著名的漢武帝劉徹。

劉徹本名劉彘，雖是漢景帝的兒子，但他既非長子，母親也不是皇后，太子之位會落到他頭上完全是宮廷鬥爭的結果。

景帝的姐姐館陶公主劉嫖生有一女，姓陳，小名阿嬌。劉榮被立為太子後，館陶公主就去和劉榮的母親栗姬商量，想親上加親，把阿嬌許配給太子為妃。沒想到竟遭到栗妃的一口回絕，館陶公主又羞又怒，從此與栗姬結下了怨恨。

王夫人機敏圓滑趁機湊了過來，當館陶公主劉嫖想將比劉徹大四歲的女兒阿嬌許配給劉徹時，劉徹之母王夫人見長公主地位崇高，在竇太后跟前說一不二，就滿心歡喜地答應下來。從此兩個女人結為一黨，王夫人答應讓兒子劉徹將來娶阿嬌為妻，館陶公主則力爭廢劉榮而立劉徹為皇太子。

一次，館陶公主帶著阿嬌進宮覲見景帝，正好王夫人和劉徹也在，館陶公主就問劉徹：「兒願娶婦否？」劉徹笑笑不回答。館陶公主故意指著一名宮女問：「此等人為汝做婦，可合意否？」劉徹搖頭不悅。再問：「阿嬌好不好？」劉徹回答說：「若得阿嬌為婦，當以金屋藏之。」這就是「金屋藏嬌」典故的由來。

自從景帝答應了劉徹和陳阿嬌的婚事，館陶公主便開始起勁地在景帝和竇太后面前誹謗栗姬心狠手辣，不讓她做皇后（皇后薄氏因無嗣被廢）。景帝聽後大為驚怒，怕又要重演呂后謀害戚夫人的悲劇，於是決定廢黜栗姬和太子劉榮。

景帝七年（前一五〇年）正月，廢劉榮為臨江王。當年四月，封王夫人為皇后，立膠東王劉徹為太子。隔了不到兩年，劉榮被告發在臨江封國內侵佔文帝廟址造宮殿後捕入長安，他受不了酷吏的折辱自殺身亡。

太子是僅次於皇上的第二號人物，因此太子的立廢牽動著整個國家的視線，也是統治集團內部明爭暗鬥的集中體現。劉榮的立與廢就說明了這個問題。

05 郅都被殺：一生公忠清廉，只因得罪竇太后

在封建社會裡，皇族的權力之爭極為嚴重，忠臣們屢屢為此成為替罪羊。即使一生忠心於國家，但最終也可能會因得罪皇族而慘遭不幸。

郅都是河東大陽人，文帝時以郎官入仕，長期在宮廷護衛皇帝，景帝時郅都遷為中郎將，以直言敢諫聞名。

郅都是有名的酷吏，執法嚴明、不畏權貴，很多皇親國戚都被他整治得服服帖帖。景帝需要一個絕對忠心又不畏權勢的人，於是就讓郅都出任中尉一職。

太子劉榮被廢為臨江王，他在臨江府修建宮室時竟然侵佔宗廟土地，因此被傳往中尉府審訊。劉榮請求郅都給他筆墨，想寫信直接向景帝謝罪，遭到郅都拒絕。竇太后的侄子竇嬰聽說以後，派人悄悄給了劉榮一支筆，於是劉榮寫信之後引罪自殺。竇嬰把事情告訴了竇太后，竇太后認為是郅都逼死了臨江王，將其免官放回鄉里。

景帝知道郅都很冤枉，重新起用他為雁門太守，抵禦匈奴的入侵。匈奴早就聽說過郅都的

威名，得知他就任雁門太守感到驚恐萬分。郅都在雁門任太守的幾年，匈奴硬是沒有辦法在雁門一帶入侵漢境。

有一次匈奴來犯，郅都乘勝追擊，拔掉了匈奴的幾個哨所。但郅都是刑吏出身，除非是先知會朝廷，否則沒有出兵的權力，所以他這一次觸犯了軍法，於是匈奴派間諜到西漢內地四處散布不利於郅都的謠言。太后早就對郅都不滿，聽說此事後很生氣，下令把郅都逮捕入獄。景帝也不好處理，只好下旨將他押回朝廷問罪，最後在竇太后的堅持之下郅都被處斬。

郅都觸犯了竇太后，竇太后一定要為臨江王劉榮報仇，可見宮廷裡的權貴家族之爭有多麼嚴重。

第五章 雄才大略 武帝劉徹

漢武帝劉徹（前一五六年——前八七年），西漢第五代皇帝。漢景帝劉啟之子，母為王夫人。七歲時被立為太子，十六歲即天子位，在位五十四年。他是中國歷史上一位雄才大略、多有建樹的帝王，也是一位富有傳奇色彩和獨特性格的帝王。

漢武帝即位之後，採取了一系列大刀闊斧的改革。一改漢初盛行「黃老之學」無為而治的作風，大興儒術，實行學範。對內加強皇權，鞏固統一；對外開疆拓土，宣揚國威。這樣的文治武功，使他成為完成封建專制主義中央集權大帝國的重要人物，開創了中國歷史上一個光輝時代。

01 竇太皇太后與武帝之爭：武帝失敗

一位既有雄才大略又能善於用人的盛世君主，在家族之爭中也可能會處於不利的地位，其實質是大權暫時沒有掌握在自己手中。

漢景帝於後元三年（前一四一年）去世，十六歲的劉徹即皇帝位，他就是著名的漢武帝。漢初國力比較虛弱，統治者實行清靜無為的黃老政治，這在當時的情況下是極為適宜的。到漢武帝繼位時，國家經過六十餘年的休養生息，經濟逐步繁榮昌盛，國力也已相當強大。劉姓皇朝的統治已經鞏固，社會經濟有了新發展，國家在繁榮的背後潛伏著尖銳的矛盾，此時無為而治的黃老思想已不能適應社會發展的要求。

漢武帝劉徹決心解決這些矛盾。於是，他首先從招攬人才入手，於建元元年（前一四〇年）下詔全國薦舉「賢良方正」之士，並親自召見他們詢問國策，史稱「賢良對策」。

賢良對策後，漢武帝就著手進行政治改革。從小深受儒學影響的武帝開始實施新政：他首先罷免了丞相衛綰，讓魏其侯竇嬰接任其丞相職務。又讓母舅田蚡做太尉，掌管軍隊。竇嬰和田蚡都喜歡儒術，他們又向漢武帝推薦了儒生出身的趙綰做御史大夫，王臧做郎中令。趙綰和王臧又推薦自己的老師、《詩經》博士申培改革祭禮、研究明堂制度。漢武帝派人用蒲車和禮物聘迎申培到長安做太中大夫。

雄心勃勃的漢武帝決定與這些儒臣合作進行政治改革，推行多方進取的政治措施。當時朝廷面臨的第一個政治隱患，是郡國富豪實力日益強大，直接影響到了朝廷政令的推行。漢武帝為嚴格法制，詔令臣下檢舉那些行為不軌的皇親國戚，如果情況屬實則予以貶職。為了抑制、打擊諸侯王，武帝堅決採取遷徙郡國豪富的措施，下令居住在長安的王侯遷回自己的封地去；他有時還召來諸侯王的部下，迫使他們檢舉諸侯王的罪過。諸侯王們為此惶惶不可終日。

接著，漢武帝又施行了一些減輕負擔的措施，如年滿八十歲的老人，家裡免除兩個人的口算錢；年滿九十歲的老人，還免除家裡的口賦錢，並免除一個兒子服役；廢除關卡的稅收制度；停止餵養苑馬，將苑地賜給貧民耕種；減省「轉置迎送」的衛士一萬人等。他還施行恩德，振興教化；繼而又設明堂，起草巡狩、封禪制度，準備變更曆法和服色，順利進入太平盛世。

但此時朝中大權仍操縱在「好黃帝、老子言」的竇太皇太后手裡。竇太皇太后自文帝時就被立為皇后，在宮中可以說是地位高、權勢大，武帝自然是得讓她三分。竇氏一族有三人封侯：兄竇長君早死，其子竇彭祖封為南皮侯；其弟竇少君封為章武侯；其侄竇嬰，任命為大將軍，封為魏其侯。竇氏家族在朝廷的勢力很是龐大，恃寵怙勢，為非作歹，遭到檢舉和貶謫的人很多，竇氏列侯的夫人們多是公主，他們在京城的勢力盤根錯節，都不願回到封地去。這些皇親國戚們不斷到他們的總後臺竇太皇太后那裡去告狀，誹謗新的政治措施，另外加上竇太皇太后本人「好黃帝、老子言」，不喜歡儒家思想，因此在朝中以竇太皇太后為核心形成了一個思想上和政治上的反對集團，鉗制了漢武帝的新政。

建元二年（前一三九年），御史大夫趙綰上書說：「現在皇上已經繼位，請太皇太后不要再干預國政，把大權都交給皇上吧！」這等於是取消竇太皇太后的特權，竇太皇太后大發雷霆，立刻讓漢武帝廢除新的政治措施，罷免丞相竇嬰和太尉田蚡，關押御史大夫趙綰和郎中令王臧，趙綰和王臧後來在獄中被逼至死。漢武帝的新政措施被迫中斷了。繼任丞相、御史大夫、郎中令職務的分別是許昌、莊青翟和石建，他們都是竇太皇太后的人，並且不是儒士。此時政權基本上操縱在竇太皇太后手中，漢武帝無可奈何，只有等待時機。

這件事表面上是趙綰和竇太皇太后之間的鬥爭，實質上是被儒家思想武裝起來的武帝與極好「黃老」思想的竇太皇太后之間的鬥爭，這一回合竇氏家族贏了，表明當時朝政大權掌握在竇太皇太后手中。

02 思想上：獨尊儒術，罷黜百家

隨著皇權的加強、經濟實力的增強、疆域的擴展，漢武帝認為有必要加強思想上的統一。不同於採用焚書坑儒等強制性手段的秦始皇，漢武帝悉延（引）百端之學，形成了以儒家思想為統治思想的同時，又兼用百家的格局。

西元前一三五年，身歷四朝的竇太皇太后去世了。時年二十二歲的武帝獨攬朝中大權，他終於告別了政治的「禁錮期」，開始施展自己的偉大抱負。

漢武帝招賢良對策，儒家學派代表人物董仲舒被召見，接受武帝策問。董仲舒在《天人三策》一文中系統提出了「罷黜百家，獨尊儒術」的主張，認為只有「罷黜百家，獨尊儒術」，把天下之人的思想統一在儒家思想範疇之內，才能使法紀統一、人心統一、行動統一。另外，董仲舒還提倡「君權神授」和儒家專政。

董仲舒的這些主張是從維護統治階級的長遠利益出發，不僅有利於封建專制統治的長治久安，而且為漢武帝統一思想、集權中央、一統天下提供了充分的理論依據，因而被漢武帝採納。這是漢武帝登上歷史舞臺後做的第一件影響深遠的大事，是武帝為實現其政治抱負所奠定的思想基礎，對統一思想、輿論、鞏固國家政權起到了重大作用，同時也對傳播先進文化有著巨大的歷史作用。儒家思想從此成了中國社會的統治思想，對後世中國的政治、社會、文化等方面產生了深遠的影響。

為了滿足西漢王朝龐大的官僚體系對官吏的需求，漢武帝採納了董仲舒的「求賢」建議網羅人才，重用具有真才實學之士。西元前一四〇年，武帝懷著「任大而守重」的使命，下詔全國薦舉「賢良方正」之士到朝廷接受策問，一次就由各地推薦上來一百多位人才。武帝實行察舉制與考試相結合的選官制度，令郡國每年舉一次孝廉，每次各舉一人；察舉的科目除孝廉外，還有茂才、賢良方正、賢良文學、明經、明法等。

在完善察舉制的同時，漢武帝還建立了徵召制，把那些具有才能而又不願出仕的社會賢者、隱居高士、學者名流徵召入朝為朝廷服務，如文學家枚乘、儒學大師申培等均在此列。「賢良對策」後，漢武帝接受董仲舒的建議，興建太學，設五經博士，把教育與選官有機地結合起來，定期向朝廷輸送文官。

漢武帝下令太學完全用儒家「五經」為課程，教師聘請儒學博士擔任，辦學事宜全由丞相公孫弘主持。太學的設置首開中國歷史上「學而優則仕」的正規途徑，適應了國家培養官吏的需要，所以發展很快，武帝時，太學的五經博士弟子僅五十人，西漢末年則達到一萬人。

漢武帝還號召在郡國興辦地方學校，推廣蜀守文翁在蜀郡興立地方學校的做法，「令天下郡國，皆立學校官」。於是儒學便成為士人進身階梯，天下士人為進入仕途紛紛地統一到儒家思想中來，用儒學思想武裝起來的人才，也因之成為封建專制中央集權最得力的擁護者。太學和地方學校的創辦，極大地提高了官員們的文化素質。

漢武帝還是中國歷史上第一個使用年號的皇帝，他以當年為元鼎四年，並將此前之年追改為建元、元光、元朔、元狩，每一年號均為六年。漢武帝也是中國第一位在統一的國家制度下頒布曆法的皇帝。其主要內容是：改用「太初」曆，「以正月為歲首，色上黃」。「太初」的意義是宇宙的開端，武帝以此命名這部曆法，象徵太初年間的「改元更化」。

上述制度變革都是漢武帝提倡儒術的具體表現，並且通過這些措施將儒家思想滲透到政治、法律、教育以及社會生活各個領域中去，以鞏固其統治。

03 政治上：推恩削藩，裁抑相勸

削藩、剪除貴族豪強、加強中央集權、官營鹽鐵，是漢武帝在政治統治上的關鍵措施。

經過漢初幾代君臣的苦心經營，雖然到武帝時社會經濟呈現出繁榮興旺的局面，但政治上依然是隱患重重。

登上皇位之後，武帝最不能忘的是幫助他順利登上皇位的幾位至親。他先封母親為皇太后，竇太后為太皇太后，又封長公主劉嫖的女兒阿嬌為皇后，入主中宮，實現了他小時候「金屋藏嬌」的諾言。

建元六年（前一三五年），竇太皇太后病死。漢武帝立即任命田蚡為丞相，韓安國為御史大夫，從此開始了一系列改革，全面推行多方進取的政治措施，以加強中央集權。

漢武帝繼位之初，所用丞相大多為位高權重的開國功臣，權力往往超過皇權，直接影響著皇上的統治。為此，他便逐步進行改革，目的是削弱相權，強化皇權，最終加強中央集權。

竇嬰是竇太后的侄子，在景帝時就已經進入國家權力中樞，以竇太后親屬的身分為大將軍領軍平叛七國之亂立有大功，因此受封為魏其侯，權傾朝野。當時武帝母舅田蚡只是一個郎官，對竇嬰極力地巴結恭敬如父，說話、敬酒時總是跪著。為此，竇嬰對他也全力栽培。竇太皇太后死後，竇嬰失勢，以侯爵的身分閒居在家，這時只有曾任過中郎將和燕國之相的灌夫仍然和他要好。

建元六年六月，武帝任命武安侯田蚡為丞相。田蚡五短身材，相貌醜陋，為人奸詐貪鄙，本屬缺德少才無功之徒，僅僅因為是王太后的弟弟而受封為侯，竊據相位。由於有王太后這個政治和權力背景，又結交了許多諸侯來擴大他的權力基礎，所以田蚡的權勢得以漸長，百官都對他趨炎附勢。

田蚡自恃有王太后為靠山，非常驕橫奢侈，大量接受公卿百官、諸侯、郡縣的賄賂，家中的金玉、美女、狗馬、古玩器物，不可勝數。他興建最豪華的宅第，佔據最肥沃的田園，每天去各郡縣購買物品的車輛絡繹不絕。田蚡所進言的政事都是出於他豢養的賓客之謀，每次進宮奏事總是誇誇其談，所奏之事不准不甘休，一說就是大半天，因而武帝對他的奏請往往不得已才採納。田蚡還獨攬任官除吏的大權，根本不把年輕的皇帝放在眼裡，他所推薦的人，有的甚至從平民一下子便做到二千石的高官，武帝對此極為反感。一次，田蚡又拿來一大串任官的名單，武帝終於忍不住說道：「你要任官的人有沒有個完？朕也想要任命幾個呢！」

田蚡為相後，不再把竇嬰放在眼裡，反過來還要奪取竇嬰的田地。灌夫是一個軍功卓著、性格耿直、疾惡如仇的老將軍，他見田蚡如此忘恩負義、以勢欺人，心中憤憤不平。在一次宴會上，灌夫藉著酒勁，指桑罵槐地把田蚡大罵了一番。田蚡懷恨在心便揑造罪名，串通王太后逼迫武帝於元光四年（西元前一三一年）將灌夫和竇嬰處死。田蚡以誅殺公卿一事進一步樹立了自己的淫威。

田蚡害死兩位大臣後不久，便得了一種渾身疼痛的怪病，身上如鞭子抽一般，疼得叫喚不已。侍從請來許多名醫，但都診斷不清病情，急得他號哭謝罪。漢武帝和王太后聽說了以後，便請來一位方士為其求神問卜，方士說：「丞相曾殺害了兩位大臣，是這兩位大臣用鞭子在他身上狠抽，報他們的一腔怨氣。」

田蚡聽了十分害怕，沒幾天就死了。

竇嬰和田蚡的死，對漢武帝來說是一件大好事。竇、田二人的鬥爭，其實也是竇氏勢力和王氏勢力的鬥爭，這是他們的最後一次衝突。在武帝來說，不論竇氏掌權還是田蚡掌權，都會成為他獨裁的絆腳石。

田蚡死後，武帝再也不任外戚為相，並收回宰相任命官員的權力。元朔五年（前一二四年），武帝打破列侯拜相的舊制，任命沒有爵位的儒士公孫弘為丞相，然後再封他為平津侯。武帝不拘一格選拔人才，徹底破除了軍功貴族的特權。他不僅削弱相權，還經常對丞相譴責、黜免，甚至處死，弄得大臣們視當丞相為畏途。由此，武帝完成了他走向皇權專制統治的第一步。

剛剛繼位的武帝，既要限制諸侯王實力的膨脹，防止他們對帝位造成威脅，又要利用其血緣關係來維持以自己為首的劉姓天下的統治。主父偃便在此時登上了歷史舞臺。

主父偃是齊國臨淄（今山東淄博臨淄區）人，早年學的是縱橫之術，到了中年後聽說漢武帝重視儒術，他才改行學習《春秋》、《周易》，因此齊地的儒生都看不起他。主父偃在家鄉窮困潦倒，始終得不到地方諸侯王的重視，於是他決定直接上書武帝碰碰運氣。想不到這次運氣竟是出奇的好，上午將書信遞進去，下午就得到了武帝的召見。武帝很欣賞主父偃的見解，任命他為郎中。

主父偃看穿了武帝的心意，向漢武帝建議說：「當今諸侯王封地太大難於控制，父子傳承會對中央政府造成威脅，如果用法律強行削減他們的土地，恐怕他們會立即反叛。如今每個諸侯都有十幾個兒子，而只有嫡長子世世代代相繼承，其餘的雖然也是諸侯王的親骨肉，卻得不到任何封賞，長此以往也容易引起譁變。如果命令諸侯可以推廣恩德，把他的土地分割給子弟，封他們為侯，既能體現您的恩德，又可以分割諸侯王的國土，削弱他們的勢力。」

武帝接受主父偃的建議，頒行「推恩令」。僅四年的時間，封侯的數目就多達一百二十一人。元鼎至武帝末年（前一一六年－前八七年），又有四十四人封侯，有時一日之內甚至有二十四人同時封侯。

「推恩令」名義上是皇帝施以恩德，實際上是縮小諸侯王的地盤，剝奪諸侯王的政治軍事權力，使之無法割據一方而對抗朝廷。經過一番推恩削藩的舉措，諸侯勢力進一步衰弱，中央的集權統治得到加強，基本上解決了漢初以來長期未得到解決的諸侯王勢力過大的問題。漢武帝以後，雖然諸侯王國仍繼續存在，但是作為一種政治勢力，它已經失去漢初原有的活力了。

此外，對有罪的諸侯王則削奪其封國。僅元鼎五年（前一一二年），武帝就以酎金（根據漢制，每年八月要舉行宗廟大祭，王侯必須獻出黃金助祭，稱為「酎金」）不合規定為理由，藉此削奪了一百零六個人的爵位。

作為一位有作為的帝王，漢武帝在政治體制上開設了中、外朝，形成了兩個官僚系統：一個是由大將軍、尚書等組成的中朝，又稱內朝或內廷，是決策機關；一個是以丞相為首的外朝，是政務機關。中朝預政是朝廷政治體制的重大改革，它加強了皇權對國家各方面的控制，而且大大精減了中央決策的內容，使工作效率得以提高，同時也便於眾人對武帝意圖的理解。

設置十三部刺史也是漢武帝時政治上強幹弱枝的重要制度。朝廷將全國劃分為十三個州部，每州設刺史一人。刺史由朝廷派遣，屬於低級官員，但是職權很重，有權監察二千石的郡守和王國相，還有地方的強宗豪右，甚至可督察諸侯王。不過，刺史在地方查明官吏的不法事實後不能擅自處理，只能上報御舉中丞請求上級處理。這一措施的施行，使地方的豪強勢力受到了遏制，社會趨於安定。

通過實施以上政策，漢武帝徹底解決了諸侯王尾大不掉的問題，有力地加強了中央集權，鞏固了皇權，為以漢武帝為首的劉姓家族掃除了許多政治障礙，也對漢初的社會穩定做出了很大的貢獻。

04 殺主父偃：妥協諸侯，鞏固自己的地位

對於諸侯問題不能一味地縱容，但又不能打擊過猛，為了鞏固自己的統治地位，漢武帝很清楚有時表面妥協也是避免不了的。

自從實行推恩制度以後，主父偃便成了武帝的寵臣。隨後，他建議漢武帝繼續向各諸侯王派駐中央命官，對諸侯王進行嚴厲打擊，因為這是漢高祖就開始的一種制度，所有諸侯國只是敢怒不敢言。從此國相由朝廷任命，其權力要高於諸侯王。

主父偃大量掌握著一些諸侯王的違法證據，他對此毫不客氣地進行打擊。他首先拿燕王劉定國開刀。

劉定國是劉氏遠房宗親劉澤的孫子，劉澤因誅呂有功，文帝即位改封劉澤做了燕王。劉澤做了大概一年多的燕王就病死了，死後謚號敬王，王位傳給他的兒子劉嘉，死後謚號康王。劉嘉死後，王位傳給兒子劉定國。

劉定國是一個沒有人倫的色鬼，他不但與父親康王的姬妾通姦生下一子，又霸佔弟弟的妻

子為姬妾，而且還與自己的三個女兒通姦。除此之外，劉定國還違法殺死了肥如縣令郢人。郢人的兄弟多次上書向漢武帝告發劉定國不可告人的事實，經主父偃調查證實確有此事。由於民憤極大，漢武帝便處死了燕王劉定國，並且同時取消了燕國的封號，改設為郡，收歸朝廷。

第二個被處置的，是齊國厲王劉次昌。

劉次昌因與姐姐通姦而被告發。主父偃上書武帝，言齊國富強然而齊王與皇帝的血緣太過疏遠，又提及齊王的不倫之事。

於是漢武帝派主父偃任齊國國相，並辦理劉次昌的事情。主父偃來到齊國之後，就加緊審問齊王他姐姐通姦的事，宮中宦官侍女揭發了齊王大量的罪行。在政治高壓籠罩下，年少的齊王害怕自己和燕王劉定國的下場一樣就飲毒藥自殺了。齊厲王死後無嗣，封國被廢除而變成郡，收歸朝廷。

這時的漢武帝對主父偃言聽計從，主父偃的權勢一時之間炙手可熱。朝廷大臣不得不巴結他，賄賂給他的金錢達到數千金之多，而主父偃也都坦然接受。也有人勸說主父偃稍微收斂一下，但主父偃仗著受寵依然是我行我素。

趙王劉彭祖是漢景帝的第六個兒子。西元前一五六年，劉彭祖受封為廣川王，四年後改封為趙王，建都邯鄲。劉彭祖是一個不肖之徒，為人奸佞，表面上謙恭溫和，內心卻刻薄殘忍，是當地一手遮天的土霸王；而且劉彭祖貪婪成性，搜刮百姓，徵稅甚至比朝廷還多。他為王六十餘年，採取先發制人的手段，攆國相無數，許多國相不是被誅殺就是被處以刑罰。劉彭祖生活奢侈糜爛，姬妾成群，生養了很多兒子。燕王、齊王事發之後，劉彭祖怕受制於主父偃，便先告發主父偃收取賄賂一事。漢武帝聽後十分生氣，念在主父偃是個人才，暫時沒做出處理。不久，又聽說主父偃逼齊王劉次昌自殺，漢武帝再也無法忍受了，就召回主父偃並在公孫弘的建議下殺死了他。

漢武帝這樣做完全是從維護自己統治的角度考慮的，他認識到皇帝與諸侯的關係必須是恩威並重，既不能無限度地縱容而任其發展，又不能打擊過猛。他對諸侯問題的處理採取的是拉一拉、打一打的辦法。一方面要打擊他們，另一方面還要利用他們。因此他怕主父偃繼續這樣做下去，會激化自己與諸侯王之間的矛盾，出於政治考慮必須要殺了主父偃，與諸侯王之間表面形成一種妥協，他才能鞏固自己的統治地位。

05 維護專制權威和統治：殺郭解懲治布衣遊俠

專制制度下，怎樣才能維護統治者的權威和統治？不外乎殺一儆百。

郭解是軹縣人，個子不算高，但在當地名望很高，人稱大俠，早年是個亡命之徒，還當過職業殺手，橫行鄉里、無惡不作。及至年長，思想突然發生轉化，變成了「路見不平，拔刀相助」的行俠仗義之士，於是吸引了不少人跟隨他，在地方上形成了一股勢力，給軹縣的社會治安帶來了很大隱患。

軹縣人楊季主的兒子當縣掾，他出於對維護治安的需求決定把郭解提名遷徙到茂陵。郭解得知此事後，不惜花重金打通關節找到了衛青，請衛青向武帝求情。衛青向武帝替郭解求情說：「郭解家貧，不符合遷移的標準。」武帝是個聰明人，知道能讓衛青替他託關係走後門的人肯定不簡單，便半開玩笑半認真地答覆說：「一個老百姓竟能讓衛將軍替他說話，可見他絕非等閒之輩，他家也應該不是很窮嘛。」於是武帝駁回了衛青的說請，郭解還是被遷徙到茂陵去了。臨行前，郭解的那些追隨者們湊了一千萬錢的動遷安置費送給他，可見其在軹縣當地的勢力之大。

本來郭解被遣送了也就沒事了，可偏偏追隨他的那些人不甘心，他們多方打聽誰是幕後主使，終於打聽到是楊縣掾所為。出於報復，郭解哥哥的兒子便殺了楊縣掾，後來又殺了楊季主。從此楊家與郭家結了仇。於是楊季主的家人上書到京城告狀，又冒出個郭解的追隨者在宮門外把楊家告狀的人給殺了。武帝聽到這個消息後非常憤怒，認為郭解的門徒敢在宮門口殺人，根本就沒把王法放在眼裡，氣焰太過於囂張，就下令捕捉郭解。

郭解聽到風聲後，首先把母親安置在夏陽，然後自己偷偷潛逃到臨晉縣。臨晉縣當地有個叫籍少翁的士紳，本來與郭解不相識，可郭解打探出籍少翁在當地也是個人物，就壯膽冒昧會見他，順便要求他幫助出關。兩人相識後聊得很開心，籍少翁馬上送郭解出關。出關後郭解跑到了太原。當時追捕郭解的官吏追查到籍少翁家裡，籍少翁講義氣就自殺了，追捕郭解的線索就中斷了。後來官府花了很長的時間才逮捕到郭解，並徹查他的罪行。

與此同時，軹縣有個儒生與陪同前來查辦郭解案件的使者座談，在座的還有郭解的門客，在座談調查的過程中，郭解的門客不停地誇讚郭解行俠仗義的事蹟。這個儒生看不慣這些人的言行，便插嘴說：「郭解專愛做奸邪犯法的事，怎能說他是賢人呢？」事後郭解的門客就殺了這個儒生，並割下了他的舌頭。官吏以此責問郭解，令他交出凶手，可郭解確實不知道殺人者是誰。主審官員向武帝報告案件審理過程，認為郭解無罪。主管刑罰的御史大夫公孫弘卻認為應該將郭解殺掉，他說：「郭解以平民身分行俠，玩弄權詐之術。他的門客因為小事而殺人，雖然郭解不知道，這個罪過比他自己殺人還嚴重。」武帝批准了公孫弘的建議，按大逆無道之罪誅殺了郭解全族。

武帝殺郭解這件事看似一件小事，可是如果繼續縱容像郭解這樣的人，就會導致地方惡勢力不斷的擴大，他們也就會越來越囂張，肯定會給中央集權造成威脅。武帝這種殺一儆百的做法，對維護中央集權、安定地方、穩固劉氏江山起到了積極的作用。

06 外交上：開疆拓土，擊匈奴通西域

漢武帝採取軟硬兼施的手段治理國家，不僅解除了匈奴威脅，保障了北方經濟文化的發展，同時也打通了絲綢之路，加強了對西域的統治，並發展了大一統的對外交流。

漢朝建立初期國力虛弱，急需安定的環境發展生產、恢復經濟，所以實行「無為」政治，採取與匈奴和親的政策。這在一定程度上加強了漢族與少數民族之間的經濟文化上的聯繫，為以後發展統一的多民族封建國家創造了有利條件。但同時也助長了西北邊疆和蒙古高原匈奴貴族的貪婪性和掠奪性，給西漢王朝的政權造成很大的威脅，也給西漢邊疆的吏民帶來很大的災難。

西漢王朝從高帝到景帝，經過六十多年的休養生息，到武帝繼位時，國內經濟繁榮昌盛、社會安定、兵強馬壯，已經具備了足夠的力量來制止匈奴入侵。

此時的漢武帝再也不願忍辱負重，他開始制訂反擊匈奴的政策。由他領導的抗禦匈奴的戰

爭持續了四十三年。經過這些反擊，匈奴元氣大傷，一蹶不振，再也沒有力量對中原進行騷擾了。

元朔六年（前一二三年），武帝派衛青率十萬騎兵出塞追殲匈奴，十八歲的年輕將領霍去病在這次戰役中脫穎而出。霍去病是河東郡平陽（今山西臨汾）人，從小喜歡征戰、善騎射，被提拔為侍中，受到了漢武帝的賞識。在漢匈激烈交戰的時候，漢武帝任命他做驃姚校尉。漢軍出塞後，大將軍衛青挑選八百名精銳騎兵歸霍去病指揮，霍去病率八百騎兵衝殺在前，離開漢軍主力，一直奔襲數百里。

這支騎兵雖小，但戰鬥力極強，他們找到匈奴部隊後，以迅雷不及掩耳之勢發起突襲，打得敵兵潰不成軍。在這次戰爭中，漢軍斬敵兩千多人，以少勝多，大勝而歸。霍去病在抗匈戰爭中建立了大功，多次得到漢武帝的獎賞。漢武帝前後賜封他食邑一萬七千戶，並加官大司馬。不幸的是，霍去病二十四歲那年得病死了。漢武帝十分悲痛，深為這年輕武將的英年早逝而惋惜，特意為他修建了一座仿照祁連山模樣的宏偉墳墓，來紀念這位建立了赫赫戰功的青年英雄。

由於漢軍的英勇殺敵，西漢王朝取得了反擊匈奴戰爭的巨大勝利，漢武帝的抗擊政策取得了巨大成功，西漢建國以來的百年邊患基本得以解除。匈奴被迫北遷，出現了「匈奴遠遁，而漠南無王廷」的局面。漢武帝反擊匈奴的戰爭，維護了漢朝邊郡先進的農業生產，制止了匈奴貴族的野蠻掠奪和侵襲，使中國北部地方繼續得到開發，邊境得到安定，符合當時廣大人民的利益。

漢武帝在位期間，歷時三年西征大宛，使漢威震撼西域諸國，西域諸國紛紛對漢稱臣，從而確立了西漢對西域的宗主地位；開拓了東北和西北邊疆，使今新疆、甘肅西部開始進入中國的版圖，東北地區的疆域則從今遼東半島一直擴大到渾江、鴨綠江流域；還平定了閩越和南越的叛亂，穩定了西漢王朝對西南地區的統治；通過兩次派張騫出使西域，加強了新疆一帶少數民族和內地的聯繫。通過和親，建立了漢朝和西域大國烏孫的聯盟，開闢了西漢與康居、月氏、木夏等國的交通。

漢武帝推行抗擊和「征撫」的民族政策，廣開三邊，拓殖四方，鞏固和發展了龐大的帝國，使中國的版圖初具規模，並且鞏固和發展了多民族統一局面，加速了民族大融合，促進了少數民族地區經濟文化的發展，從而實現了他建立「大一統」帝國的偉大抱負。從此，西漢王朝進入了鼎盛時期。

07 經濟上：調整政策，重用桑弘羊

為了加強中央財政大權，抑制商人勢力，漢武帝改革幣制、鹽鐵官營、平抑物價，有效地解決了經濟危機問題。

漢武帝元狩年間，出現了嚴重的財政困難。文景時代國庫裡累積的巨大錢糧儲存已經被連年戰爭消耗得所剩無幾，而關東又連年水災，治理河道和安置災民的花費更使中央政府財政支出捉襟見肘。

為了能夠解決經濟危機的問題，同時也為了跟政治上強化皇權的措施相一致，漢武帝起用了一批「興利之臣」來進行財政改革。他一方面堅持「以農為本」的既定國策；一方面加強對國家經濟的宏觀調節和控制，發展國有工商礦業以繁榮經濟。這時桑弘羊便登上了歷史舞臺。

桑弘羊是河南郡洛陽人，出生於商賈家庭，從小跟隨父親學習經商理財，很早就顯示出過人的聰穎和才能，能夠不用籌碼直接心算。桑弘羊十三歲時就進入宮廷做了漢武帝的侍中，以善理財著稱。

漢初，劉邦為取得地方的支持，允許冶鐵、煮鹽和鑄錢這三種行業在民間經營。至武帝時，最大的鐵、鹽商賈擁有的財富已達萬金之多，嚴重影響了朝廷的財政收入。因此漢武帝下令中央收回鹽鐵業經營權，於是冶鐵、煮鹽和鑄錢就成為當時政府最大的三項財源。桑弘羊派人到各地去巡視，清除積弊，在產鹽區設鹽官，雇工煮鹽；又在產鐵區設鐵官，經營採冶鑄造，發賣鐵器。全國共設鐵館四十多處，鹽館三十多處，對鹽鐵實行專賣。由此，朝廷增加了巨額收入。

為了統一幣制，漢武帝下令把鑄幣權收歸朝廷，嚴禁地方和私人鑄錢，明確了皮幣、白金和五銖三種貨幣形式；並規定錢幣由上林苑的三個工房鑄造，稱為三官錢。這樣既保證了錢幣的品質，又方便了錢幣的流通。這次幣制改革進行得非常成功，五銖錢通行數百年，直到曹魏時還為百姓所樂用，五銖錢也因此成為了歷史上信譽最佳、通行最久的鑄幣之一。

為了制止豪商大賈們利用賤買貴賣、囤積居奇的手段來操縱物價、牟取暴利，漢武帝頒布了推行均輸、平準的新法，由中央統一調控全國的運輸和物價，並藉此增加政府的財政收入。漢武帝在各郡設立均輸官，負責管理、調度、徵發各郡國徵收的租賦財物向京都運送；又在京都設置平準官，統管全國運到京都的各種財物，除去朝廷所用外，作為官家平衡物價的資本，並根據市場行情賣出或買進，用於調撥有無。另外，漢武帝還頒布了算緡和告緡的命令。算緡，就是對商人和高利貸者加重徵收財產稅，凡不如實申報財產的，沒收其全部財產並罰往邊境戍守一年；有告發者，一經查實，告發者得沒收財產之半，稱為「告緡」。這一制度的實行，既增加了政府的收入，又可使百姓免受富商大賈的盤剝，在歷史上產生了深遠的影響。

漢武帝在推行經濟改革的同時，還採取了一些農業方面的積極措施。他非常重視水利建設，元光六年（前一二九年），起用著名水利工程家徐伯主持渭渠的工程；同時，又徵發萬餘民工修建龍首渠。他指揮修築的水利工程有漕渠、六輔渠、白渠、成國渠、洛水渠、龍首渠等諸多工程。在興修水利中，人民發明了「井下相通行水」的井渠法，使得龍首渠從地下穿過七里寬的商顏山，成為中國第一條地下水渠。武帝也非常重視治理黃河，元封二年（前一〇九年）徵調了數萬民工修治瓠子決口，親自巡視工地檢查工程，此次工程堵住了二十多年堵不住的黃河決口，黃河在此後的八十年間沒有發生大的水災。

在農業上，大力推廣先進的生產工具、生產耕作方式和技術。武帝時，已廣泛使用鐵農具，在農業生產中推廣牛耕。另外，漢武帝注重農業生產技術和工具的發明改進，如試行代田法和發明播種工具；用耬車播種不但速度快，而且下種深，對於農作物生長十分有利。

由於土地兼併加劇，豪強地主巧取豪奪手段也變本加厲，因此抑制豪強地主的發展、扶持小農經濟地位就顯得尤為重要。為此，漢武帝下令將郡國豪強及資產在三百萬以上者，通通遷徙到茂陵。漢武帝選任一些酷吏，對那些橫行郡國、作奸犯科的豪強予以嚴厲鎮壓。武帝主要是以皇室的兼併來對付豪強的兼併，從經濟上打擊大搞土地兼併的新興暴發戶，以達到「強幹弱枝」的目的。

上述經濟政策的調整，使瀕於崩潰的西漢政府經濟得以恢復，為加強中央集權提供了物質基礎，並保證了反擊匈奴戰爭的勝利，還在一定程度上阻止了大土地兼併活動，取得了限制和打擊諸侯王、富商大賈的效果，使流亡農民以某種方式重新與土地結合起來，其進步意義是應當肯定的。由於加強了皇權，形成了中央集權的體制，促進了全國政令統一，因此漢武帝在位期間經濟繁榮，西漢國力空前強大。

08 后妃之爭：衛子夫受寵，陳皇后遭廢

封建皇權的至高無上，使得眾多皇族成員之間為了權勢而明爭暗鬥、自相殘殺。一個皇族的發展及延續，關鍵在於領導者的謀略和才能，看他有沒有能力治理好自己的家族。

漢武帝即位以後，長公主的女兒陳阿嬌成為皇后。隨著年齡的增長，武帝的感情也隨之發生了變化。他認為皇后阿嬌從小生活在宮中任性刁蠻，便把感情轉移到別的地方去了。

漢武帝的姐姐平陽公主一眼就看穿了武帝的心思，便向他推薦了自己最得意的奴婢——衛子夫。衛子夫出身卑賤，母親衛媼是平陽侯曹壽家的婢女，曹壽是開國元勳曹參的後代，娶武帝姐姐平陽公主為妻，因此而地位顯赫。衛子夫被平陽公主帶到長安的公主府，教她歌舞，成了公主府的一名歌伎。

漢武帝對衛子夫一見傾心，遂將其帶回宮中。

陳皇后得知此事後非常惱火，但因自己入宮十餘年而無子也不敢大吵大鬧。只能一面盯著

漢武帝，怕他去找衛子夫；一面求神拜醫、燒香吃藥，可一天天過去仍沒有懷孕跡象。

因陳皇后之故，衛子夫入宮一年多都沒有得到武帝寵幸。恰好武帝外放宮人，衛子夫就流著淚請求武帝放她出宮。衛子夫楚楚動人的樣子再次博得漢武帝的好感，此時她才真正得到了漢武帝的寵幸。

漢武帝除打理朝政、遊獵、讀書外，幾乎都住在衛子夫這裡，再不去陳皇后那兒。甚至有時他去遊獵都要帶著衛子夫，這讓陳皇后十分惱火。但更讓皇后惱火的是，這個新得寵的女人竟很快懷孕了。看著衛子夫的肚子一天天大起來，陳皇后妒火中燒，她要除掉衛子夫。

漢武帝對皇后的脾氣瞭若指掌，早就料到皇后會這樣做，便派了侍從注意。陳皇后果然闖進衛子夫宮中要和她拼命，漢武帝讓人把她拖了出去。

早就對皇后不滿的漢武帝，肯定不會放過這件事。皇后受了委屈便去找母親大長公主（劉嫖）。大長公主心疼女兒，便多次責備漢武帝的姐姐平陽公主，說：「帝非我不得立，已而棄捐吾女，壹何不自喜而倍本乎！」平陽公主說：「用無子，故廢耳。」

陳皇后豈能就此善罷甘休，便和母親長公主商量謀殺衛子夫與同母異父的弟弟衛青。但在衛青朋友公孫敖的幫助下，衛青得救了。武帝知道後非常憤怒，想藉此壓壓長公主母女的氣焰，於是就宣衛青進見，當著皇后阿嬌的面任命衛青為建章宮監，加銜侍中。不僅如此，就連衛青的同母兄弟姊妹也一併加封。武帝索性一不做二不休，接著又封衛子夫為夫人，升衛青為中大夫。

皇后阿嬌並沒有受到教訓，後來她聽說有一女巫楚服法術極高，能用咒語使皇帝回心轉意，還能使自已所仇恨的人死於非命，便冒險派人把楚服請入宮中作法。楚服煞有介事地召集一群徒子徒孫在宮中設壇祭祀，召請各路鬼神。武帝得知後怒不可遏，下令查處此事。楚服被重刑拷問，以大逆罪處以極刑。楚服的徒子徒孫和宮內的使女、宦官，受牽連者多達三百餘人，一律處死。武帝認為堂堂皇后竟然裝神弄鬼，便下詔收回陳皇后的印璽，廢去尊號，貶入長門宮，後在長公主的請求之下仍然受優待。

阿嬌被廢以後，衛子夫日益受寵，一連為武帝生了三個女兒，後來又生了一個兒子。武帝喜不勝言，給小兒子取名為據，冊封衛子夫為皇后，下詔大赦天下，普天同慶。

後宮的爭奪純粹是家族之間的爭奪。陳阿嬌被廢，衛子夫被立為皇后，表明在這場宮廷鬥爭中，陳氏被衛氏取而代之。

09 殺淮南王劉安：維繫嫡系大宗的皇統

一些皇親國戚掌握了一定大權，便倚仗自己的地位肆無忌憚地為所欲為，但最終還是死於皇權之下。武帝為了鞏固和維繫嫡系大宗的皇統，對一些皇室權貴進行了無情的打擊。

在劉氏眾多的宗室支系中，淮南王劉安因撰寫《淮南子》一書而名垂青史。淮南王族系的開基始祖名劉長，是漢高祖劉邦最小的兒子，後被封為淮南王。文帝時，劉長因謀反被廢黜王爵後絕食而死。後封劉長的兒子劉安承襲劉長的爵位，出任第二代淮南王。

武帝建元二年（前一三九年），淮南王入京朝見皇上。與淮南王一向交好的武安侯田蚡（王夫人的弟弟、武帝的舅舅）親自在霸上迎接他，並告訴他說：「現今聖上沒有太子，而您是高皇帝的親孫，施行仁義，天下無人不知。假如有一天宮車晏駕（皇上過世），這皇位不是您的又該是誰的呢！」劉安大喜，厚贈武安侯金銀錢財物品。後來天上出現了彗星，淮南王在門客的遊說之下加緊整治兵器，積聚錢財賄贈郡守、諸侯王、說客和有奇才的人。許多能言巧辯的人爭為劉安出謀劃策，這些人胡亂編造荒誕的邪說，花言巧語地蒙蔽劉安，更加堅定了他的謀反之心。

淮南王劉安因阻撓郎中雷被從軍奮擊匈奴等行徑，破壞了對武帝明確下達的詔令的執行，應判處棄市死罪，但是武帝並沒有同意，只是削了他的封地。淮南王劉安被削封地後就加緊了謀反的準備，日夜和自己的賓客左吳等人察看地圖，部署進軍的路線。除了實際行動外，劉安也常常尋求心理安慰，自從武安侯田蚡告訴他武帝無嗣，他就固執地認為一旦有變就有望入繼大統。

劉安召見中郎將伍被一起商議謀反之事，伍被不大情願地說：「聖上剛剛寬恕赦免了大王，怎能又說這些亡國之話呢！現在臣也將看到宮中遍生荊棘，露水沾濕衣裳了。」劉安大怒，將伍被的父母囚禁起來，關押了三個月。

所謂天下沒有不透風的牆，淮南王劉安的謀逆舉動很快就敗露了。劉安有個庶出的長子名叫劉不害，劉安一點都不喜歡他，王后和太子也都不把他視為兒子或兄長。劉不害有個兒子名叫劉建，對其父不受劉安重視而耿耿於懷，於是就向丞相公孫弘舉報淮南王有叛逆的陰謀，公孫弘決意深入追究查辦此案。河南郡府審問劉建，劉建供出了淮南王、太子及其朋黨。劉安眼看劉建被召受審，害怕國中密謀造反之事敗露就想搶先起兵，但又恐怕自己的國相和大臣們不聽命於己。他就和伍被密謀先用假裝宮中失火的方法，吸引國相和大臣們前來救火，然後再將其除之。謀議未定，又計畫派人身穿抓捕盜賊兵卒的衣服，手持羽檄，從南方馳來，大呼「南越兵入界了」，以藉機發兵進軍。

此時，廷尉把淮南王孫劉建供詞中牽連出太子劉遷的事呈報給了武帝。武帝命廷尉前去淮南國逮捕太子劉遷。太子眼見大勢已去便想刎頸自殺，不過勇氣不足自殺不成。看著淮南王敗局已定，伍被獨自往見執法官吏，主動交代了自己參與淮南王謀反的事情，並將謀反的詳情全盤供了出來，想為自己爭取寬大處理。武帝因為伍被勸阻淮南王劉安謀反時言詞雅正，說了很多讚美朝廷的話，本想不殺他。但廷尉張湯說：「伍被最先為淮南王策劃反叛的計謀，他的罪不可赦免。」伍被最終還是被殺了。

法吏因而包圍了淮南王王宮，逮捕了太子、王后，查抄了謀反的器具，還將淮南國中參與謀反的賓客黨羽一併捉拿歸案，然後書奏呈報武帝。武帝接到奏報後便派宗正手持符節去審判淮南王，宗正還未行至淮南國，淮南王劉安已提前自刎而死。太子劉遷和所有參與謀反的人都被滿門抄斬。劉安死後，淮南國被廢為九江郡。

在這節骨眼上，衡山王劉賜仍在按部就班地行使他參與劉安謀反的計畫。劉賜是劉安的弟弟。劉賜的王后乘舒生了二男一女，大兒子叫劉爽，被立為太子，二兒子叫劉孝，女兒叫劉無采。劉賜還有一個寵姬叫徐來，生了四個孩子。另一個寵姬叫厥姬，生了兩個兒子。王后乘舒死後，劉賜立徐來為新王后，這使得一直想當王后的厥姬大為不滿，於是厥姬便開始挑撥王后徐來與太子劉爽之間的關係，告訴劉爽是徐來害死了他的母親。而徐來當王后以後，她的最高目標就是廢太子，立自己的兒子為太子。因此徐來只要一有機會就在劉賜面前吹枕頭風，講劉爽的壞話，想讓劉賜廢掉劉爽的太子地位。

元朔六年（前一二三年），衡山王派人上書武帝請求廢掉太子劉爽，改立自己所喜歡的劉孝為太子。劉爽聞訊，就派和自己很要好的白嬴前往長安上書，控告劉孝私造戰車箭支，還和衡山王的侍女通姦，想要以此來挫敗劉孝。衡山王聽說劉爽派白嬴前往長安，害怕他揭發出自己謀反的陰謀，也上書反告太子劉爽幹了大逆不道的事應處死罪。父子相互控告，朝廷便將此事下交沛郡審理。

元狩元年（前一二二年）冬，負責辦案的公卿大臣下至沛郡搜捕與淮南王共同謀反的罪犯，在衡山王劉賜的二兒子劉孝家抓住了重要案犯陳喜。陳喜平日屢次和衡山王計議謀反，劉孝很害怕他會供出此事。劉孝聽說律令規定事先自首者可免除其罪責，又懷疑先前太子劉爽指使白嬴上書已將謀反之事告發，於是搶先自首，控告陳喜等人參與謀反。廷尉經審訊，情況均屬實，公卿大臣便請求逮捕審訊衡山王。武帝便派遣中尉司馬安、大行令李息赴衡山國就地查問衡山王劉賜，劉賜對所犯罪行供認不諱。中尉、大行還朝將情況上奏，公卿大臣請求派宗正、大行和沛郡府聯合審判劉賜，劉賜聞訊便刎頸自殺。劉孝主動自首謀反之事本應從寬處理，但他因犯下與衡山王侍女通姦之罪仍被處死棄市。王后徐來因以巫蠱謀殺前王后乘舒而犯罪，太子劉爽犯了被衡山王控告不孝的罪也都被處死棄市。所有參與衡山王謀反一事的罪犯一概滿門殺盡，衡山國廢為衡山郡。

淮南、衡山的這兩次大獄，牽連上至侯王、兩千石以上的官員，下至郡縣豪傑、百姓，一共株連了數萬人。

被血洗後的淮南國、衡山國和江都國已無君主，漢武帝在這幾國故地分別設置了九江郡、衡山郡和廣陵郡，直接歸屬朝廷統領。

其實這些侯王們本身的罪責是微不足道的，而是漢武帝想藉此機會來剷除和他血緣較遠的諸侯王，這樣做的目的是為了鞏固和維繫嫡系大宗的皇統和他本人至高無上的地位。

10 平巫蠱之亂：剷除衛氏集團

巫蠱之禍是一場政治清洗的開始，這是由外戚的權力鬥爭，以及武帝自身的迷信鬼神、過度猜忌所造成的，其結果是外戚勢力受到了徹底打擊。

巫蠱是漢代的一種巫術，是將木偶人埋在地下，用咒語驅使它使人得病致死。自從皇后陳阿嬌用巫蠱之術試圖謀殺情敵衛子夫之後，巫蠱之風便越演越烈，成為武帝時期的一種社會惡俗。

漢武帝征和元年，丞相公孫賀的兒子太僕公孫敬聲因仗著母親是衛皇后的姐姐而驕奢不奉法，擅用北軍之錢，事發後下獄。公孫賀自請追查捕獲陽陵大俠朱安世，以此為兒子贖罪。沒想到朱安世在獄中上書，揭發公孫敬聲不僅與武帝女陽石公主私通，還指使人在通往甘泉宮的馳道中埋木偶詛咒天子。

武帝大為憤怒，立即下令處死公孫賀父子。公孫賀本是衛皇后的至親，執金吾杜周從公孫賀父子的巫蠱案中，嗅出了衛皇后失寵的訊息，衛氏外戚成了武帝意在掃除的勢力，於是羅織罪名廣為株連。不久，武帝的女兒陽石公主、諸邑公主以及大將軍衛青之子衛伉等都被牽連在巫蠱案中，皆處以死刑。

公孫敬聲巫蠱案的株連擴大，實際上有著更為深刻的背景，那就是圍繞皇位繼承權問題，武帝與皇后衛子夫、皇子劉據之間展開的由來已久的複雜鬥爭。

劉據（前一二八年—前九一年）漢武帝長子，母衛子夫。元狩元年（前一二二年），七歲的劉據被立為太子，征和二年（前九一年）八月劉據自縊而死，後來被謚為戾太子。

太子之位自古是皇帝諸兒子爭寵的焦點，所謂夜長夢多，劉據做太子的時間一長，地位反而變得不穩固起來。漢武帝末年，王夫人、李夫人等都已相繼生了兒子，漢武帝又寵幸尹婕妤、鉤弋夫人。衛皇后年老色衰，終年難得見皇上一面。劉據為人性情仁慈敦厚、溫柔謹慎，武帝認為他沒有多少才能，不像自己，對他不大滿意。於是宮內一些有皇子的嬪妃就打起了太子寶座的主意。

雖然武帝對太子不甚滿意，但還沒有廢立的打算。他覺察到這一切，就特意對太子的舅舅衛青說：「我大漢建國不久，加上北方匈奴屢次前來侵擾，朕如果不制定嚴厲的律令，後世就無法可依；不出師征戰，如何能保天下太平；為此不得不勞民傷財。但後世要是還像朕一樣，那就跟秦朝末年一樣要走向滅亡。太子穩重安詳，雖然不能開拓疆土，卻必能使百姓安居樂業，國家繁榮富庶。要找一個守成的國君，有誰能比得上太子呢？聽說皇后和太子有不安之意，怎麼能有這樣的想法呢？你可以給我轉達一下讓他們安心。」衛青連忙磕頭謝罪。

然而劉據與漢武帝性格截然不同，在許多重大問題上觀點不一致：在外交政策上，太子主張和平共處，每次都進諫勸阻征討異族，武帝則笑著對他說：「朕替你把辛苦事都辦了，給你留個天下太平，不是很好嗎？」在對內管理上，武帝慣用嚴刑苛法，劉據則寬厚仁慈，善於發掘冤獄，被武帝治罪的人，太子常常為之平反。

為此，朝中眾臣分為兩派，為人寬厚的都支持太子；而嚴酷刻薄的都擔心劉據繼位後會對自己不利，就不斷地向武帝進讒言。元封五年（前一〇六年），大將軍衛青病逝，衛皇后和太子失去了最有力的後援，朝廷中支持太子的大臣也越來越少了。終於讓佞臣江充通過巫蠱事件，誣陷劉據陰謀叛亂，使武帝和太子發生了父子相殘的悲劇。

江充字次倩，趙國邯鄲人，本名齊，他把能歌善舞的妹妹嫁給趙太子丹。後江充與丹交惡，便逃到長安告發丹的陰私，受武帝賞識拜為直指繡衣使者。太始三年，太子劉據家使乘車馬行駛在專供天子交通的御路馳道中，正好遇上江充，江充依法拘押太子家使、沒收車馬，並稟報給武帝，從此與太子劉據結仇。

征和二年閏五月，漢武帝在長安西北的甘泉宮避暑時，突然生了病。江充曾經因為舉報太子家人而得到武帝獎賞，生怕武帝死後太子即位會遭報復，就說武帝生病是因為太子在背後詛咒的結果。

「巫蠱」術在西漢很盛行，京城裡有諸多方士和巫師神婆之流，且有不少女巫往來宮中，常有嬪妃之間互相用巫蠱詛咒。武帝素來迷信，對巫蠱之流深惡痛絕，早年曾因「巫蠱案」廢了陳皇后。此時，武帝聽了江充的話深信不疑，就派他治理巫蠱之獄。

江充得了聖旨，立即帶上一個胡巫去捉妖。開始為掩人耳目，便在長安城內四處尋找。到了人家屋內，胡巫含酒往地上一噴，見有祭祀的痕跡，就說此人詛咒皇上，江充馬上命令侍吏將其拿下，施以種種酷刑，定要犯人誣服。巫蠱之獄從京師波及到各地，因捲入此案被殺的官紳百姓前後達數萬人。但凡被牽上此案的，不管真假必死無疑。於是江充讓胡巫奏道：宮中有蠱氣，如不除滅，陛下的病終難痊癒。武帝又命江充入宮搜查，並派寵臣按道侯韓說、御史章贛和宦官蘇文等人做江充的助手。

江充來到後宮，先從失寵妃嬪處挖起，漸漸地挖到了皇后、太子的宮殿，他縱橫挖掘，遍地開花，弄得皇后與太子連放床的地方都沒有了。然後江充聲稱：在太子宮中挖出的木人特別多，並且附有寫著謀逆事端的帛書！要向皇上稟報。劉據又驚又怕，急忙和少傅石德商量，準備假託皇上之命，抓住江充等人嚴加審訊，揭穿他們的陰謀。

七月壬午日，劉據假託詔命，逮捕了江充，韓說不肯就範，被當場殺死。章贛受傷，與蘇文逃回了甘泉宮。劉據痛罵江充道：奸賊，竟敢離間我們父子麼？手起劍落，將他揮為兩段，又將胡巫燒死在上林苑中。然後劉據調兵控制了宮城，以作為防衛。蘇文逃回甘泉宮後，告稱太子造反。武帝起初不相信地說：「太子必定是害怕遭禍，又痛恨江充，才會發生這等事。」便立即派使者到長安城中召太子，哪知使者早被蘇文串通，根本不曾入城，卻回來謊奏道：「太子真的造反了，要殺臣，臣只得逃回來了。」武帝這才勃然大怒，命令丞相劉屈氂調發近縣士兵進攻長安。劉據也矯詔赦免長安獄中囚徒，配合宮中衛隊，又臨時武裝了部分市民，與丞相軍大戰三天三夜，雙方共死傷數萬人，長安城血流成河。這時武帝駕臨長安城西的建章宮，大家聽說後紛紛傳言太子造反，於是劉據的部下漸漸散去，劉據終於戰敗。

劉據逃至長安南城，城門官田仁認為父子至親，不願過分相逼，就放他出了城。劉據逃到湖縣，躲藏在一個百姓家中，這戶人家很貧窮，只能靠日夜編織草鞋出售來供養太子。太子很過意不去，想起自己有個老朋友在湖縣，且家境富裕，便派人向他求助。不料被當地官吏發現，派兵圍捕，劉據懸樑自盡，他的兩個兒子與這家主人都被殺害了。

在這場巫蠱之禍中，衛皇后自殺，劉據的三個兒子、一個女兒以及女婿平輿侯也同時遇害。博望苑的諸多賓客全被殺光，跟劉據起兵的官吏與放他出城的田仁都被滅了族。那些討伐、搜捕劉據有功的人則升官封爵，大加賞賜。

一年多後，事情漸漸弄清了，所謂巫蠱一案多屬虛妄。漢武帝終於明白太子是被逼無奈才發兵自衛的，根本就沒有造反的意圖，但已追悔莫及。由於感念太子無辜身亡，心中傷痛，漢武帝就在長安建造了一座思子宮，又在湖縣修築歸來望思臺，盼望太子的靈魂能夠歸來與自己重會於臺上，共敘天倫之樂。

征和元年的巫蠱之禍是一場政治清洗的開始，是武帝打擊衛氏外戚集團，為廢長立幼掃清道路的信號。這場巫蠱之禍，主要是武帝本人釀成的，江充其實是「善合人意」，起到了推波助瀾的作用。

11 用心良苦：殺母立子，安排顧命大臣

中國古代封建皇位的傳承，以父傳子繼這種家天下的繼承模式，來避免其他家族對最高權力的爭奪，封建帝王為了使得自己家族延續統治可謂用心良苦，少不了伴有流血事件。

垂暮之年，武帝除了對自己一生的功過進行反省之外，考慮最多的便是皇位繼承的問題。武帝共有六子。衛皇后生故太子劉據；王夫人生子劉閎，元狩六年（前一一七年）立為齊王，於元封五年（前一一〇年）病死；李姬生子劉旦、劉胥，元狩六年（前一一七年）立劉旦為燕王，又立劉胥為廣陵王；李夫人生子劉髆，天漢四年（前九七年）立為昌邑王，後元元年（前八八年）病死。鉤弋夫人即趙婕妤，生子弗陵。太子劉據死後，只有燕王劉旦、廣陵王劉胥和幼子弗陵三子還活著，也就是說漢武帝將從這三人中挑選一人立為太子。

自皇太子劉據自殺、齊王劉閎病死以後，燕王劉旦年齡居長，按照傳統的宗法制度，劉旦自以為會理所當然地被立為皇太子。劉旦為人善辯、有才略，廣納遊學之士。後元元年（前

八八年）燕王劉旦上書，表面上請求回京師入宮宿衛，暗地裡即是要求立自己為皇太子。武帝大怒，下令將送書的使者斬於未央宮的北闕之下，削奪燕王封國中的良鄉、安次、文安三個縣。這件事顯然是向燕王和天下示意，不準備立燕王為皇太子。而廣陵王劉胥，雖然勇猛雄健，但好倡樂逸遊，常常違犯法度，一向不被武帝所喜，自然也不在立儲之列。

武帝最喜愛的是幼子弗陵。他長得很像武帝，很合武帝心意，形體壯大、相貌英俊、慧敏多智，為此武帝早有立其為太子之意。但弗陵年齡幼小，其母鉤弋夫人又很年輕，武帝擔心將來弗陵為帝，母親鉤弋夫人必干政，恐怕危及漢家社稷，為此他一直在考慮尋找一個穩妥的立儲辦法。

武帝經過深思熟慮後做出決定，如果立弗陵為太子，首先要選好輔政大臣，其次就是找一個「莫須有」的罪名將鉤弋夫人賜死。隨後，武帝部署預立弗陵，物色大臣輔助。當時，朝廷中大臣有丞相田千秋（即車千秋）、搜粟都尉桑弘羊、侍中奉車都尉光祿大夫霍光、侍中駙馬都尉金日磾、大鴻臚田廣明、御史大夫商丘成、太僕上官桀等。武帝認真考察群臣，認為只有霍光性情忠厚，可以承擔輔保社稷的大事。霍光字子孟，河東平陽人，與霍去病是同父異母的弟弟，十餘歲被霍去病帶入宮為郎，出則奉車，入侍左右，侍奉武帝二十多年，小心謹慎，從無過失，很得武帝信任。武帝命黃門畫了一幅周公負成王朝諸侯圖，賜諭霍光。因此，左右群臣都知曉武帝要立少子弗陵為太子。

幾天後，武帝在甘泉宮因為一點小事譴責鉤弋夫人，夫人不知為什麼武帝會如此大發雷霆，於是卸脫簪珥，叩頭認過。武帝主意已定，斷然地傳命把她押入掖庭獄。夫人邊走，邊回頭求饒，武帝厲聲說：「快走！你命裡注定是不能活的！」最後，賜死鉤弋夫人於雲陽宮。事後，武帝問左右侍從：「外面對這事有何說法？」左右告訴武帝：「大多不理解。既然要立弗陵為太子，又何必除去他的生母？」武帝這才說了他的意圖：「你們這些愚人是不會明白朕的意思的。過去國家造亂的緣故，多數是太子少母壯，母親專政。你們沒聽說過呂后嗎！所以不得不先除去她。」武帝是一個深謀遠慮的皇帝，他誅殺鉤弋夫人是站在自己的立場上，吸取呂氏專權的歷史教訓而採取的防範措施。司馬光說：「孝武以孝昭之生，神異於人而復有早成之資，戈違長幼之次而立之。鑒於諸呂，先誅其母，以絕禍源，其於重天下謀子孫深遠矣。」

此外，武帝選顧命大臣時也是經過深思熟慮的。由於連年的戰爭國庫虧空，人民需要休養生息，所以他需要謙遜恭謹的人來幫他完成大業。武帝試圖通過對輔政大臣的選擇，勾勒出身後十年的政壇圖景，試圖為兒子打造出另一個盛世，這樣的深謀遠慮可謂是用心良苦。

第六章　守成之君　昭帝劉弗陵

漢昭帝劉弗陵（前九四年——前七四年），是西漢第六代皇帝，他是漢武帝劉徹最小的兒子，母親為鉤弋夫人。弗陵八歲繼位，十八歲親政，在位十三年。諡號「孝昭皇帝」。弗陵在位期間多由大臣輔政，但用人得當，也很有政績。

01 平叛亂：平燕、齊謀逆，挫敗偽戾太子

權力的繼承，是封建統治家族得以延續的紐帶，然而家族內部也會由於自己的利益而造亂，為了爭奪皇位而鬥爭。

武帝去世，劉弗陵即位，遂命向各諸侯王送去璽書並通告武帝駕崩的消息。燕王劉旦早就不滿武帝把皇位傳給弗陵，接到璽書後，便以璽書文字太短，讓人看不明白為藉口而不舉哀，並暗地裡派出近臣調查武帝的死因和劉弗陵即位的情況。隨後，他的近臣告訴他劉弗陵是霍光等人擁立的，劉旦就開始想辦法找疑點陷害劉弗陵，為自己謀反尋找一個合法的理由。有人告訴他說弗陵是鉤弋夫人懷孕十四個月才出生的。劉旦就此大做文章，懷疑弗陵不是武帝的兒子。於是他派人到處聯絡煽動，又製造兵器準備謀反，並與齊國的劉澤（齊孝王之孫）結盟，商定劉澤在臨淄起兵以為回應，可是劉旦和劉澤的計畫還未實行便被人告發了。青州刺史雋不疑接到告發後，迅速逮捕劉澤，並將其誘殺。劉旦因是宗藩的緣故沒有被問罪，僅受告誡。就這樣一場政治危機算是解除了，政治局勢暫歸平靜。然而對於嗣君的疑問，依然困擾著朝野，

給暫時平靜的政局增添了不安的氣氛。

當時對劉弗陵立嗣和霍光執政持懷疑態度的大有人在，新的政治危機迫在眉睫。始元五年（前八二年）春正月，有個衛太子（劉據）從前的舍人對一個名叫成方遂的巫師說：「你的身材面貌都非常像衛太子。」「巫蠱之禍」就發生在八年前，當時戾太子三十六歲，容貌不可能全被遺忘。其親族大臣被誅殺殆盡，戾太子雖傳言自盡，終歸下落不明，疑惑始終困擾著朝野。成方遂聽了這話覺得有利可圖，希望能藉此獲得富貴，便詐稱衛太子。一日他便乘坐著黃牛車，穿黃衣、戴黃帽，打著黃旗來到未央宮北門前，自稱是衛皇后所生的太子劉據。事情報入宮中，霍光命令公卿、將軍以及滿二千石官員都來識別真偽。消息在長安城中迅速散布開來，數萬市民湧來北門看熱鬧，似乎人們早已期待著這一事件的到來，大家沒有驚恐也沒有害怕，而是以一種很平和的態度靜觀局勢的發展，軍隊布列在北門以防不測。大臣們一時無法判明真偽，誰也不敢表態，連御史大夫桑弘羊也不例外。

京兆尹雋不疑趕到後，不由分說即逮捕這名自稱為衛太子的人，定其「誣罔不道」罪，判處死刑。雋不疑憑自己的果斷解除了一場政治危機。

從這兩件事可看出，劉氏家族內部存在很大矛盾，劉弗陵的即位讓其他皇子不滿。爭奪皇位的鬥爭越演越烈，但在霍光及其他臣子的努力下，這兩件謀逆的事獲得了及時處理，從而穩定了飄搖中的政局。

02 召開鹽鐵會議：桑弘羊、上官桀與霍光之間的爭鬥

統治階級內部為了爭奪在朝中的利益，他們不惜用殘酷的手段，精心策劃一切來維護自己的利益。

漢武帝賜死鉤弋夫人之後，消除了太后專權的隱患，但還必須挑選一位忠實可靠的大臣來輔佐幼子弗陵。經過反覆的考慮，武帝選用霍光、金日磾和上官桀三人來共同輔佐弗陵皇帝，並讓金日磾和上官桀來制約霍光。

金日磾，原名日蟬，字翁叔，是匈奴休屠王太子。身材魁梧、體形高大、膂力過人，自幼精於騎射。一個偶然的機遇，金日磾得遇漢武帝，「拜為馬監」，後來成為武帝最可信賴的侍臣之一。因金日磾的父親休屠王曾保存過匈奴最高統治者單于供奉的祭天金人像，漢武帝就特賜他姓「金」，所以叫金日磾。

武帝在臨終前正式任命霍光為大司馬、大將軍，金日磾為車騎將軍，上官桀為左將軍，桑

弘羊為御史大夫，田千秋仍為丞相，他希望這些大臣們能夠盡心盡力輔佐皇上治理天下。霍光靠穩重謹慎，金日磾靠品行高潔，上官桀靠才力及忠心，桑弘羊靠理財功績和威望，同時成為共同輔佐少主的託孤重臣。

綜觀漢武帝遺詔中的人事安排，託孤大臣之間相互輔助又相互制衡，形成一個堅固而又靈活的有機整體，體現了武帝高妙弘遠的政治智慧。金日磾在接受遺詔之後一年有餘就病故了。他死後，權力欲強的霍光與不甘淪為附庸的上官桀、桑弘羊之間矛盾逐漸激化，而一向明哲保身的丞相田千秋則置身事外，武帝精密的人事安排逐漸瓦解。

昭帝即位初期，民族矛盾有所緩和，但經濟凋敝、流民遍野。為此，昭帝派欽差大臣巡行郡國，了解地方民情及吏治情況，並減免各種傜役賦稅。然而隨著時間的推移，在農業生產得到發展的同時，土地兼併的現象卻越來越嚴重，廣大農民的負擔也越來越重。鹽鐵官營等政策的弊端也日益暴露出來，但桑弘羊為了捍衛自己岌岌可危的政治地位，就不遺餘力地堅持漢武帝當年的積極擴張政策，桑弘羊深知那是自己最為寶貴的政治資本。丞相田千秋雖然名分最高，但資歷最淺，徒有丞相的頭銜，田千秋深諳明哲保身的道理，竟然也自成一派做起了平衡的勢力。為抵制霍光，桑弘羊和上官桀聯合起來與霍光唱反調。輔政大臣們在執行統治政策問題上爭論不休，互不服氣。在昭帝即位後的幾年間，統治階級中兩種不同的政見始終在進行著激烈的鬥爭。

為了解決這一問題，始元五年（前八二年），即元鳳政變前兩年，霍光以昭帝的名義發布舉賢良文學的詔書。次年（前八一年），又以昭帝的名義命桑弘羊、田千秋召集各個郡國推舉的賢良六十餘人，並齊集長安，就鹽鐵官營政策及民間疾苦進行討論。由於有霍光在背後撐腰，參加辯論的賢良文學對桑弘羊奉行的經濟政策進行了大膽而猛烈的抨擊，桑弘羊對此做了有力的答辯，這就是歷史上有名的「鹽鐵會議」。

會議內容之一是人民疾苦的原因。賢良文學指責這些政策的弊端，百姓在國家沒有推行鹽鐵專營的政策之前生活富足；而今天國家推行鹽鐵專營，造成了百姓的普遍貧困。桑弘羊則主張一旦廢除，國家的財政收入將難以有保證；而且鹽鐵專營政策能夠堵塞豪強地主的兼併之路，有益於農民。之二是對匈奴的政策。賢良文學認為常年征戰，士兵都已經疲憊，急需休養生息，主張實行和親政策，依靠道德感化維持和平的局面。桑弘羊則認為國家好不容易才擊敗匈奴，給匈奴機會恢復國力，後果將不堪設想。之三是治國措施。賢良文學力主實行德治，減輕刑罰。桑弘羊則認為用刑宜重，百姓懼怕法律才容易治理，並反唇相譏賢良文學迂腐、不識時務。

雙方的爭論異常激烈，在理論上給桑弘羊官營專賣的思想以沉重打擊，但由於鹽鐵諸項政策關係漢廷財政問題，因此只取消酒的專賣，其餘各項都沒有罷除。會議辯論的實質，在於是否繼續堅持漢武帝的朝政方針。辯論的內容，涉及當前治國方針政策轉變等問題，遠遠超出了鹽鐵官營的問題。位居三公的御史大夫與普通士子進行這樣的討論是秦漢以來的第一次，這是漢昭帝寬鬆政治下的產物。

鹽鐵會議給以桑弘羊為代表的「深酷用法者」的官僚集團沉重的打擊，但更重要的是使「與民休息」的方針政策得以實施，在客觀上促進了社會進步和生產發展。同時，霍光想扳倒桑弘羊的意圖也未實現，不僅如此，雙方的矛盾反而更加尖銳了，使得桑弘羊站到上官家族一邊，最後只好以流血的形式來解決這個矛盾。霍光與桑弘羊之間的矛盾是統治階級內部的矛盾，歸根結柢是他們都在想方設法維護自己在朝廷中的利益，從而維護自己家族的利益。

03 元鳳政變：權力之爭，霍光得勝

權力令人眼紅，但權力不是輕易就能得到的，而是通過自己的鬥爭爭取來的。利益高於一切，在利益面前權力與鬥爭總是分不開的。

自從車騎將軍金日磾病逝後，剩下的三位輔政大臣霍光、桑弘羊、上官桀之間就展開了殊死的鬥爭。鹽鐵會議，已經開始了他們之間為爭奪權力而進行的爭鬥。霍光、上官兩家是兒女親家，上官桀當初想讓幼小的孫女（也是霍光的外孫女）成為皇后，霍光並未答應。後來上官桀討好昭帝的姐姐鄂邑長公主，才把六歲的孫女選給十二歲的昭帝冊立為皇后。御史大夫桑弘羊是前朝權臣，自認為在武帝時期制定鹽鐵專營有功於國，昭帝即位後，他在公事私事上俱受霍光限制，不甘居霍光之下，為此對霍光甚為怨恨。因太子自殺、次子早死，武帝的三子燕王劉旦滿以為帝位非他莫屬，不料卻傳給了少子，故對昭帝不無怨恨。鄂邑公主為其倖臣丁外人求封，霍光不許，也對霍光心懷不滿。這樣一來，霍光便成為四方實力共同打擊的目標。

元鳳元年，上官桀及其子上官安、昭帝姐姐鄂邑長公主、桑弘羊、燕王劉旦結成同盟，準備發動政變殺死霍光並廢掉昭帝。上官桀和桑弘羊暗中收集霍光的過失，把資料交給燕王劉旦。劉旦上疏彈劾霍光，認為霍光專權、圖謀不軌，希望能讓自己到京城保衛皇上。上官桀和桑弘羊則出面勸昭帝罷免霍光。昭帝看過奏摺之後，不同意發布罷免霍光的詔書，而且態度很堅決。第二天早晨，霍光聽說了奏書的事感到非常害怕，留在掛有《周公負成王》畫圖的屋子裡不肯上朝拜見皇上。昭帝心裡非常清楚此事的來龍去脈，召入霍光說：「將軍到廣明（**長安東門**）去總閱郎官，還不到十天，燕王怎麼可能這麼快得到消息！況且將軍不用調動校尉就能幹違法之事。」大臣們都隨聲附和所言極是，這時昭帝只有十四歲，尚書和左右隨從都對昭帝聰慧識詐之舉感到吃驚。

昭帝下令：「大將軍忠臣，先帝所屬以輔朕身，敢有毀者坐之。」霍光由此得以盡忠。

這件事被昭帝挫敗之後，上官桀等人緊接著又策劃更大的陰謀。他們想由鄂邑長公主設宴請霍光，用伏兵擊殺他，然後廢昭帝而立燕王劉旦為皇帝，但這件事被人知道並向霍光告發。霍光藉助外朝力量，一舉粉碎了上官桀等人的政變企圖，參與政變者皆被滅族處死，燕王劉旦與長公主自殺。唯有上官桀的孫女因是霍光的外甥女，又是昭帝的皇后，所以毫髮無損，並且此後霍氏在政治上有很多藉助於上官皇后的地方。因為這起未遂政變發生在元鳳元年，所以史稱「元鳳政變」。

託孤大臣之間的權力之爭是導致元鳳政變的主要原因。從此，霍氏家族便登上了權力的頂端。元鳳政變中霍光的獲勝及以後他個人權力的強化，有力地保證了西漢政府繼續執行武帝末年的政策調整，對外積極防禦，為「昭宣中興」營造了良好的外部環境；對內「輕傜薄賦，與民休息」，發展了農業生產。然而霍光專政也留下了遺弊，那就是為不久以後王鳳、王莽等人的專權提供了絕佳的例子。

04 廢昏立明：廢掉荒淫的劉賀，改立劉病已

一個沒有威望的皇帝，一個昏庸無能的皇帝，怎能治理好天下？因此廢昏立明是維護封建政權的正確決策。

元平元年（前七四年）四月，二十一歲的昭帝劉弗陵因患絕症去世。昭帝在位十三年，無子嗣。他去世時，上官皇后只有十五歲，昭帝的其他妃子也沒有生育兒女。大臣們為擁立誰做新皇帝而不安起來，朝廷不可一日無主，國家不可一日無君，一時間皇統繼承的大事出現了危機，一場皇權的爭奪戰拉開了帷幕。

在嫡系的皇族血統中，只有廣陵王劉胥（漢武帝劉徹第四子）還活著。無論從血脈還是從輩分上來講，劉胥都最有資格做皇帝，於是大臣們都推舉劉胥，但霍光有些不同意。恰好在這時候，有個官員為了討好霍光，上書說立皇帝主要看人品合不合適，不一定考慮輩分的大小。霍光就把這個奏章拿給大臣們看，大家互相商議後認為劉胥為人處事過於荒唐，沒有做皇帝的德行和威嚴。在霍光的主持下，決定立昌邑王劉賀為帝。劉賀是武帝的孫子，昌邑哀王劉髆的

兒子。於是，霍光就以上官皇后的名義起草了詔書，派遣大臣樂成、劉德、丙吉等人前往昌邑王奉國，請他到長安來就任帝位。

說廣陵王劉胥荒唐，即將即位的劉賀則更是荒唐。漢武帝剛剛去世的時候，舉行國喪，天下的百姓都必須守孝，禁止進行任何娛樂活動，皇子和大臣們更要嚴格遵守，以示哀悼。但是劉賀竟帶著隨從去打獵，到處尋歡作樂，整日醉生夢死。朝廷的使臣馬不停蹄，來到昌邑國時正好是半夜。劉賀聽說自己要做皇帝了，立即命人點起燈火，迫不及待地要看詔書。第二天一大早，還來不及與大臣們商議，劉賀就慌慌張張地帶著隨從向長安進發了。劉賀赴長安的路上，聽說濟陽有一種長鳴雞，打鳴的聲音又長又好聽，就專門買了幾隻帶著。到了弘農，又碰上了幾個漂亮的鄉下姑娘，劉賀就命令隨從將她們搶來，藏在裝衣服的車廂裡，供自己在路上尋歡作樂。劉賀一路上開開心心，特別風光。

許多大臣都已聽說了劉賀的種種惡劣行為，但是他們都是看在眼裡而不敢說。因此霍光還是按照原計劃先把昌邑王劉賀接到皇宮裡，讓他參見上官皇后。然後霍光和大臣們又請上官皇后出面，把皇帝的璽印交給劉賀，於是劉賀正式即位做了皇帝。年僅十五歲的上官皇后，竟然做了新皇帝的母親，被尊為皇太后。

劉賀做了皇帝，卻沒有一點做皇帝的樣子。他整天忙碌的是把從昌邑帶來的那些戲子都弄到皇宮裡來，叫他們陪著自己玩，隨意賞給他們錢財，弄得整個皇宮烏煙瘴氣。為漢昭帝守喪的時候必須要吃素行齋，劉賀就偷偷地命人在晚上做山珍海味，饕餮豪飲；同時他毫無廉恥之心，在後宮裡隨意姦污宮女。霍光知道自己立了這樣一個荒唐的皇上，真是又氣憤又懊悔。

在昌邑王即位的第二十六天，霍光私下與大將軍田延年商量，準備以「荒淫亂政」為罪名廢掉劉賀。第二天便召集大臣們開門見山地問道：「昌邑王昏庸無道，即位不過十數日，卻做出無數危害社稷事，你們說應該怎麼辦呢？」大臣們一聽這話不知如何是好，個個都嚇得說不出話來。田延年手持寶劍說：「大將軍忠厚賢明，先帝把天下託付給大將軍，以求安定劉家的天下，今天大將軍做出的決定就是先帝的決定，難道誰有意見嗎？」大臣們此時才明白霍光是想廢掉劉賀，所以全部趴在地上，齊聲說：「遵從大將軍的決定！」於是霍光就把事先寫好的奏章拿出來，大臣們在上面一一簽名，然後請來上官太后，請她下令廢黜劉賀。霍光又以十五歲皇太后的名義將劉賀送回昌邑，貶為海昏侯，賜給他湯沐邑兩千戶，封國被廢除，改為山陽郡。劉賀僅僅做了二十七天的皇帝就被廢黜了。

七月，霍光又迎立漢武帝曾孫劉病已（後改名劉詢）入宮繼承皇位，他就是漢宣帝，在歷史上被稱為「中興」的明主。霍光這一「廢昏立明」的舉措，防止西漢政治發生動亂，保證了社會秩序的正常發展。

第七章　中興漢室　宣帝劉詢

劉詢（前九一年——前四八年），西漢第七代皇帝，本名病已。係漢武帝劉徹的嫡曾孫、戾太子劉據的長孫、史皇孫劉進的長子，母親王氏。因昭帝無子，昌邑王劉賀又被廢，於元平元年，十八歲的劉病已先被上官太后封為陽武侯，一個時辰後即被立為皇帝，改名為劉詢。在位二十五年。諡號「孝宣皇帝」。

劉詢雖從小生在皇宮，卻長在民間，能夠體察百姓疾苦。故此，他躬行節儉、勤政愛民、勵精圖治，從而締造了「中興之治」。

01 皇后爭奪：暗殺許皇后，霍成君如願當上皇后

在封建統治階級內部，後宮之爭是避免不了的，為了爭寵、為了自己的地位，妃嬪們明爭暗鬥費盡了心機。

霍成君是當時權傾天下的大司馬、大將軍霍光（驃騎將軍霍去病的弟弟）的小女兒，她的生母顯兒原是霍光的侍女，後被霍光納為夫人。霍成君雖則出身高貴，但其皇后之路卻有不少曲折。在充滿了陰謀詭計的皇室後宮，霍成君為使自己在皇后的道路上一帆風順，不惜一切掃除身邊的障礙，她先把許皇后置於死地而後又試圖毒死許皇后所生之子，但沒能成功。

漢宣帝在繼位之前，一直生活在民間，早已和許平君結婚並有了兒子（其子劉奭，後為元帝）。漢宣帝劉詢的岳父許廣漢是昌邑（今山西朔縣）人，年輕時在昌邑王的王府當一個中級官員。有一次，漢武帝劉徹從首都長安到甘泉宮（今陝西淳化）。帝王上路，自然萬頭攢動，隨駕文武大官和芝麻小官構成一種威風凜凜的奇觀。由於許廣漢沒見過什麼世面，手忙腳亂中錯拿了別人的馬鞍放到自己的馬背上，於是他犯了「從駕而盜」的滔天大罪而被處以宮刑。

許廣漢在成了宦官之後，被任命擔任掖庭丞，總理皇宮裡的細小事務，後來又因犯錯被判處充當苦工。苦工做了很長時間之後逐升遷，最後成了「暴室嗇夫」，也就是宮廷特別監獄的管理員。就在這時，落難的劉詢已由外祖母家搬到皇宮裡來讀書，一老一少兩人住在一起。掖庭令張賀原是衛太子家吏，心念舊恩，對劉詢撫厚有加。劉詢長大後，張賀與許廣漢商議劉詢婚事。許廣漢作主將自己的女兒許平君許配給了貧賤的劉詢。漢昭帝元鳳六年（前七五年），許平君生下了兒子劉奭。

漢宣帝繼位時，已經是個十八歲的小夥子，這時霍光想把還沒有出嫁的小女兒霍成君嫁給他，希望日後能成為皇后。因此，一些企圖巴結霍光的朝臣紛紛上書請宣帝冊立霍成君為皇后，想討好手握重權的霍光。劉詢在民間時就知道霍光一家勢力太大，如果冊立霍光女兒為皇后，不僅自己難以控制朝政，說不定還要受制於霍光，因此劉詢對於大臣們的意見一直不予回應。在他看來，只有與自己患難多年的許平君才是合適和可靠的皇后。劉詢以自己的一把寶劍還在民間為由，委婉地向大臣表態。大臣明白了皇上的意思之後，便紛紛倒向了皇上這邊，擁立許平君為皇后。

許平君被立為皇后以後，可想而知霍光一家尤其是他的夫人顯兒是多麼地生氣。這位頗有心計的女人，為了能讓自己女兒成為皇后，決意除掉許平君，並在暗中一直尋找機會。不久，快要臨產的許平君突然病了，召女醫淳于衍入宮。機會終於來了，顯兒便買通淳于衍，並對她說：「霍成君是霍將軍平時最愛的小女兒，如今許皇后正好有病，你可藉此機會除掉她，這樣霍成君就能當上皇后，你也就可以大富大貴。」在顯兒的百般利誘下，淳于衍利用為許平君治病的時機，「取附子併合大醫大丸以飲皇后」。生附子有毒，炮製過的附子也辛、甘、大熱，孕產婦絕對禁用，許平君服下這些藥後，頭痛發熱，大汗淋漓，很快就死了。

許平君死後的第二年，霍成君在母親的操縱下終於成為劉詢的皇后。顯兒為了自己的女兒能夠成為皇后，竟然毒死許皇后，以圖達到自己不可告人的目的。這些本不應該發生的事，都和霍光一家有著直接關係。後宮之爭就是權力之爭、家族之爭，許皇后便在這場後宮爭奪中成了犧牲品。

02 奪回皇權：剷除霍氏家族

一個有勇有謀的皇帝，怎能容忍自己家族的權力落到其他家族的手中，任其獨攬朝綱。一旦時機成熟，他必然會奪回皇權，剷除奸邪。

霍光是漢武帝臨死前選定的顧命大臣，他執政以來大權獨攬，雖無皇帝之名，卻已行皇帝之實。霍光正確地執行了武帝臨終遺詔的基本精神，終於使西漢王朝由社會動盪不安進入「昭宣中興」的清平局面，為西漢的進一步發展奠定了基礎。然而他的後人卻難以像他一樣盡職盡責，霍氏家族勢力的強大也必然會招來皇權和其他人的忌恨，因此風光一時的霍家最終也沒有逃出被消滅的命運。

二十四歲的漢宣帝熟知閭里奸邪、吏治得失，是一位富有社會經驗的青年。西元前六八年霍光病逝，漢宣帝掙脫了輔政大臣的羈絆，開始親問政事、獨攬朝綱，但此時霍氏家族仍然緊緊地控制著朝中的軍政大權。宣帝很沉著、穩重，不是魯莽的政治家，表面上繼續封賞霍光的子孫，讓他們在享受榮華富貴時極盡暴露自己的缺點，等到時機成熟時再逐漸削奪他們的權力；暗地裡卻加強外朝的權力，讓御史大夫魏相暗查霍氏隱匿不報的上書以防壅敝，進而戳穿其陰謀，逼迫其就範、讓權，最後達到清除的目的。

為此，漢宣帝對上書制度進行了改革，下令吏民的上書直接呈皇帝審閱，不必經過尚書，這就把霍山、霍雲領尚書事的職務架空了。漢宣帝接著採取行動，削奪霍家把持的權力。他先解除了霍光兩女婿東宮、西宮衛尉的職務，剝奪了他們掌管的禁衛軍權；之後又提拔霍光的兒子霍禹為大司馬，明升暗降，剝奪了霍禹掌握右將軍屯兵的實權。並且將霍光的兩個侄女婿調離了中郎將和騎都尉的位置，讓自己的親信擔任南北軍和羽林郎的統帥，最終把兵權掌握在自己手中。通過這一系列步驟，霍家掌握的權力被剝奪殆盡，權力逐漸集中在漢宣帝的手中。面對漢宣帝全面奪權的行動，霍家集團內部無人不驚恐，一時慌張無措、惶惑不安，他們決定鋌而走險進行叛亂，推翻漢宣帝以保住他們的既得利益。

宣帝一直要追究許皇后被害的事件，由於懷念許皇后，他下詔立許皇后的兒子劉奭為太子。宣帝的決定深深地觸怒了霍光的孀妻顯兒，她氣得茶不思飯不想，大口大口地吐血，隨後教唆女兒霍成君毒死太子劉奭。霍成君的一言一行都看在宣帝眼裡，但他表面上仍不動聲色，只是暗地裡加快了從霍氏家族手中奪回皇權的步伐。這樣一來，霍皇后實在找不到下毒的機會。

霍氏兄弟再次商議，決定由霍禹出面要求清除宣帝身邊的權臣，然後再廢掉漢宣帝，大家商議完畢，正準備實行的時候，這件事被一個叫張章的人揭發出來。

長安平民張章不知如何知道了此事，就寫成一書直接遞向北闕宮門（這裡是直達皇帝的上書之處）。宣帝看到後，心想正好可以藉此一舉剷除霍氏便立即下令追查，命軍隊包圍霍氏的住宅。搜查結果顯示，霍氏藏有大量的兵器用具，的確是要起兵謀反，於是宣帝下詔將霍氏全部下獄。

經過審查，廷尉查出了霍氏謀反的事實真情，宣帝命令立即行刑，顯兒及霍氏諸女婿都被處斬，霍禹被處腰斬。此外，與霍氏相連的數千家也遭到了滅門之災，宣帝還下詔廢去霍皇后。於是在西漢朝廷中盤踞了十幾年的霍家勢力一朝覆滅，漢宣帝最終確立了自己的絕對統治。

漢宣帝是位有勇有謀的皇帝，他一上臺便剷除了霍氏集團，把被霍氏把持多年的朝政大權奪了回來，從此漢朝江山又恢復了劉氏的天下。

03 中興之主：革新朝政，整頓朝綱

漢宣帝熟知閭里奸邪、吏治得失，有勇有謀，使他成為一代中興之王。

霍光專權和霍氏集團的強大，給西漢王朝的皇權帶來了沉重壓力，不利於政治的穩定和皇權的加強。漢宣帝在恢復了幾失之於外戚的劉氏天下，全面掌握了國家大權後，他開始施展自己的宏圖大志，在忠實執行武帝「輪臺詔令」所制訂政策的基礎上進行了大刀闊斧的改革。

剷除霍氏集團後，為進一步削弱權臣勢力，保證漢王朝的政令暢通，宣帝開始大力整飭吏治：從政治、組織上加強中央對地方的統治。宣帝親自過問政事，省去尚書這一中間環節，恢復漢初丞相既有職位又有實權的體制。丞相這一官職，是秦始皇設立的輔佐皇帝治理天下的百官之首，一直有非常大的權力。漢武帝登基之後，設立「中朝官」以削弱丞相的權力。在整個昭帝時期和宣帝前期，霍氏集團都控制著「中朝官」，皇帝本人無權，以丞相為首的中央機構也沒有實際權力。正常的中央機構實際上已經癱瘓，完全由專權勢力來執掌朝政，這是一種很不正常的現象。漢宣帝掌握大權後，將「中朝官」的實際權力廢止，把權力交給了以丞相為首

的「外事官」，恢復了中央機構的正常辦公，丞相統領百官，直接聽命於皇帝。漢宣帝親政後，丞相一職既有名分又有實權，整個宣帝時期的丞相都是善終其位的，沒有一個被罷黜或者殺掉。

在整頓好中央的秩序之後，漢宣帝又建立了一整套對官吏的考核與獎懲制度。他十分重視地方長官的任選，認為地方官吏對上要執行中央的政策，對下要直接治理平民百姓，直接關係國家的興衰，是「吏民」之本。對於新任命的刺史、太守、國相等官吏，漢宣帝常常親自考察他們的人品、學識和政績。漢宣帝還制定了相關的政策，如官吏一旦到任就不能輕易調動，以便他們能夠發揮自己的聰明才智，實行連貫的政策。除此之外，他還經常派使者考察州縣事務，評定地方官吏的政績。西元前五十四年，宣帝又派遣丞相等二十四人出巡天下，考察天下的冤獄，信賞必罰，收到了良好的效果。王成原先做膠東相，在處理流民問題上取得了卓越的政績，給其他郡縣提供了良好的經驗，朝廷經過考察賜爵關內侯、秩中二千石給他。

在處理霍氏舊臣上，漢宣帝對不同的人區別對待，分寸把握得很好。例如杜延年因在誅滅上官桀的過程中立有功勳，受到了霍光的賞識，被封為建平侯。漢宣帝即位後，霍光又賜予他大量食邑，位居九卿之列。霍光死後，杜延年是霍光的親黨，宣帝就把他貶到地方去擔任太守。霍氏集團謀反的時候，杜延年不為所動，默默地在自己的太守職位上盡職盡責，將轄地治理得井井有條，宣帝為此恢復了他的官職，讓他做了御史大夫。張安世，為人處事寬厚仁慈，一改父親張湯酷吏的作風，常常讀一些儒學書籍，很受霍光器重。在平定上官桀的叛亂中，張安世立下了赫赫功勞，被霍光任命為車騎將軍。霍光死後，張安世感覺自己難以立身，準備辭職。宣帝認為張安世雖為霍光黨人，但為人正直誠懇、勤於政事，不但沒有處分他，並且還升任他為衛將軍，負責長樂宮和未央宮的警衛工作，並將京城的衛戍大權交給他。張安世十分感激，更加盡職盡責。漢宣帝賞罰分明的政策深為大臣們所信服，取得了良好的政治效果。

漢武帝末年，豪強勢力漸漸強大起來，無論在京城還是在地方郡國，豪強勢力都形成了一股很大的力量。豪強勢力無惡不作勾結官府欺壓魚肉百姓，甚至地方政府都不敢過問，這不僅嚴重阻礙了中央政策執行，也嚴重破壞了社會的治安和生產生活的正常進行。漢宣帝親政後，針對這一嚴重的社會問題，採取了嚴厲的打擊措施，加強了中央和地方政府的權威，為維護社會治安、保護普通百姓的生命財產安全和社會經濟的正常發展，起到了良好的作用。

漢宣帝還注重實行德教。宣帝一朝，對於鰥寡孤獨、三老、孝悌、名士等人的賞賜幾乎年年都有。宣帝實行法治和德治相結合的方針，謀求了一個較為安定的社會環境。

此外，宣帝還認真總結武帝時期推行的經濟政策的經驗教訓，採取「與民休息」的政策，收到了顯著效果。首先，調整了工商官營政策，這些政策的一些弊端，如官吏徇私枉法、貪污腐敗等問題，經過整頓在一定時期內得到了有效抑制，有利於百姓的「休養生息」。其次，輕徭薄賦，勸民農桑；撫恤流民，下詔借給他們糧食及糧種，免除算賦和徭役等。這是自武帝以來，撫恤流民條件最優惠、措施最具體的一項詔令。同時，宣帝還極力制止土地兼併。

經過漢宣帝的努力，武帝末年那種矛盾重重、國力衰退的形勢有了很大的改觀，國家政治清明，皇帝的權威加強。經過三十八年的休養生息，不僅緩和了武帝晚年以來不斷激化的社會矛盾，平息了嚴重的社會危機，而且在一定程度上發展了生產，恢復了國家實力，加強了中央集權的統治，因此宣帝被稱為一代中興名主。

04 立太子：太子險些遇害，宣帝苦心栽培

明爭暗鬥是爭奪皇權的常用手段，在維護其家族的利益下，至高的皇權有時也是微不足道的。

地節三年（前六七年），劉詢冊立許平君所生的兒子劉奭為皇太子。劉奭被立為太子後，霍皇后的母親顯兒頓時火冒三丈，氣得飯也不吃，暗中指使女兒霍成君一定要想辦法毒死劉奭。霍成君聽了母親的話，幾次賜給劉奭食物，想乘機毒殺劉奭。由於劉奭的保姆從中保護，霍成君的陰謀才一直沒有得逞。皇上劉詢可憐太子年幼喪母，又幾次差點被霍皇后害死，所以在廢除霍后、選立新皇后的時候就比較謹慎。幾經考慮之後，劉詢立王婕妤為皇后，選中她是因為她行事比較低調，也沒有兒子，不會加害劉奭，由此可見劉奭的幼年命運之苦。

漢宣帝劉詢對太子劉奭的教育十分關心，封當時的周堪為太子少傅、蕭望之為太子太傅，劉奭跟隨二人學習古代禮儀，讀儒家經典。太子年長之後，對儒學尤為感興趣，再加上幼年的經歷坎坷，由此便對漢宣帝當時的「霸王道雜之」的統治政策產生了不同的看法。他

對漢宣帝重用的人多數為法家門徒，且用嚴刑來治理天下的做法頗不贊同。當看到當時的大臣楊渾、蓋寬饒等僅僅由於譏諷的言辭就被誅殺後，太子藉一次陪父親吃飯的機會從容地向宣帝進言，應該多用一些儒生來治理國家，不要用刑過度。漢宣帝一聽馬上變臉，不同意太子的說法，接下來又歎道：「亂我家者，太子也。」從此便冷落了太子，而對淮陽王劉欽較為親近。

劉欽，是張婕妤與漢宣帝所生，於西元前六三年被封為淮陽王。劉欽成年之後，喜愛經書和法律，聰明慧達，漢宣帝非常喜歡他。而太子劉奭則過於寬厚仁慈，喜歡儒家學術。因此宣帝經常讚歎淮陽王，說：「這才是我的兒子啊！」並時常有改立張婕妤和淮陽王劉欽的想法，由此可以看出，劉奭的太子地位在當時是很不穩固的。

霍皇后被廢掉之後，漢宣帝原本打算立張婕妤為皇后，但又擔心張家勢力過於龐大，從而密謀加害太子，由此才改立王婕妤為皇后，但是張婕妤並沒有因此失去漢宣帝的寵愛，反而更加得勢。在這種嚴峻的情況下，是一批老臣的堅持和漢宣帝對許廣漢父女的感恩之情，才保住了劉奭的太子地位。多數大臣根據傳統禮制，紛紛上奏漢宣帝不要廢掉太子，以穩定皇權。漢宣帝也時常回想起許廣漢父女在自己貧困時候的恩情，又可憐太子年幼喪母的不幸遭遇，最終沒有廢掉劉奭，劉奭太子的地位才得到進一步的鞏固。

西元前四九年，十二月，漢宣帝病死，劉奭即位，時為漢元帝。

太子劉奭可謂經歷坎坷，命運多舛。早年差點被霍皇后害死，成年後又因喜好儒學不被漢宣帝看好，差點被廢掉。但漢宣帝最後還是沒有廢掉太子劉奭，這也是出於維護自己皇權的需要，更為了劉氏的江山能夠更穩更牢固一些。

05 拯救太子：太子選妃，為保江山代代傳

在封建社會，後繼有人是天大的事，為了使江山代代相傳，封建統治階級可謂想盡一切可能的辦法。

太子劉奭十八歲時，宣帝為他舉行了冠禮，這表明太子已經成年了。西元前五四年，劉奭最愛的司馬良娣病死了，司馬良娣臨死之前，哭著對太子說：「我的死是因為其他姬妾得不到寵愛而妒忌詛咒我，活活要了我的命！我不是病死的！」太子對此毫不懷疑，因而整天沉浸在悲憤之中，甚至不願去接近其他姬妾。

王皇后聽說後，對此焦慮不安，趕快報告給漢宣帝，宣帝聽說太子遷怒於眾位姬妾也不好強拗其意。為了使兒子重新振作起來，也為了劉氏的江山能夠後繼有人，便讓王皇后從自己宮中挑選一些可令太子歡娛的宮女，以順暢太子之心。王皇后左挑右選，找了五位「家人子」（無職位的低等宮女），讓太子劉奭自己選擇中意之人。此時劉奭還沉浸在對司馬良娣的哀思中，對眼前的幾位姑娘根本不感興趣，瞧也不瞧面前這幾位姑娘。劉奭本想一走了之，但又不

耐煩王皇后的一再催促，只想快點應付了事，就把手一揮，說：「這裡邊一個人還可以吧。」

這時有位叫王政君的姑娘，穿著與眾不同，站得離太子最近，王皇后以為太子看上的就是她，就令掖庭令把她送入太子宮。太子後宮有姬妾十多人，有的七八年受寵於太子，但都沒有兒子，沒想到的是王政君一幸之下竟懷了孕。

次年，宣帝甘露三年（前五一年），王政君生下嫡皇孫。漢宣帝見帝國有了繼承人，喜出望外，親自給孩子起名叫劉驁。從此，皇帝寸步不離地把這個孫子帶在身邊。王政君得幸純屬偶然，但是沒有偶然就沒有歷史。這對王政君一家和西漢王朝都事關重大。

王皇后與漢宣帝為太子選妃之事，純粹是為太子著想，更是為了漢朝的江山能夠後繼有人，能保大漢江山代代相傳。

第八章　柔弱之君　元帝劉奭

劉奭（前七五年——前三三年），西漢第八代皇帝，為劉詢與嫡妻許平君所生。他出生幾個月後，劉詢便即位做了皇帝。兩年後，母親許皇后被霍光妻顯兒毒死。霍光死後，地節三年四月，劉奭被立為太子，初元元年即位，在位十六年。謚號「孝元皇帝」，廟號「高宗」。元帝是一個柔弱之君，在他的統治時期，西漢王朝開始走上了下坡路。

01 權力之爭：皇權旁落，外戚飛黃騰達

一個柔弱的皇帝，給了外戚集團活躍的機會，從而導致自己皇權的下放以及王朝的滅亡。

漢元帝時，皇家威權下降，朝中各種勢力乘勢而起，展開了爭權奪力的鬥爭。任用外戚是西漢政治長期形成的傳統，元帝也不例外。外戚是一個直接依附於太后、皇后或皇帝寵妃的裙帶集團。其中以漢代後期的外戚集團最為活躍，一直是人們所關注的焦點。

漢元帝時期外戚實權者大概有三派人物，並且都是承接漢宣帝時期的權勢而來的。一是漢宣帝母親王翁須一系，有王接、王商（漢宣帝舅父之子），王接於漢元帝時繼史高為大司馬，王商於漢元帝時為右將軍、光祿大夫，漢成帝時繼匡衡為丞相；二是漢宣帝祖母史良娣一系，有史高（史良娣兄史恭之子，漢宣帝表叔），在宣帝末年拜為大司馬車騎將軍，領尚書事，受遺詔輔政一直到漢元帝初元五年（前四四年）；三是漢元帝的母親許氏一系，有許延壽（漢宣帝岳父許廣漢之弟）、許嘉（許延壽之子），許延壽在漢宣帝時為大司馬，是史高前任，許嘉

於漢元帝時繼王接為大司馬。

史高、王接和許嘉三位大司馬是前後順接而來的。本來漢宣帝臨終前，已給元帝安排好了輔政大臣，第一位是外戚侍中、樂陵侯史高，另兩位是太子太傅蕭望之和太子少傅周堪，並提升史高為大司馬車騎將軍，蕭望之為前將軍、光祿勳，周堪為光祿大夫，三人並領尚書事。

史高是宣帝祖母史良娣的侄孫。宣帝幼年時養在史家，與史高有親密關係，因此宣帝十分信任他，讓他掌握朝中大權。蕭望之、周堪都是元帝的師傅，又是當代名儒，深諳政事。蕭望之又引進宗室明經達學之士劉更生（**楚王劉交的後代，成帝時改名劉向**）、侍中金敞共參朝政，輔佐漢元帝，史稱「四人同心，謀議勸道，正義古制多所欲匡正」。

蕭望之、周堪等人寄希望於對皇帝的教育，引導元帝努力實現儒家的「王道政治」理想，以期扭轉這一時期的社會風氣。他們相信只要統治者以身作則，言傳身教，為臣民垂範道德人格，就可以實現天下大治。誠然教育的功能不可低估，但絕不是萬能的，蕭望之等人的想法太過於天真了！元帝即位不到一年，蕭望之、周堪、史高三人一體的輔政班子就出現了裂痕。

史高受到排擠，與蕭望之等人嫌隙日深，便與宦官中書令弘恭、僕射石顯相勾結。這就為宦官專權提供了條件。

西元前四三年九月，發生了天降隕石和霜凍等自然災害，使得全國莊稼歉收，饑民遍地。在這種情況下，當時的御史大夫薛廣德、丞相于定國和大司馬、車騎將軍史高都以災異為由上書皇帝，請求准許告老還鄉，漢元帝准奏。之後不久，侍中、衛尉王接被封為大司馬、車騎將軍。兩年之後，即西元前四一年七月，左將軍許嘉繼王接去世後被封為大司馬、車騎將軍。

元帝利用中朝來控制外朝，大司馬是中朝的首腦。漢武帝之前，原本沒有中朝和外朝之分。皇帝一人之下，丞相統帥百官，總管政務。漢武帝時期開始在以丞相為首的「三公六卿」朝臣系統之外，另在皇宮中又設立了一套機構，叫中朝。由侍中、左右曹、台中大夫、光祿大夫、尚書和大司馬、前後左右將軍等天子賓客、心腹重臣組成，能出入宮禁，直接為皇上辦事，從此形成慣例。實際上大司馬的權力遠遠要高於丞相，只在皇上一人之下。由此可以看出史高、王接和許嘉三位外戚把持了整個漢元帝時期的大司馬職位，當時他們在朝中確實擁有一定的實力，所以，漢元帝時期的最高權力始終掌握在外戚手中。在封建社會中，一人得道，雞犬升天，史氏、王氏和許氏的整個家族勢力在他們各自的代表人物掌權之後，會在一夜之間遍布全國。外戚專權加速了西漢王朝的滅亡。

02 權力之爭：外戚宦官勾結，與儒臣爭奪權力

為了鞏固自己的權力，外戚可算是費盡心機。他們極力地結黨攀親、排斥異己，加速了西漢王朝的衰敗。

宦官，是封建時代被閹割後失去性能力而專供皇帝、君主及其家族役使的官員，其職務原來只是看門守院、掃地除塵，但是由於他們特殊的地位，接近皇帝的機會比任何大臣都多，因而也最容易擅權。甚至有許多宦官幾乎成為皇帝的代理人，權勢甚至超過了皇親國戚、王公大臣，在朝中無法無天地為所欲為。漢元帝在位期間，除了重用外戚之外，還委政於宦官，致使政治漸趨腐敗。

漢元帝體弱多病，即位後不親政事，又耽於享樂，尤其是喜好音樂，因此任用中尚書宦官的現象愈演愈烈。其中最突出的就是以弘恭、石顯為代表的宦官勢力，基本上已專斷把持了中朝之權。漢元帝重用宦官的原因之一，是認為他們在朝中無親無故、非黨非派，不會拉幫結夥、危害朝廷，所以對他們十分放心，把許多事情都交給他們辦理。其實這與實際情況大為相

反。

石顯年少時因犯法受宮刑，之後在內廷充任中黃門、中尚書之類的宦官職務。漢宣帝的時候，任用明習文法的宦官弘恭為中書令，石顯則為中書僕射。後來，能說會道的石顯又得到了元帝的信用。弘恭死後，石顯即代為中書令，不論大小事務都由他裁決。在當時，朝中上下沒有一個不尊敬石顯的，可以說是貴幸朝野。

為了進一步鞏固自己的勢力，石顯執掌中書大權之後極力勾結朝臣。石顯與中書僕射牢梁、少府五鹿充宗等人結為黨友。對於那些擁有權勢名望者，石顯更是極盡籠絡的本領。左將軍馮奉世父子為公卿，女兒又為漢元帝後宮昭儀。石顯想依附他們，便推薦馮昭儀的兄弟馮逡擔任侍中一職，後來馮逡因檢舉石顯的專權而被元帝罷官。

石顯是一個報復心極強的人，大肆排斥異己。凡是得罪過他的人都不放過，並且總能尋找出所謂的法律依據，讓人有苦說不出，結果弄得朝廷上下都視石顯若虎豹，不敢與之爭鋒。蕭望之是漢元帝當太子時的老師，其正直與學問、才幹有口皆碑，漢元帝對他的倚重可想而知，蕭望之因此成了石顯想方設法對付的重要目標。

漢元帝即位後，蕭望之原本以為自己的這位學生要大展宏圖了，可沒想到宦官竟然專權起來。於是他憤然上書說：「受過刑的人是不宜在君主身邊的，管理朝廷的機要是個十分重要的職務，本該由賢明的人來擔任，可如今卻由宦官把持，這不是我們漢朝的制度。」

石顯看到這一奏章，當然把蕭望之視為仇人，從此挖空心思地陷害蕭望之。

鄭朋是個儒生，為了從蕭望之這裡弄個官做，就投其所好地上表攻擊許、史兩家外戚專權，蕭望之便給了他一個待詔的小官，之後卻發現鄭朋不是個正人君子，便非常討厭他，再也不理他了。後來，與鄭朋同是待詔的李宮被提升為黃門侍郎，鄭朋卻原地未動，一怒之下便投靠了與蕭望之不和的史、許兩家外戚，並當眾揭發蕭望之，說他有五處小過、一處大罪。鄭朋還說，如果大家不信就去問中書令石顯，當時他也在場。其實這是鄭朋的圈套，他想藉此交結石顯。

石顯找來鄭朋和與蕭望之素有嫌隙的待詔華龍，讓他倆向皇上劾奏蕭望之，之後又趁蕭望之休假，叫鄭朋等上奏章。奏章交到漢元帝手上，漢元帝就叫太監弘恭去處理，弘恭、石顯早已結成了同夥。弘恭立刻把蕭望之找來詢問，蕭望之十分老實地承認了想整治外戚的事實。弘恭、石顯便在元帝面前說：「蕭望之、周堪、劉更生三人結黨營私，相互串通，多次反對朝廷上掌權的大臣，其目的是想打倒別人、獨攬大權。」當時即位不久的漢元帝對一些奏摺上的「謁者召至廷尉」的字眼不甚明白，就草率地批准了這道奏章。

等過了很久，漢元帝見不到蕭望之、劉更生、周堪等人，就問大臣們他們到哪裡去了，這才聽說這些人已被逮捕，元帝大吃一驚，急召弘恭、石顯追問。在追問的過程中才知道「謁者召至廷尉」就是逮捕入獄的意思。後來漢元帝讓他們快放了這三人，恢復他們的職務。石顯一聽計畫告吹，急忙去找車騎將軍史高。史高便進見漢元帝，說：「若要將他們無罪釋放且恢復官職，那就等於自己食言了，從而極大地影響您的威信。」漢元帝年輕識淺，認為史高說得有道理，於是下詔釋放蕭望之三人，但革職為民，不予任何官職。就這樣，在宦官和外戚的合力之下，大批正直的官員受到陷害。

石顯因為陷害了德高望重的蕭望之等人，害怕天下的儒士都罵他，便想方設法結交了當時的名士貢禹，利用貢禹的名望來騙取輿論的讚譽。石顯的詐變、心機由此可見一斑。

漢元帝時期，宦官與外戚勾結起來共同對付儒臣。而漢元帝卻始終依賴宦官，因為他認為宦官沒有家室，不會形成盤根錯節的龐大集團。實際上石顯之流早有中外黨，不僅和外戚史丹、許嘉勾結在一起，還拉攏了一批見風使舵的儒臣匡衡、貢禹、五鹿充宗等人結成朋黨；並且還與長安豪俠萬章交往甚密。加之石顯善於順風承旨、阿諛逢迎，元帝得以稱心如意、為所欲為。身體多病的元帝原想自己不理政事，而通過宦官石顯來控制大權，結果大權旁落、受柄於人，迫使蕭望之自殺，周堪、劉更生被貶為庶民。宦官石顯的專權，實際上正是漢元帝縱容的結果。

03 太子之爭：史丹為太子保駕護航，易儲不成

皇族內部的戰爭極為激烈，他們為了爭奪地位費盡了一切心思，採取了一切辦法。

漢元帝即位不久，就立原來的太子妃王政君為皇后，第二年又立年僅五歲的長子劉驁為皇太子。但是漢元帝與王政君並沒有什麼感情可言，當時只是隨便一指便寵幸了她，因此王政君母子在漢元帝的心中沒有什麼地位。經常陪著皇帝的是傅昭儀和馮昭儀等人，這樣便使得皇位繼承問題變得撲朔迷離起來。

傅昭儀為漢元帝生了一兒一女，兒子劉康聰明伶俐、多才多藝，甚得漢元帝的歡心，被封為定陶王。漢元帝一生酷愛音樂，常常把騎兵用的軍鼓放在宮殿臺階下，然後倚著走廊的欄杆，用手把小銅丸一個個拋去擊打鼓面，使之發出和諧的節奏聲，就和直接用手敲打鼓面一樣。在生命的最後幾年，漢元帝經常這樣做。劉康很像他的父親，不但非常喜歡這樣的「絕活兒」，而且也能玩一手，很多懂得音樂的後宮妃子和侍從都做不到。漢元帝經常在眾人面前誇獎他，甚至多次想立劉康為太子。

皇太子劉驁長得一表人才，在爺爺漢宣帝時就被稱為「皇孫」，五歲又被立為皇太子，地位最為有利。劉驁小時候確實表現得不錯，經常讀經誦典，但事情很快就發生了變化，隨著年齡的增長，他整日沉湎於酒色享樂之中。漢元帝因此認為他不具備治理國家的能力和素養，幾次要把他廢掉，而想立「多才藝」的次子劉康。正當劉驁的太子位岌岌可危之際，與太子關係緊密的外戚史丹，起而為太子保駕護航。

史丹，是外戚史高的兒子，擔任駙馬都尉、侍中等職務，經常與皇帝同車陪乘，很得寵信，並受命監護太子。他極力維護皇太子劉驁的既定地位，聽到皇帝誇獎傅昭儀的兒子劉康，他就會上前說：「所謂才幹，是聰敏而好學、溫故而知新，皇太子就是這樣的人。如果以絲竹之技來評定才幹的話，那麼樂府令手下的陳惠、李徽二人比匡衡不知要高出多少倍，是不是也讓他們來治理國家呢？」漢元帝不好意思地笑了。

漢元帝的幼弟，中山王劉竟病故，太子劉驁趕來弔唁，但臉上毫無哀戚之容。

劉竟名分上是劉驁的叔叔，但二人年齡卻相差不多，從小一起在宮中遊玩，十分親密。漢元帝看見兒子就想起了這位幼弟，悲哀之情難於抑制，而看見劉驁卻面無哀戚之容，漢元帝生氣地說：「像你這樣心腸狠毒之人怎麼能君臨天下、繼承父業呢？」

史丹於是急忙上前說：「是我看見陛下哀痛中山王，怕因此損傷您的身體，所以在太子進來之前，就私下叮囑他不要當面哭泣，以免感傷陛下。罪責在臣下，當死。」漢元帝這才稍稍消解了對太子的怨怒之氣。

竟寧元年（前三三年），漢元帝病臥後宮，傅昭儀及其兒子定陶王劉康常在榻前侍奉，而皇后王政君和太子劉驁卻難得見上一面。元帝的情緒隨著病勢越來越重，也變得怪異暴躁，並好幾次詢問尚書想廢掉太子改立劉康。這時皇后王政君的父親王禁早已去世，由其長子王鳳襲爵為陽平侯，並在朝中擔任衛尉。王政君、劉驁和王鳳憂心忡忡，感到前途不妙，最後還是請史丹出面，以穩定皇太子的地位。

史丹藉著貼身寵臣的身分可以直入寢殿探病，一次，趁寢殿中只有元帝一人時，史丹獨自進入室內，伏在元帝床前聲淚俱下地說：「皇太子以嫡長子的身分而立已有十多年了，萬眾歸心，都願意為臣子。可如果太子地位不保，改立劉康為太子的話，朝中公卿及以下官員必然以死相爭不奉陛下詔書。臣願陛下先賜我死，以警示群臣。」見史丹泣不成聲，元帝心軟表示不會廢黜太子。史丹聽後心裡有底，連連叩頭請罪。漢元帝接著說：「我的病恐怕不會有好轉的可能，希望你好好輔佐皇太子，不要辜負我的重託。」於是皇太子劉驁的地位才穩定了下來。

史丹這段話看似平淡無奇，但實際上棉裡藏針，措辭相當強硬。漢元帝很早就看出皇太子劉驁耽於酒色而不勝大任，但在皇后家族和部分大臣的反對之下，最後還是沒有如願地廢除。史丹是太子的師傅和監護人，太子妃是大司馬車騎將軍許嘉的女兒，漢宣帝母親家族那一支王姓的代表王商也擁護太子，太子母親王政君家族更是把太子地位看作命根所繫。當朝有勢力的外戚都擁戴劉驁，朝中匡衡等高位大臣以及宦官石顯等也是太子一黨，太子已經羽翼豐滿，其身後支持的勢力就更多了。傅昭儀母子，除了得到皇帝的歡心之外，根本沒有強大的家族背景作為後盾，在朝中也沒有政治盟友作為輔佐。漢元帝當然知道自己一意孤行的嚴重後果，也就不得不退卻讓步了。從表面上看，似乎是史丹一言定乾坤，但在史丹背後晃動的應該是王鳳的影子。由此可見，在太子的廢立之間是大有玄機的。

太子劉驁的存廢問題，反映了當時皇氏家族之間內部鬥爭的激烈。

04 對外：平滅郅支，選策和親

在皇權面臨外敵威脅時，漢元帝積極求和，穩定邊境安寧，促使自己的統治地位更加鞏固。

宣帝時期，隨著漢朝國力的增強，匈奴力量一再被削弱，漢匈關係發生了歷史性的變化。到了漢元帝期間，漢匈關係出現了兩件大事，一件是陳湯平滅匈奴郅支單于，一件是昭君出塞。

陳湯字子公，山陽人，不拘小節、文章通達、愛讀書，屬於那種懂詩書但絕不受詩書約束的人。可是因為家窮整天借錢，鄉里的人都不喜歡他。於是陳湯去了長安想找一個出頭的機會，很快地就博得了富平侯張勃的賞識，向元帝舉薦了他。

陳湯當然不能滿足仰人鼻息的情形，沒有家世、財寶的他選擇請求外放以尋找立功的機會。當時匈奴郅支單于在西域氣焰很囂張，匈奴分裂後相互攻殺，最後只剩下他和呼韓邪單于。呼韓邪單于不是對手，便向漢朝稱臣。郅支單于開始的時候也向漢朝示好，等擊敗了呼韓邪之後就狂妄起來，做了一些殺害漢朝使者等不利於漢匈團結的事，於是陳湯被升為西域副校尉，作為甘延壽的副手來到西域都護府。

漢元帝剛即位的時候，郅支單于自以為與漢朝距離遙遠，加之怨恨漢朝支持他的仇敵呼韓邪單于，就與康居王勾結，並且有與漢絕交之意，在都賴水（今哈薩克怛邏斯河）畔興建了一座郅支城（今哈薩克江布林），作為進一步擴張勢力的基地。郅支勢力的發展，直接威脅了漢朝在西域的統治，陳湯奉命到西域了解情況。當陳湯得知郅支強大的消息後，便感到匈奴必將成為邊疆之患，他趁甘延壽生病之機矯詔調集各處屯田隊和西域一些小國的兵力共四萬人馬進攻郅支，獲得大勝。至此，漢朝消滅了虎視西域的敵對勢力，之後西域維持了近四十年的和平狀態，中西交通暢行無阻。

郅支被殺之後，呼韓邪單于的地位算是穩定了，他內心充滿了感激，一心想和漢朝和好，於是三次入長安朝漢，並表示願娶漢女為閼氏。元帝也願意用婚姻的形式鞏固漢匈之間的友好關係，宮女王嬙不僅人長得十分漂亮，而且還頗有見識，她為了自己的終身和國家利益，毅然報名自願到匈奴去和親。

王嬙，字昭君，南郡秭歸（今屬湖北）人。王嬙雖然儀容雅麗、舉止端莊，因未受皇帝封誥，所以在後宮的地位極其卑微。但當歷史提供給她機會時，她主動請行，自願遠嫁匈奴。

王昭君遠離自己的家鄉，長期定居在匈奴。她勸呼韓邪單于不要發動戰爭，還把中原文化傳給了匈奴。漢元帝認為這次政治聯姻可使「邊陲長無兵革之事」，特意把年號改為「竟寧」，意即邊境安寧之意。呼韓邪單于封王昭君為「寧胡閼氏」，意指「匈奴得到昭君，國家就安寧了」。從此，漢匈長期戰爭狀態宣告結束，雙方一直保持著友好的關係，漢匈民族間政治、經濟、文化的聯繫和交流有所發展，有六十多年沒有發生戰爭，百姓得以免遭戰亂之苦。

第九章 昏庸至極 成帝劉驁、哀帝劉欣

漢成帝劉驁（前五一年——前七年），西漢第九代皇帝。字太孫，元帝劉奭長子，母王政君。西元前三三年繼位，在位二十六年。諡號「孝成皇帝」，廟號「統宗」。他自甘墮落、迷戀酒色、荒淫無道、不理朝政，最後竟死在「溫柔鄉」中，在中國古代昏君的排行榜上赫赫有名。

漢哀帝劉欣（前二七年——前一年），西漢第十代皇帝。元帝之孫，成帝之侄，定陶王劉康之子，母親丁氏。成帝死後即位，在位僅七年即病死，諡號孝哀皇帝。哀帝時期是公認的「極亂」時代，西漢的政治昏暗至此達到極點。在哀帝統治時期，漢朝的政權搖搖欲墜，統治階級的權力之爭更加尖銳，統治危機日益加深。

01 權力之爭：許王之爭，王氏滿長安

一個無能的皇帝，必然會導致外戚對權勢的角逐，權力之爭的硝煙在劉驁的皇帝寶座邊瀰漫。

漢元帝晚年，皇后王政君、太子劉驁和以她們母子為首的王氏家族經歷了一次驚心動魄的政治危機，王氏集團深刻地認識到失去權力的可怕性，所以他們考慮最多的是如何牢牢掌握手中的權力。王政君原本是宣帝時的宮女，因為一個極為偶然的機會受寵幸而懷上了身孕，並生下了後來的成帝劉驁。在漢元帝即位後，王政君母以子貴而成為皇后，她的位置雖然確立了下來，卻一點也不受寵愛。元帝去世後，成帝即位，王政君成為皇太后，她的長兄王鳳以大司馬、大將軍的身分專斷朝政，王氏權勢甚至超越了當年的霍氏。於是一個小小的無名宮女，至此竟陰差陽錯地被歷史推上了權力的巔峰。

成帝的皇后許氏在這時還能牽制王氏。許皇后是元帝的母親許平君堂兄許嘉的女兒。許平君早年在民間備歷艱辛地養育元帝，不料卻在當皇后不久就被覬覦皇后位置的霍家毒死，這是

元帝一生中最為遺憾和懊悔的事，他對此一生都念念不忘。也正因為如此，元帝很親近倚重許氏，封許平君的堂兄許嘉為大司馬、車騎將軍，對許嘉言聽計從，後來又將許嘉的女兒許配給兒子成帝。當初許氏被送到太子府去的時候，跟她一道去的小黃門回來後向元帝報告太子對許嘉的女兒很滿意，元帝當場就興奮地以酒來助興。可見當時許氏家族是很受寵幸的。

王政君曾經是一個多年受冷落的宮女，元帝所做的一切便勾起了她深埋在心底的嫉妒之心，而許嘉的輔政地位對王鳳專斷朝政的潛在威脅，也是王政君所不能無動於衷的。恰逢此時出現日蝕，按照漢朝當時的說法是陰盛於陽，外家太重，當時朝中上下都在怪罪王鳳的獨斷專行惹怒了上天，深謀遠慮的王政君卻轉而追究許氏的責任。許嘉無奈，只好請求辭職以避嫌，王政君與許氏的初步交涉，以王政君獲勝告一段落。

許氏家族通過這件事知道了王政君的計畫，從此深深地明白了在後宮中還有一個王政君是不能忽視的，惴惴不安的他們無法在權力上與王氏家族對抗，只好轉而求助於鬼神，希望鬼神能幫助自己詛咒王氏家族。不久密謀敗露，許皇后的姐姐許謁首先被逮捕下獄處死。王政君豈能放過這個機會，於是案情很快牽連及許皇后，許皇后因此廢徙昭臺宮，許氏子弟也被全部逐出長安、放還鄉里。許氏家族就這樣被王氏家族徹底擊敗了。

擺脫了許氏羈絆的王氏，開始盡情擴展權勢：王鳳死而王音輔政、王音死而王商輔政、王商死而王根輔政、王根死而王莽輔政，國家輔政大權盡歸王氏私家授受。王鳳、王崇、王譚、王商、王立、王根、王逢時、王莽踵繼為列侯，勢傾天下。王氏其他子弟也都佔據顯官，或為九卿、或為侍中，或為尚書諸曹，滿朝官員無不側目而視。

但王氏擅權之所以得以實現，又與漢成帝和王莽相關。元帝在位時，宦官石顯權勢炙手可熱，漢成帝即位後，用明升暗降的辦法任命石顯為長信中太僕，這是太后宮中管車馬的官，秩中二千石。石顯因此在朝中成了有職無權的擺設，他原先的走卒，時任丞相的匡衡和御史大夫張譚等便聯名上疏揭露石顯及其黨羽過去的罪惡，於是石顯被免官逐回家鄉。石顯死於途中，他的黨羽也紛紛被免官。石顯的落敗表明漢成帝開始打擊宦官勢力，但同時也為王氏擅權埋下了伏筆。

成帝繼位，王政君的弟弟王鳳以日蝕之說迫使皇后之父許嘉引退，隨後又排擠了能力強、名聲大的馮昭儀的弟弟馮野王。

當時唯一能與王鳳相抗衡的人叫王商。這個王商是涿郡蠡吾（今河北博野）人，與王鳳的弟弟同名，他的父親王武是漢宣帝的舅舅，堂兄王接曾任大司馬車騎將軍。王商在政壇上穩步高升，不但有外戚家族的背景，而且政治識見和能力都不在王鳳之下，是一個活躍於元、成政壇上的人物。王鳳與王商兩人在許多問題上意見不同，關係漸漸緊張。王鳳與外戚史丹合謀陷害王商，王商被免相後三天就大口吐血悲憤而死。其子弟親戚有在宮中任職的，一律被趕出長安城。至此，王鳳專制朝政已沒有了強大的反對派。

就在王氏家族飛黃騰達、炙手可熱的時候，一個與王氏家族有關係的人物王莽開始嶄露頭角。王莽字巨君，生於元帝初元四年（前四五年），是王鳳二弟王曼的第二個兒子，王曼因為早死而沒有封侯。王莽相貌奇醜無比，短下巴、大嘴叉、紅眼珠、金魚眼，聲音嘶啞、大嗓門。他哥哥早早就死了，所以他年紀輕輕就成了家庭的頂梁柱。王政君成為皇太后那年，王莽還是個年僅十四歲的未成年孩子。

被王氏家族冷落的王莽母子相依為命，過著十分清寒的生活。但王莽從小飽讀詩書，在儒家思想的薰陶下，謙恭謹儉、溫文爾雅，處處表現出一個年輕儒者的風範。年輕的王莽與他那些飛揚跋扈的喜好尋歡作樂的堂兄弟們截然不同：他對外結交一些英俊的朋友，又拜當時著名的學者陳參為師，攻讀經書、孜孜不倦，待人接物恭敬有禮，侍奉執掌大權的伯父、叔父們更是小心翼翼；對內孝敬寡居的母親，照顧兄長的遺孀，耐心教育頑皮的侄子。因此王莽得到了人們的廣泛讚譽，為他日後的政治生涯打下了良好的基礎。

漢成帝陽朔三年（前二三年），王莽那位執掌朝廷大權的伯父王鳳病倒了，王莽幾個月如一日地在床前盡心竭力地侍奉伯父，最後累得蓬頭垢面、疲憊不堪。王鳳大受感動，臨死前拜託皇太后王政君和外甥漢成帝，讓他們關照一下王莽。隨後，王莽有了第一個職務——黃門郎，二十四歲的王莽從此開始了他的政治生涯。

永始元年（前一六年）五月，漢成帝提升王莽為騎都尉、光祿大夫、侍中，從此身兼數職的王莽進入了朝廷政權的核心，這時年僅三十歲的他已躍居幾個叔叔之上，成了很有權力地位的重臣了。

站在歷史的角度來看王氏的擅權，不能不說是有其必然性的。西漢的車輪駛進漢成帝時已經進入了沒落的時代。漢成帝的無能以及他打擊宦官和利用一方外戚來排擠另一方外戚的做法，一定會造成王氏滿長安的局面。

02 飛燕爭寵：一場新舊勢力的爭鬥

一個掌握大權的領導者，最忌「不務正業」。沉迷女色、生活腐朽糜爛，昏蒙的皇帝必然會導致家族內部戰爭愈演愈烈。

在中國古代有「紅顏禍水」一說，認為漂亮的女子會禍國殃民。其實女人長得漂亮本身並沒有過錯，真正禍國殃民的是掌權的皇帝。皇帝為美色所迷以致荒淫無度、不親政事，而造成民不聊生的局面，漢成帝就是這樣一個整天沉湎於醉生夢死之間的昏君。

在整個成帝時期，最受皇上寵愛的就數趙飛燕姐妹倆了，其中趙飛燕還成為了成帝的第二任皇后。趙飛燕出身微賤，父母因家貧無力撫養，將剛出生的她棄置野外，孰料三日不死，父母就又將她抱回家勉強養活。稍大一點，趙飛燕就被賣到陽阿公主家做歌舞伎。她天資聰明過人，練就了迷人的歌喉和高超的舞技。

一次，漢成帝「微行」經過陽阿公主家，陽阿公主盛宴款待，喚出幾名歌伎為漢成帝歌舞助興。趙飛燕勾人魂魄的眼神、清麗動人的歌喉、婀娜的舞姿，一下子就傾倒了成帝，成帝便將趙飛燕帶回宮去，讓她成為昭陽殿的新主人。

由於趙飛燕的獲寵，趙氏一門大得榮光，她父親趙臨和兄弟趙欽先後被封為成陽侯與新成侯。在外戚勢力逐漸膨脹的西漢中後期，勳戚霍氏、許氏、王氏等先後秉掌朝政，人少族微的趙氏根本無法與之相比。同時，微賤的出身還為趙飛燕能否固寵罩上了一層陰影。既蒙皇上寵幸，還得委曲求全，趙飛燕的心中自然不是滋味。為了打破形單勢孤的局面，她有計劃地在枕邊進言，終於在她進宮半年之後，她的妹妹趙合德也被引進宮來，通過姐妹並寵做保障，以彌補家族勢力的不足。趙合德生得體態豐腴，玉肌滑膚，其美豔嫵媚與趙飛燕不相上下。趙飛燕姐妹入宮後，即以新寵的驕姿向許皇后、班婕妤二人發動進攻，一場新舊之爭遂在後宮展開。

當時漢朝一連三年出現日蝕，朝臣們將這「陰盛」之象歸咎於王氏專權。而王氏的黨羽谷永卻將矛頭移向許皇后，說是自許皇后被冷落以後就經常發生日蝕，這是由於她「失德」造成的。於是許皇后的開支被減省，甚至連皇帝的面也見不上了。蒙冤的許皇后一肚子怨氣無從發洩，她的姐姐平安侯夫人許謁想出在背地裡裝神弄鬼的辦法，惡毒詛咒車騎將軍王音和後宮中一個有身孕的王美人。這件事很快被王氏家族掌握，但他們卻讓趙飛燕替王氏家族跑到前臺做揭發，許謁等人被處死，許皇后被收回皇后印綬，許氏家族的所有成員被流放。趙飛燕在控告許皇后的同時，把班婕妤也一併捎上了，班婕妤據理力爭說服了成帝，才得以保全性命，並被賜以黃金百斤。之後，班婕妤識時務，主動地隱居長信宮中侍奉皇太后去了。

趙飛燕覬覦皇后的位置很久了，許皇后被廢，趙飛燕就鬧著讓成帝立她為皇后。皇太后王政君認為趙飛燕出身微賤就阻攔這件事，淳于長從中斡旋才讓趙飛燕如願以償地登上了皇后的寶座。

淳于長是皇太后王政君姐姐的兒子，與王莽是親表兄弟。淳于長跑到王政君面前說：「立趙氏為后，不會對王氏家族的專權構成威脅。」王政君終於被說服了。永始元年（前一六年），成帝立趙飛燕為皇后，同時晉封趙合德為昭儀，又把昭陽殿賜給趙合德一人居住。

雖然趙氏姐妹專寵十餘年，但是她們始終沒有為漢成帝生下一兒半女。在「家天下」的封建專制時代，皇帝無嗣是一個嚴重的社會問題，讓朝堂上下無不憂心，趙氏姐妹也深深地為自己將來的命運擔憂。

趙氏姐妹自己不能生育，也不許別的妃嬪生育。後宮許美人懷孕了，成帝暗中派御醫去探視，又送許美人三粒名貴的養身丸藥作為保胎之用。許美人生下兒子以後，趙合德知道了，大哭大鬧了一場，最後脅迫成帝親手掐死了自己的兒子。

宮中有個叫曹宮的女官懷上了成帝的孩子，在臨產時，趙合德命中黃門田客拿著皇帝的詔書毒死了曹姬，那嬰兒被乳母張棄撫養了十一天，即被宮長持詔書取走後不知下落。

趙氏姐妹的殘忍令人髮指，而漢成帝的昏蒙也無以復加。當時有譏刺趙飛燕姐妹的童謠道：「燕飛來，啄皇孫。皇孫死，燕啄矢。」這是一場新舊勢力的鬥爭，是趙氏、王氏、許氏家族內部之間的矛盾鬥爭。在這場鬥爭中，趙飛燕雖然當上了皇后，但是王氏家族的勢力還是在朝中佔了上風。

03 以侄為嗣：新舊外戚較量的結果

按照傳統的宗法制度，國不可一日無君，漢哀帝以成帝侄子的身分入繼大統，是新舊外戚較量的結果，也為其後的皇朝之爭埋下了伏筆。

漢成帝無子，繼嗣不立，這是人心浮動的一大問題。為了安定人心，西漢統治集團的最高決策層，唯一的念頭就是讓漢成帝趕快把皇位繼承人確定下來。元延四年（前九年），年過四十的漢成帝自知生子無望，精心安排中山王劉興和定陶王劉欣以朝賀的名義來到京城，準備從中確定一人為繼承人。

漢元帝一共有三個兒子：王政君的兒子劉驁即漢成帝入繼大統；傅昭儀的兒子劉康被封為定陶王；馮昭儀的兒子劉興被封為中山王。元帝死後，傅昭儀隨兒子劉康到了定陶國（今山東定陶），稱定陶太后；馮昭儀也隨兒子劉興到了中山國（今河北定州），稱中山太后。這時劉康已死，繼承定陶王位的是他的兒子劉欣。

奉成帝詔命來京時，劉欣已經十七歲了。傅太后對這次朝賀的目的與意義早已心知肚明，她事先就做了精心的安排，並且親自隨同赴京。

定陶王劉欣來京朝賀，傅、相和中尉三位高級官員一路陪同；而中山王劉興的身邊只有傅一人。漢成帝有些奇怪，就先問定陶王劉欣：「為什麼帶這些人來京？」劉欣回答說：「律令規定，諸侯王入朝，可以由其國二千石的官員隨從，所以他們全部跟我來了。」漢成帝讓他背誦《詩經》，劉欣不但背得熟練，而且還能很好地解釋其意。

第二天，漢成帝又問中山王劉興：「為什麼你只帶一個人來京朝賀？」可中山王卻一臉疑問，不知如何回答。讓他背誦《尚書》，劉興不但背不熟練，而且中間部分還不會，解釋就更不用說了。最後成帝與他共餐，成帝都已經擱筷了，劉興還在那裡吃得津津有味，一點禮節、時務都不懂。

這種強烈的反差，使得成帝更加確定定陶王劉欣具有承擔大任的能力，而中山王這位老弟實在不才，所以他對這位侄子格外親熱。

實際上，為定陶王劉欣說好話的還有漢成帝所寵信的趙昭儀和掌握朝政大權的皇舅王根。劉欣的祖母傅太后是一個久處深宮、飽經風霜的女人，深諳最高層中的玄機。她手中握有大量的黃金和稀世珍寶，又深諳世態人情，此時正秘密地進行走後門活動。她瞄準了趙飛燕姐妹和大司馬驃騎將軍王根，她準備了讓人心動不已的大禮果然奏效，三人分別痛快地答應了在成帝面前不遺餘力地吹捧定陶王。

漢成帝為侄子劉欣舉行了象徵成人的冠禮，又暫時把他送回定陶。第二年，綏和元年（前八年）二月，漢成帝召集丞相翟方進、御史大夫孔光、右將軍廉褒、後將軍朱博等人，討論定陶和中山二王誰最合適作為皇帝繼嗣。會上出現了兩種不同的意見：支持劉欣為王的有翟方進、王根、廉褒、朱博等，他們認為皇上兄弟的兒子就像自己的兒子一樣；而支持劉興為王的只有孔光一人，他認為立嗣以親，應該看重血緣關係的親疏，中山王劉興是先帝的兒子，是皇帝的親弟弟，要比兄弟之子的血緣更近。最後，漢成帝正式收劉欣為養子，立其為皇太子，並派人迎接定陶王入長安。

按照傳統的宗法制度，一旦入繼大統就是別人的兒孫，對親生母必須斬斷親情。於是皇太子祖母、生母和王太后等人的關係如何處理是新的矛盾，這也為漢哀帝時期皇朝之爭埋下了伏筆。劉欣立為皇太子僅一年，漢成帝就「龍馭上賓」了。二十歲的劉欣登上皇帝寶座，尊王政君為太皇太后，尊皇后趙飛燕為皇太后，立王妃傅氏為皇后，歷史上稱為漢哀帝。

04 傅氏爭寵：王氏家族與傅氏家族之間的爭鬥

皇室之爭在封建社會是難免的，外戚專權勢力愈演愈烈，各路人馬針鋒相對，為達到自己的目的而費盡了心機。

西元前七年，漢成帝駕崩，漢哀帝即位。漢哀帝不是漢成帝的兒子，這為王氏家族與傅氏家族的皇室之爭埋下了隱患。哀帝即位幾天後，新的較量便開始了。他遵循皇太子時期的允諾，遵奉皇太后王政君為太皇太后，庶母趙皇后為皇太后。但漢哀帝有意繞過王莽，向丞相孔光和大司空何武詢問：「定陶王太后應當住在哪裡比較合適？」這是個挑戰性的、蠻橫無理的難題。說它蠻橫無理，是因為哀帝已過繼給成帝了，根據「為人後者為人子」的傳統，他必須斬斷與親生父母及家族的一切關係，因此哀帝的祖母傅太后和他的母親丁姬，按照協議仍應居住在定陶國。說它具有挑戰性，因為這是藉著抬高傅氏以排擠王氏，這個問題就是破壞傳統和撕毀協議。

丞相孔光為人正直，擔心傅太后一旦入宮就會干政，便似答非答，模稜兩可。大司空何武則極力討好皇帝說：「可住北宮。」哀帝馬上採納了他的意見。

漢哀帝立妻子傅氏為皇后。高昌侯董宏見皇上立了皇后便附和哀帝心意說：「皇上的生母丁姬應該立為太后。」當時左將軍師丹和大司馬王莽極力反對，認為再立皇上的生母為太后就會破壞天下一統的至尊稱號，擾亂朝政。漢哀帝剛剛即位，自然會比較收斂，他採納了師丹和王莽的意見，把董宏免為平常百姓。

看到這種情況，太皇太后王政君為了長久地保住自己的地位，就下詔同意漢哀帝的祖母傅太后和母親丁姬每十天可以入未央宮面見皇上一次。

傅太后得寸進尺，讓哀帝給她上尊號，並晉封傅氏家族的親屬。傅太后在宮中大吵大鬧，王政君為了息事寧人，下詔尊哀帝死去的父親劉康為恭皇，以便為傅、丁二人上尊號創造條件。在王政君的允諾下，哀帝在即位的第二個月，先立傅太后的叔伯弟弟傅晏的女兒為皇后，與成帝一樣娶表姑為妻。緊接著，漢哀帝下詔尊傅太后為恭皇太后，尊其母丁姬為恭皇后，待遇如王政君、趙飛燕。又追封皇太太后的父親為崇祖侯、帝太后的父親為褒德侯。（哀帝喜歡文學、法律，並從中找到了依據，他認為「漢家之制，推親親以顯尊尊」，自己已經當了皇帝，就應光耀祖上。於是不顧群臣反對，直接下詔尊祖母為帝太太后，生母為帝太后。不久，哀帝又改帝太太后為皇太太后。）

此外，漢哀帝還大封傅氏和丁氏家族的人。太皇太后王政君眼看傅家得勢，為了保存實力，就讓王莽辭退大司馬之職，轉而封傅皇太太后的侄子傅喜為大司馬、高陽侯。漢哀帝即封他的舅舅丁明為陽安侯，丁滿（大舅的兒子）為平周侯，丁望為左將軍，封叔外祖父丁憲為太僕。不久，漢哀帝即封丁明為大司馬驃騎將軍來輔佐朝政。封傅晏為大司馬、孔鄉侯；封傅商為汝昌侯，封鄭業（皇太太后的弟弟鄭渾的兒子）為陽信侯。漢哀帝是想提升傅、丁兩家族的地位，希望以此來壓倒太皇太后王家的勢力，尋求自己皇位的平衡。

過了一段時間，司隸校尉上告曲陽侯王根的種種受賄罪行，並告王根兄弟的兒子成都侯王況擅自娶皇宮裡的貴人為妻，違背了做人臣的禮節。早就想剷除王氏家族勢力的漢哀帝便依據這一奏請，下詔罷免了王況的官職，命令王根離開長安去曲陽。接著，漢哀帝又罷免了王根、王商、王況門徒中為官者幾十人。如此一來，王氏家族的勢力一蹶不振，僅僅剩下太皇太后王政君一人支撐，但就是她為以後王莽篡漢留下了機會。

雖然王氏家族在朝中的勢力基本被剪除完畢，但王莽堅信只要姑姑王政君還在，王氏家族總會有重見天日的機會。為了準備東山再起，王莽夾著尾巴做人，很少跟外人來往，避免惹是生非。他的次子王獲殺了奴僕，王莽要王獲自殺，以圖博得更多的讚譽。王莽回到新都封地時，南陽太守特地派最有名望的大學者孔休管理王莽的封地。王莽很感激，就將玉器和寶劍送給孔休，孔休不肯收，王莽又得到了禮賢下士的美名。王莽的假仁假義起了作用，舉國上下出現一片對王莽的讚美之聲，同時為王莽被免官而鳴冤叫屈的人也比比皆是。

在漢哀帝在位時，外戚傅氏、丁氏兩家權傾朝野、富貴無比。但這種情況並沒有維持多久就隨著漢哀帝的駕崩而扭轉了。漢平帝即位之後，太皇太后王政君重新掌權，嚴厲地打擊了傅、丁兩家外戚勢力。至此，漢廷的皇室之爭告一段落，皇朝大權又重新歸於外戚王氏家族了，直至王莽篡權改政。

05 救亡措施：面對危機，作垂死前的掙扎

哀帝沒有足夠的力量來挽救皇權，面對危機，他做了一些無能的補救措施，卻引來大臣的不滿，最終自己在生死邊緣間掙扎。

哀帝時期，西漢的政治昏暗到了極點，是公認的「極亂」時代，漢朝的國運已走到了盡頭。漢哀帝雖然極力挽救西漢王朝的衰退之勢，但畢竟僅憑一人之力是不可能扭轉歷史大勢的。在漢哀帝短短的六年統治中，他曾幾度試圖解決嚴重的社會問題，但都無果而終。

漢哀帝二十歲即位，即位之初就把漢成帝時期橫行一時的王氏外戚勢力消滅掉。他從整肅王氏家族的勢力中總結了一些教訓，認識到身為皇帝必須自己獨掌大權，他想大幹一場以挽救即將衰落的漢朝命運，並且想要迫使群臣絕對服從自己的權力意志。

他下令限田、限奴婢，企圖以此措施使漢家擺脫厄運。具體規定：諸侯王的奴婢以兩百人為限，列侯、公主一百人，吏民三十人；諸侯王、列侯、公主、吏民佔田不得超過三十頃；商人不得佔有土地、不許做官；超過以上限量的，田畜奴婢一律沒收入官。

這個方案雖然給了官僚地主極大的優待，但卻遭到了把持朝政的權貴們的反對，尤其遭到了丁、傅兩家外戚的反對。哀帝自己就帶頭破壞了這一規定，他竟一次賞賜董賢兩千多頃土地，是限田最高額的近七十倍，於是限田、限奴婢令成為一紙空文。

除此之外，哀帝還下達了一系列詔令，然而全都無法實行，漢哀帝那股雄心勃勃的銳氣很快就消失得無影無蹤。很快地，他又走向了另一個極端：整天抱怨、疑懼、懷恨、沮喪。在這種情況下，漢哀帝便沉溺於與董賢的同性戀之中，希望能從煩心的國事中解脫出來，以尋求精神上的刺激和滿足。

董賢（前二二年—前一年），西漢雲陽（今陝西淳化西北）人，字聖卿。為漢哀帝所寵幸而官至大司馬，操縱朝政。他的父親、弟弟及岳父等都官至公卿，建第宅、造墳墓，費錢以萬計。

董賢生來就帶有一種女性的柔媚，嬌聲下氣、長得漂亮、喜歡打扮、講究儀表，本是個舉止輕浮的人，但哀帝竟迷上了他，居然讓他侍寢，不久就有了肌膚之親，出則與漢哀帝同車，入則共床榻。有一次，漢哀帝一覺醒來，想從被窩裡爬出來，可衣袖卻被董賢壓住，哀帝生怕驚醒董賢，居然悄悄地用剪刀把衣袖剪斷，獨自一人起來，所以後來人稱哀帝有「斷袖之癖」。之後，董賢的地位一路晉升，元壽元年（前二年）十二月，漢哀帝晉升董賢為衛將軍。這位二十二歲的年輕人就這樣憑藉色相控制了西漢的最高權力，其囂張氣焰遠遠超過了外戚集團。

漢哀帝劉欣的所作所為，使得很多大臣十分反感，但是董賢小人得志，一時還沒有人敢於下手。西元前一年（元壽二年），在位六年的劉欣一病不起。這時，太皇太后王政君就讓侄兒王莽名義上協助董賢處理劉欣後事，實際上要他找機會除掉董賢。王莽按照姑媽的意思，很快地奪了董賢官爵，並逼得董賢自殺身亡。董賢的所有財物被官賣。

第十章 短命皇帝　平帝劉衎、孺子劉嬰

漢平帝劉衎，（前九年——六年），西漢第十一代皇帝。中山孝王劉興之子，漢元帝之孫，漢哀帝的堂弟，襲父封為中山王。哀帝死後無子，權臣王莽迎立年僅九歲的劉衎為帝。西元前一年時繼位，第二年改年號為「元始」，十五歲被害，在位六年。謚號「孝平皇帝」。

劉嬰，生於元始五年（西元五年），是漢宣帝劉詢的玄孫，楚孝王劉囂的曾孫，廣戚侯劉顯之子。平帝被毒死後，年僅兩歲的劉嬰繼位為太子，史稱「孺子嬰」。由於王莽攝政，改年號為「居攝」。九年，王莽稱帝，改國號為「新」。西漢共歷兩百一十年（前二〇二年——八年），至此滅亡。

01 繼位登基：立幼子，漢室被王氏家族玩弄於掌心

一個有位無權的皇帝，任其外戚執權，自己則成為被人玩弄的玩偶，一任江山在亂世中飄搖。

西元前一年，年僅二十六歲的漢哀帝劉欣一命嗚呼，給風雨飄搖的漢家江山帶來了更多的憂患。漢哀帝無子繼嗣，臨終前也沒有指定繼承人。在這樣的局面下，他的祖母，七十一歲的太皇太后王政君又一次成為關鍵時候的關鍵人物，決定了歷史的走向。

王政君在漢哀帝去世的當天乘車趕到未央宮，把象徵皇帝權力的玉璽收在了自己的手中。收回玉璽後，王政君為漢室計遣使者將王莽召入宮中，拜王莽為大司馬，與他商議立嗣之事。

在王莽的建議下，翦除了哀帝時期得勢的董賢，剷除了傅氏、丁氏等外戚勢力，廢掉了趙皇后和傅皇后。國不可無君，於是太皇太后王政君與王莽商議，迎立中山王劉興之子劉衎入繼大統。

西元前一年秋天，在公卿和大臣們的擁戴下，一個年僅九歲的孩子登上了未央宮前殿皇帝

的御座，他就是西漢的第十一代皇帝——漢平帝。

這時的西漢王朝實際上已被王氏家族所控制，而劉氏家族至此已經沒有什麼權力可言了。

02 貪婪無恥：要實權、玩禪讓，上演政治鬧劇

一旦有權在手，就又想打更高的如意算盤，世間的野心家大抵如此。

在平帝即位以前，王莽始終是一個躲在幕後的神秘人物，沒有顯著的政績，也沒有高明的政見，更沒有滿腹經綸，只在道德人品上有口皆碑，但當時沒有人知道他的真實想法，更沒有人知道他是個徹頭徹尾的偽君子。

人的欲望是無止境的。王莽當了位極人臣的大司馬，但仍不滿足，他還很貪婪地想要個更高的名號，想要做輔助周成王的周公，就在宮中上演了一場政治鬧劇。當時益州（今四川）的地方官員、西南少數民族越裳氏首領貢獻白雉一、黑雉二，以示對西漢帝的臣服。先是太后王政君向列祖列宗報喜，然後是群臣眾口皆碑地稱頌王莽的無量功德，應封號為「安漢公」以順人心。太后王政君立即答應，而王莽則虛偽地一讓再讓，表現出了極大的謙遜，最後王莽還是被封為「安漢公」。總管太傅、太師孔光、太保王舜和少傅甄豐等四輔之事，王莽任太傅。

這回王莽終於有名號了，但是他並不滿足於此，他還想要實權，他想要太皇太后手裡的權

力。於是他暗示親信說太皇太后年事已高，應該要安享晚年，不必再管官吏的事，可由安漢公負責審查。太皇太后王政君覺得有道理，便下詔除封爵外，其他事都託王莽代管。

人事大權歷來是最大的權力，王莽利用手中的大權趁機拉幫結派、排除異己，有了相當於皇帝的實權。

為了鞏固自己的權勢，王莽剛做了安漢公不久，就把自己的女兒嫁給漢平帝作為皇后。王莽的女兒立為皇后之後，有人上書說王莽與殷朝的伊尹、周朝的周公一樣，是當代的伊尹和周公，應該把伊尹和周公的號位結合起來，稱為「宰衡」。接著，王莽便被加上「宰衡」的稱號。

「宰衡」一職地位高於任何劉姓諸侯王，三公向宰衡說事要用「敢言之」，官吏則不許與王莽同名。平帝封王莽的兩個兒子王安和王臨為褒新侯和賞都侯，王莽的母親賜號「功顯君」。可是王莽還不滿足，還要向最高權力做一次力度更大的衝刺。

王莽徵集天下通古文、今文、經學及天文、曆算、兵法、文字方術、本草的士人數千到京師，築學社萬間，可容納一萬零八百人。王莽僅利用四年的時間就把制度訂好了，群臣都紛紛拿他同周公作比較，當年周公制訂制度花了七年時間，如今安漢公才用了四年應該封賞。派往各地了解民情的八位風俗使臣回到長安，帶回各地歌頌王莽的民歌三萬字。吏民也陸續上書，請求加賞安漢公，可見王莽確實已經盡得天下民心。太皇太后見朝野上下如此，只好下詔給王莽九錫封典。

對大臣加九錫是極少有的現象，西漢僅有平帝加給王莽一例；後來加九錫成為奪權的前奏，權臣有了九錫就是預備中的皇帝。大野心家王莽從幕後走向前臺，光明正大地竊據了最高權力。

平帝漸漸長大，他對王莽的飛揚跋扈日益不滿，但他還是個不成熟的孩子，心中的不悅往往掛在臉上。王莽對此深感不安，於是他下定決心除掉平帝。元始五年冬，王莽藉著過臘八節進酒的機會，在酒中下了毒藥，十四歲的平帝就這樣悲慘地結束了他短暫的一生。從此，西漢的歷史就要由王姓來寫了。

03 權臣篡漢：王莽建新，歷史重現亂局

權臣篡位，他們依靠著皇親國戚的支持，為了自己的利益不僅為所欲為、操縱朝政，甚至連皇權的繼承都被他們掌握，使歷史處於亂世局面。

西元五年，漢平帝被王莽毒殺之後，西漢王朝實際上已經掌控在王莽手中了。王莽此時覺得代漢自立的時機還不成熟，於是決定再立一個傀儡皇帝。漢平帝去世時年僅十四歲，沒有留下子嗣。漢元帝的世系絕嗣，漢宣帝的曾孫中有諸侯五人、列侯四十八人，按照「兄終弟及」的古制，是可以從中選取帝位繼承人的。但王莽看到這五十三個人年齡都比較大，怕立為新君後自己權力受阻，就從宣帝的玄孫中選擇最年幼的廣戚侯劉顯的兒子——劉嬰來繼承帝位，劉嬰當時才兩歲。

年逾古稀的太皇太后王政君雖然重用娘家的人，但本心還是想守住劉家的社稷江山，她沒有料到王莽竟然有篡奪皇位的野心，不禁氣憤至極，給予王莽嚴厲斥責。但這時王政君已經沒有辦法阻止王莽的圖謀了，被逼只好無奈地同意王莽居攝。

從此，攝行皇帝之事的王莽穿著皇帝用的蔽膝、戴著皇冠，站在門窗之間面向南朝見群臣、聽決政事。他的車駕出入皇宮，兩邊都是侍衛。自古以來，禮儀便是身分和名位的標誌，王莽享用皇帝之儀，標誌著他有至高無上的權力。王莽當攝皇帝，是外戚專權的必然結果。無論「假皇帝」還是「攝皇帝」都是代理皇帝的意思，但實際上王莽的權勢早已超過了坐在帝位上的孺子嬰了，只是沒有宣布改朝換代而已。從此，王政君作為維護劉氏政權的形象一去不復返了。

王莽當上攝政皇帝以後，立刻引起固守劉氏漢室的「正統」觀念的朝臣和宗室子弟的不滿，他們徹底識破了王莽假仁假義的面具，大多數權臣都表示不願意做官，以示對王莽的反抗。

王莽雖然對劉姓貴族極盡拉攏、防範之能事，但還是引起了農民起義，最終在王莽軍隊的鎮壓之下，起義被平息了。平息農民起義後，王莽更是躊躇滿志，他以一個盛氣凌人的軍事強人姿態出現在大小臣子面前。勝利讓王莽有恃無恐，加快了他當真皇帝的步伐，同時也加速了他的毀滅。

王莽提出要把「攝皇帝」中的「攝」字去掉，把「居攝三年」改為「初始元年」（西元八年）。太皇太后不得不同意，王莽的弄假成真走出了第一步。接著，西漢朝廷在王莽的授意下演出了一場「禪讓」的政治鬧劇，王莽坐在未央宮的前殿，他登上真天子寶座，把國號改為「新」，把十二月初一作為始建國元年的正月初一。

歷次的改朝換代，最可悲的都是末代皇帝，孺子嬰不僅連個皇帝的名號都沒有，而且五歲時就成了亡國之君。王莽封劉嬰為「安定公」，但不准他回到封國，而是將劉嬰軟禁在京城。西漢就此走到了盡頭，共歷二百一十年，漢高祖劉邦辛辛苦苦打下的江山也就改姓王了。

第十一章　光復漢室　光武帝劉秀

光武帝劉秀（前五年——五七年），字文叔，是漢景帝支系，漢高祖劉邦九世孫，景帝第十子長沙定王劉發的後代。劉秀二十八歲加入綠林起義軍，更始三年（二五年）三十歲時稱帝，在位三十三年。諡號「光武」，廟號「世祖」。劉秀建立東漢政權後，以柔克剛、以文治國、與民休息、善待功臣，促進了經濟的發展，開創了「光武中興」的盛世，他是中國封建社會歷史上影響頗大的一位帝王。

01 潛龍在淵：昆陽大戰，奪回劉氏天下

劉秀有勇有謀、智勇雙全，怎能容忍劉氏江山落於他人之手，昆陽之戰是以少勝多的著名戰役，吹響了他興復漢室的政治進軍號。

西元八年，漢室外戚王莽篡奪劉姓政權，建立「新」朝。劉姓貴族的爵位都被剝奪了，王莽對他們很不客氣，各地方官也趁人之危，對劉姓貴族有很多侵犯。這樣一來，嚴重激化了劉姓宗室貴族與王莽政權的矛盾。在王莽的高壓之下，關東農民群起造反，一時聲勢浩大，南陽蔡陽人（今湖北棗陽）劉縯、劉秀兄弟在風起雲湧的農民起義中嶄露頭角。

劉秀出生於濟陽（今河南蘭考東北），其父劉欽世襲舂陵侯，擔任過南頓（今河南項城）令，在劉秀九歲時去世。劉欽死後，劉秀由叔父劉良撫養。劉秀的母親姓樊，名嫺都，她的父親樊重是南陽湖陽（今河南唐河縣西南湖陽鎮）的富豪，財力雄厚、富甲一方。劉欽與樊氏生有三子三女，長子劉縯，次子劉仲，長女劉黃，次女劉元，劉秀是家中老五，下面還有一個小妹名劉伯姬。

劉秀是西漢劉姓宗室景帝支系後裔，祖上曾世代為官，屬於貴族階層，但他的父親、叔父都只當到縣令，而到他這一代已無官無職成了平民百姓。劉秀的姐夫鄧晨是世代當官的豪族地主，劉秀的外祖父也是豪族地主，所以劉秀可以算得上是南陽地區豪強地主關係網上的一個紐結。

劉秀和他哥哥劉縯的性格明顯不同。劉秀對於家中的農業生產經營比較有興趣，能安得下心來「勤於稼穡」；劉縯則不喜歡從事生產，他性格外露、慷慨氣盛，是一個集霸、豪、俠氣於一身的人，喜歡交結所謂「豪傑」。劉秀給人的印象本分，所以人們稱他為「謹厚者」。兄弟倆在地皇三年（二二年）起事之初，就明確地打出要恢復漢朝的旗號，這對新朝極度失望的農民心中很有號召力。次年更始元年（二三年）正月，劉氏兄弟先後打敗了新朝在南陽地區的軍政長官甄阜、九卿梁丘賜率領的軍隊，整個南方都震動了。接著，劉氏軍隊圍攻南陽郡的治所宛城（今河南南陽）。漢朝宗室劉玄被起義諸將擁為皇帝，改元更始。更始帝拜劉縯為大司徒，封漢信侯。王莽很是害怕，急令司空王尋、司徒王邑前往洛，徵發天下州郡軍隊討伐劉氏兄弟。

同年五月，王邑、王尋指揮四十二萬大軍從洛陽出發，緩緩地向昆陽（今南陽葉縣）壓來。面對敵多我寡的形勢，昆陽城中的義軍心中害怕，紛紛地商量想棄城各奔東西。這時劉秀為穩定軍心站了出來，說：「現在我軍主力正在圍攻宛城，不能分兵來救，大敵當前，集合所有力量拼死一戰還有死裡逃生的可能。如果分散逃跑，那就只有死路一條。」接著，劉秀又手指地圖，一一分析如何部署、如何進軍。諸將見劉秀鎮定自若、很有將才之能，個個都表示聽從安排。於是劉秀命令義軍將王鳳、王常堅守昆陽，自己則帶領著李秩等人到圖縣、定陵一帶，把那裡的軍隊全部集合起來救援昆陽。這時趕到昆陽城下的王莽軍隊已近十萬人，劉秀等人差點沒能出城。

完成了對昆陽城的包圍後，王邑就命令大軍開始建造雲梯、衝車，攻城的箭如雨一樣從城外射進來，城中守軍連頭都不敢抬起來，守將王鳳被迫請降。此時的王邑真可謂志得意滿，自以為破城只在旦夕之間，拒絕接受。但他萬萬沒有想到，滅頂之災已經不遠了。

六月初一那天，完成軍事部署的劉秀率騎兵、步兵千餘，在王莽大軍前四五里布陣。王尋、王邑也發兵數千與之交戰。劉秀衝入敵陣，斬首數十，劉秀軍士氣大振。深知寡不敵眾的劉秀決定孤注一擲，親率敢死部隊三千人突擊新朝軍隊的中軍。恃眾驕狂的王邑覺得萬餘名的中軍已經足夠解決劉秀的三千人，更命令其他軍隊不可輕舉妄動。但王邑的如意算盤撥錯了，劉秀軍隊的勇猛遠遠超乎王邑的想像，在義軍的反覆衝突下，新朝軍隊的中軍很快就崩潰了。王邑狼狽逃走，王尋當場被殺，王氏兄弟親口吞下了輕敵的苦果。

劉秀軍開始全軍突擊，昆陽守軍也開門夾攻，殺聲震天動地，官軍自相殘殺，屍橫遍野、血流成河。倖存者試圖逃走，但昆陽城西因大雨而暴漲的滍水（今河南魯山沙河）擋住了敗兵的去路，殺戮在暴雨中持續了很久，王莽主力軍經此一戰損失殆盡。

九月一日，長安的宣平門被攻破，義軍一擁而入。城中大亂，居民紛紛響應，他們放火焚燒未央宮門要逼王莽出來。王莽逃往漸臺，依靠周圍的水池阻止火勢蔓延。兩天後，長安商人杜吳殺王莽於漸臺上，新朝滅亡。

昆陽之戰是劉姓宗室為恢復劉家天下與王莽所建立的新政權進行的一次決定性戰爭，無論是從政治還是從經濟上都給了王莽致命的打擊，是中國軍事史上有名的以少勝多的戰役。在整個戰爭中，面對號稱百萬的莽軍，劉秀有勇有謀、指揮若定，表現出智勇雙全、凜然不可侵犯的大將風度，大大地提高了劉秀在起義軍中的威望。

02 韜光養晦：兄長被害，忍小憤而成大謀

面臨危機，要忍耐，還是要反抗，一切都掌握在決策者手中，決策的正確與否關係著統治家族的生死存亡。劉秀的忍耐為劉氏家族重掌江山奠定了基礎。

西元二三年二月，更始政權建立後，成為「太常偏將軍」的劉秀繼續領兵作戰，很快就攻下了河南的大部分區域，並且在決定性的昆陽之戰中大敗王莽的軍隊。劉秀將在所有戰役中所獲得的戰利品都如數運回宛城，交給更始帝劉玄。昆陽之戰後，王莽逃至漸臺被商人杜吳殺死，其首級和印綬盡歸劉玄。短命的王莽新朝只存在了十五年就滅亡了。

但在此時，更始皇帝的旗子下面出現了內訌。由於劉縯兄弟威名日隆，新市、平林諸將領及部分南陽豪強嫉妒劉縯兄弟，故勸劉玄盡除之，以防後患。毫無建樹和才幹的更始帝劉玄也認為劉縯對他是極大的威脅，於是就圖謀殺死劉縯。在犒軍大宴的時候，劉玄故意當眾說劉縯的佩劍好看，要劉縯將防身寶劍解下來給自己看一看。劉玄本想藉此殺死劉縯，但終因膽小而沒能下手。這一切都被劉縯的舅舅樊宏看到眼中，他對這奇怪的一幕生了疑心，宴會結束後，

他提醒劉縯要多加小心。

劉縯剛為劉玄攻下宛城立下了大功，根本不會想到自己的族兄劉玄居然會在這個時候對自己下毒手，何況他一直統兵在外，對劉玄和他的近臣沒有什麼了解，因此沒把舅舅的提醒放在心上。

劉縯有一名部將叫劉稷，也是劉氏同族，作戰非常勇猛，但是他一直對沒什麼大本事的劉玄不滿意，便怒說：「大家能夠開創局面全靠劉縯、劉秀兄弟，劉玄無才無德，憑什麼讓他坐這張龍椅？」劉玄聽到後抓到劉稷欲殺害他，劉縯為劉稷力爭免死罪，又被李軼、朱魚有等進讒言，劉玄遂把劉縯、劉稷兩人一併殺掉。立下了汗馬功勞的劉縯就這麼不明不白地死在了族兄的刀斧之下。

在昆陽大戰中獲勝的劉秀在昆陽得到長兄劉縯被殺害的消息幾乎昏厥，但當著信使的面極力克制自己，說道：「陛下聖明，劉秀建功甚微，受獎有愧；劉縯罪有應得，誅之甚當。請奏陛下，如蒙不棄，劉秀願盡犬馬之勞。」劉秀很快地恢復了常態，話說得十分虔誠得體。並且還對眾將告諭：「家兄不知天高地厚，命喪宛縣，自作自受。我等當一心匡復漢室，擁戴更始皇帝，不得稍有二心。皇帝如此英明，漢室復興有望了。」眾將被劉秀的態度感動得紛紛落淚。

劉秀一點也不居功自傲，有人問起他昆陽大戰的功勞時，他就說全是將士們的功勞。他不為哥哥劉縯戴孝，更不為他舉辦葬禮，反而與剛剛結為夫妻的陰麗華天天照常吃飯喝酒，一副及時行樂的模樣。劉玄看見劉秀行事如此便對他放了心，劉秀因此得以躲過殺身之禍。劉玄為了拉攏原先劉縯的部下，於是封劉秀為破虜大將軍，但終究不敢重用。

劉秀的忍耐使自己得到了生存的機會。不久，他被更始帝封為武信侯，但是軍權卻被剝奪了。王莽的政權剛剛被滅，劉玄便準備遷都洛陽，他封劉秀為「行司隸校尉」，先行去洛陽整修宮殿，為遷都做前期的準備工作，此時洛陽城裡一片混亂，誰也不知道會有怎樣的危險。劉玄做出這個決定，實際上是對劉秀也起了殺心，因為沒有兵權的劉秀僅僅帶著一千兩百名軍士去洛陽，如果真遇到了危險就只有死路一條。

劉秀到任後，安排僚屬，下達文書，從工作秩序到官吏的裝束服飾全都恢復漢朝舊制。當初，關中一帶的官員趕來東方迎接皇帝劉玄去長安，見到劉玄的將領們頭上隨便包一塊布，沒有武冠；有的甚至滑稽可笑地穿著女人衣裳，沒有莊重威嚴的樣子。而他們見到劉秀的僚屬則肅然起敬，一些老官員流著淚說：「沒想到今天又看到了漢朝官員的威儀！」對劉秀產生了敬佩、嚮往的心理。

劉秀的忍讓終於使得自己的家族和自己日後稱王積累了良好的實力。

03 智勇兼備：掃除障礙，稱帝登基建東漢

智勇兼備方為人中龍鳳，劉秀作為劉氏天下的中興者，正是這樣一個智勇雙全的君主，他大刀闊斧地清除一切障礙，最終建立了東漢。

為了避開種種矛盾，尋求更大的發展，劉秀一方面隱忍韜晦，另一方面也在暗中擴大勢力和影響，並利用各種機會為擺脫更始政權進而統一天下做準備。

劉玄到了洛陽，決定派劉秀代表朝廷去河北一帶宣示旨意，要那裡的郡國遵守朝廷的詔命，以期穩定局勢。劉玄的這一決定，恰好給劉秀提供了一個避開矛盾漩渦、自由施展的機會。劉秀在河北，每到一處就考察官吏，按其能力升降去取；平反冤獄，釋放囚徒；廢除王莽苛政，恢復漢朝的官吏名稱。官民歡喜，爭相持酒肉慰勞，劉秀一律不接受。劉秀的河北之行為自己打下了群眾基礎。在這關鍵時刻，鄧禹、馮異等人的建議使得劉秀堅定了開創偉業的信心。

鄧禹，字仲華，南陽新野人，曾與劉秀同時遊學長安。聽說劉秀被派往河北，他立即前來

探望。他們徹夜相談，鄧禹建議劉秀「延攬英雄，務悅民心」，激勵他要有高祖那樣的偉大志向。

馮異，字公孫，潁川人。原為王莽部下，後被漢軍抓獲而投降。馮異敬仰劉秀的仁德，劉縯被殺後，只有他時常安慰劉秀，理解劉秀的悲痛。在更始政權對委派劉秀巡視河北出現猶疑之際，馮異又勸說劉秀厚交當權左丞相曹竟及其子尚書曹詡，最後才得以成行。劉秀來到河北，馮異又以劉秀的名義巡行郡縣，處理冤獄，釋放囚徒，關心弱勢群體，為劉秀留下了不少好口碑。

然而，王郎的出現，為劉秀佔據河北製造了很大的障礙。

王郎謊稱自己是漢成帝的兒子劉子輿，他的母親是成帝的一個宮女。在河北地區一些豪強地主的支持下，王郎在邯鄲建立了一個新的割據政權，並派人遍告各州郡，自趙國以北，遼東以西都望風回應。王郎懸賞十萬戶通緝劉秀，劉秀從此便過上了逃亡的生活。劉秀一路上被王郎軍圍追堵截險象環生，最後逃到信都（今河北邢臺西南），聽從太守任光的建議發布檄文、徵發精兵才脫險境。

在任光的建議之下，劉秀從各縣召集了約四千人的一支精銳軍隊。昌城人劉植，宋子人耿純，各率自己的宗親子弟佔州據縣，投奔劉秀。劉秀很快形成了強大的勢力，並攻下了中山國及盧奴、新市、真定、元氏、防子等縣。更始二年（二四年）四月，劉秀進軍邯鄲，連戰連捷，王郎派使者請降。

更始皇帝派使節趕到河北，封劉秀為蕭王，並命令劉秀停止一切軍事行動與有功的將領回到長安去。實際上劉玄已經對劉秀很不放心了，他要趁機殺掉劉秀以翦除後患。劉秀自然明白這一意圖，因此他以「河北未平」為理由拒絕去長安，劉秀與劉玄的裂痕從此便開始明朗。

王莽垮臺後，更始政權迅速腐化，不僅僅失去了戰鬥力，也失去了政治上的號召力。長安政治混亂，反叛迭起。

與劉秀在河北發展的同時，赤眉軍、綠林軍也在發展自己的勢力。以樊崇為首領的起義軍有別於他軍，各人用赤色塗眉作為標記，從此這支起義軍被稱為「赤眉軍」；而另一支以王匡為首的起義軍平時藏在綠林山中，被稱為「綠林軍」。「綠林軍」擁護的便是劉玄。

西元二三年，赤眉軍曾想與綠林軍聯合，但遭劉玄拒絕，兩軍分裂。赤眉軍懷恨在心。第二年冬，赤眉軍兵力強大，遂分兵兩路向西進攻長安劉玄。赤眉軍在途中建立了自己的政權，立十五歲的漢宗室劉盆子為帝，年號建業。後來劉玄被殺，更始政權覆滅。

在赤眉軍西進長安時，劉秀在河北的勢力已較強盛，黃河以北的廣大地區基本上為劉秀所有，河北成為他脫離更始政權、創建統一大業的重要基地。更始三年（二五年）六月己未日，劉秀在群臣擁戴下，於趙州柏鄉舉行了隆重的登基大典，是為光武帝，建國號「漢」，改元「建武」，定都洛陽，建立東漢政權，史稱東漢。

04 問鼎中原：削平群雄，克定天下

劉秀稱帝以後，雖然在軍事上取得了一些重大勝利，但是當時群雄並立，且都有相當的實力，作為一個頭腦清醒的謀略家，劉秀並沒有過於樂觀，他在為自己的統一大業繼續努力著。

劉秀即位為皇帝，當時天下紛亂不已，各路豪傑割據稱雄，主要有赤眉軍在長安、梁王劉永在淮陽、隗囂在天水、公孫述在成都等地方的割據勢力。劉秀稱帝後所面臨的首要任務就是平定天下，建立一個統一的大漢政權，因此他首先把矛頭指向了赤眉軍。

赤眉軍自西元二五年九月推翻「更始」政權後，即定都長安。由於關中地區的地主豪強隱藏糧食，聚眾反抗，與赤眉軍為敵，赤眉軍的糧食問題已到了難以解決的地步。同年十二月，赤眉軍不得已而引兵東進，這時劉秀以逸待勞已做好了圍剿赤眉軍的部署。劉秀先派鄧禹率鄧弘等部共同攻擊赤眉軍，鄧禹失敗。接著再命馮異與赤眉軍約期會戰，暗地選拔壯士，以赤眉軍服飾打扮作為伏兵。當赤眉軍與馮異交戰激烈時伏兵突起，赤眉軍將士真假難辨，頓時大亂。經此一戰，赤眉軍全軍覆沒，劉盆子投降劉秀，劉秀得到漢之傳國璽授。劉秀遂封劉盆子為趙王郎中。

劉秀消滅赤眉軍以後，還有不少割據勢力在活動，他們力圖爭奪皇帝寶座，其中就有劉永。劉永，梁郡睢陽（今河南商丘南）人，漢文帝子景帝胞弟梁孝王劉武的八世孫，其父為王莽所殺。劉玄稱帝，繼封劉永為梁王，都睢陽。劉玄敗，劉永自稱天子，聯合各種勢力據今河南東北部及蘇北、山東大部地區與劉秀對抗。劉秀便派虎牙大將蓋延帶四員大將征討劉永，不久兵臨睢陽城下。蓋延將睢陽團團圍住，三個月圍而不攻，最後城內糧草將盡，蓋延偷襲成功。劉永見城已破，慌忙突圍被亂軍所殺。

隨著各地割據勢力逐漸被消滅，劉秀一步步在中原地區站穩了腳跟。到建武五年，中原地區的主要對手就只剩下彭寵了。彭寵本是劉秀的大將，因未被提升便與匈奴勾結攻陷薊縣，自立為燕王，企圖與劉秀爭奪天下。建武五年春，劉秀下詔：「有能討平彭寵者，封侯。」彭寵的三個家奴起了貪心，便趁彭寵睡覺時將他殺死。劉秀信守諾言，封他們為不義侯。

至此，統一戰爭的前一階段基本結束，剩下的割據者也是最難對付的，他們是隗囂和公孫述。

隗囂，天水成紀（在今甘肅秦安）人，好讀經書，有政治、軍事知識。隨其叔父起兵，被推為上將軍，勢力壯大，擁兵十萬。更始二年，隗囂曾投歸更始政權，赤眉軍入關中，更始政權垮臺，他便返歸天水，自稱西州上將軍。隗囂和劉秀有過多次合作，但雙方關係於建武六年完全破裂。馮異在旬邑（在今陝西旬邑）擊敗隗軍，形勢對隗囂不利，於是隗囂倒向公孫述。

次年正月，隗囂饑病交加，憤怒而死。到建武十年十月，隗氏勢力完全被消滅。

隗囂覆滅後，盤踞在巴蜀的公孫述成了最後一支割據勢力。公孫述，扶風茂陵（在今陝西）人，在劉秀稱帝前兩個月稱帝於成都。建武十三年，劉秀伐蜀之役大規模開始，公孫述拼死抵抗。同年十一月，劉秀以損失兩員大將的代價攻入成都，公孫述被殺，蜀地宣告平定。

劉秀自西元二五年即帝位，經過十一年的東征、西討、南平、北伐，終於結束了豪強割據的局面，恢復了中國的統一。劉秀在推翻王莽苛政、削平割據勢力上得到了廣大人民的支持，代表了當時社會的共同要求，最終完成國家統一的偉大事業。

05 以柔克剛：封侯而不授實權，合理安置功臣

君主忌諱之事越多，越是束縛朝臣的手腳；國家統治的工具越是先進，國家就越加混亂難治。以剛克剛，兩敗俱傷；以柔克剛，則會又是另一番景象。

劉秀在位三十二年（西元二五年—五七年），佔東漢一百九十五年歷史的六分之一。「撥亂反正，以寧天下」，他結束了戰爭和混亂，恢復了國家的統一和社會的秩序。

天下平定之後，首要的問題就是對待功臣的問題。由於封建統治的鞏固與統治階級上層的穩定關係密切，所以劉秀特別注意搞好君臣關係，而劉秀執政時期也就成為封建時代君臣關係的典範。

劉秀泛愛容眾，恢廓大度，對待士兵推心置腹、恩禮有加，從而贏得了眾將帥對他的一片赤誠之心。他對臣屬待之以寬柔之道，很少以刑殺立威。消滅邯鄲王郎以後，查獲了一些人與王郎勾結的信件，劉秀看都不看就當眾燒毀，說是「令反側子自安」，以使三心二意的將帥安心，反映出劉秀的不凡氣度。這雖然是帝王籠絡、駕馭群臣的手段，但畢竟側重於寬容，有利

於統治集團內部的穩定和社會的安寧。

劉秀對於追隨其南征北戰的大小功臣均以高官厚祿予以酬答，開國功臣「雲台二十八將」，不僅個個封侯，而且寵賞有加。除此之外，劉秀還經常厚賜群臣，有些地方貢獻的珍奇之物，也會毫不保留地分賜群臣，甚至就連他正在用的東西也是如此。凡功臣有疾，劉秀總是親自去探視；有功臣亡故，劉秀均毫無例外地素服車駕親臨弔唁、撫恤其後。即使到後來年歲已高、身體欠佳時，他仍堅持為故臣臨弔送葬。其仁恩厚誼，實非一般的封建帝王可比。這也使得多數功臣對光武帝劉秀心悅誠服、感恩戴德。

劉秀對功臣中有較高政治才能的人倍加重用，讓他們參議政事。鄧禹善於謀略、器量恢宏，劉秀經常委以重任。他任命鄧禹為大司徒，封豐臣侯，食邑萬戶。建武四年（二八年），鄧禹奉命率軍南攻，收降劉嘉，擊敗延岑。建武十三年（三七年），天下平定，鄧禹被封為高密侯。劉秀雖然對開國功臣如此優寵，但又不是毫無原則地重用功臣。他懲前漢之失，以功高授位、才賢任職為指導思想，對功臣採取優容與防制相結合的措施。劉秀對那些雖屢建軍功卻缺少治國才幹的功臣不授予實權，只讓他們享受榮華富貴，優遊享樂以盡天年。他這樣做，既能防止因功臣任職而堵塞進賢之路，又解決了功臣任職不能勝任，使皇帝不好處理的難題。

劉秀對於功臣問題的處理頗為圓滿，也極具創造性，有利於東漢政權的重建與穩定，為後世所效仿。對功臣來說，無職無責可以使他們少幹違法的事情，也杜絕了他們因權勢膨脹而滋生野心的條件。這樣也就避免了這些開國功臣帶來不穩定的因素，從而維護了政權的穩定及劉氏的江山。劉秀是中國封建社會中少有的能容納功臣的開明皇帝，他沒有牟取兔死狗烹之類的殘忍做法，而是刻意地保其功祿、安享天年。

06 光武盛世：好儒任文，以柔治國

倘若以柔和之姿去面對剛烈火暴之人，則恰似細雨之於烈火，烈火熊熊，細雨濛濛，雖說不能當即將火撲滅，卻能有效地控制住火勢，並一點點地將火滅去。但若暴雨一陣，火雖滅去，卻添洪水氾濫之災，一浪剛平又起一浪，得不償失。

在總結前朝失敗的基礎上，光武帝劉秀確立了一套新的治國方略，其核心是好儒任文、以柔治國。

儒學能和諧君臣、吏民之間的關係，從而達到封建等級秩序的穩定，在本質上是一門守成的學問。劉秀早就認識到了儒學的重要性，早在征戰的時候就想方設法把一些著名儒學人物拉到自己的身邊，或任以官職，或冠以名號。於是他身邊很快就聚集了如范升、陳元、鄭興、杜林、衛宏、劉昆、桓榮等一大批當時的著名學者。劉秀對他們以禮相待，他們也願意跟隨劉秀一起談經論典。建武五年冬，劉秀回到洛陽，派人修建太學並親自視察。在他的宣導下，不僅中央立太學，許多郡縣也都興辦學校，而民間創辦的私學也如雨後春筍般興起。無論是官學還是私學，都為儒學傳播、教化的開展進行了人才準備。

劉秀自己就是一個愛好儒學的人。朝廷議事結束以後，他經常與文武大臣一起講論儒學經典裡的道理，直到半夜才睡覺。有時劉秀還親自主持和裁決當時今文經學和古文經學的爭論。建武四年正月，有人上書建議為屬古文經學的著作《費氏易》、《左氏春秋》立博士。該建議引起了激烈爭論，今文派以博士范升為代表，力主不可立；古文派以陳元為代表，力主應當立。辯論持續了很長時間，一時之間難分高下。劉秀最後裁決，為《左氏春秋》立學官，置博士，這是經學史上的重要事件。

劉秀對他的治國之道談得不多。在一次宴會上，他說自己想以柔道治天下，他視「柔」為「有德」、「逸政」等詞的同義語。他的「柔道」，首先表現在征伐佔領之後。光武帝劉秀不事屠戮，注重安撫，凡是投降的，只要把他們的首領抓住就行了；對那些無辜的百姓，往往遣散回家，讓他們種地。劉秀認為征伐戰爭不一定要攻地屠城，重要的是使當地人變成自己的人。

奴婢問題，是西漢末年的一個嚴重社會問題。農民起義沉重打擊了地主豪強佔有奴婢的制度，使許多奴婢得到解放。劉秀於建武十二年、十三年、十四年一再下詔宣布：自建武八年以來被迫當了奴婢的一律恢復平民身分，被賣的不再交還贖金；敢拘留者，按《略人法》從事。劉秀順應農民起義中許多奴婢已獲解放的形勢，提出「天地之性人為貴」的觀點，先後六次下令釋放奴婢、三次下令禁止虐待奴婢。這也是光武帝劉秀實行柔道治國的一個方面。

光武帝劉秀還下令減刑輕稅，並官省職。建武七年，他下令京都地區及各郡國釋放囚犯，除犯死罪之外者一律不再追究，恢復其平民身分；那些有罪且在逃的囚徒由地方吏發布文告公布姓名免治其罪，使其放心回家。建武六年詔書宣布：因軍隊屯田，儲糧狀況好轉，停止徵收十分之一的田稅制度，恢復漢景帝二年（前一五五年）實行的徵收三十分之一的田稅制度。這也是劉秀好儒任文、以柔治國的一個方面。

劉秀所創立的選官制度使東漢政府吸收了一些有才能的人，擴大了東漢政權的統治基礎。西元三五年，劉秀採用并州牧郭伋的建議，用人當選「天下賢俊」。在選用官吏方面採取兩種辦法，即察舉制或徵辟制。徵辟制——「徵」是皇帝下詔書特別徵召「名流」做官；「辟」是公卿大臣及郡守自行起用有才德之人做屬員。劉秀錄用官員是非常嚴格的，他要求被錄用的官吏都能符合「德行高妙」、「明達法令」等標準，否則就將舉薦人和被錄用者治罪。

劉秀雖然重視人才，也比較能夠接受大臣的進諫，但他畢竟是封建皇帝，不能容忍有傷自己尊嚴的事。有一次，劉秀找出已被他打垮了的隗囂、公孫述之間的來往書信，在朝會的時候讀給群臣聽。心直口快、為人直率的韓歆覺得這些書信寫得很有才華，就說：「亡國之君皆有才。」恰巧韓歆又列舉大量事實證明將要發生饑荒和動亂，劉秀大為惱怒，當即就罷了韓歆的官。韓歆回家後，劉秀怒氣未消，又專門派人帶著自己的詔書去譴責他，意思是要治他死罪。司隸校尉鮑永認為韓歆是說真話，為此罷官已經不公，堅持不要再治韓歆的罪，但最後韓歆及其子韓嬰仍被迫自殺。韓歆曾隨劉秀征戰，有軍功，被封為扶陽侯，他的死引起朝臣的普遍不滿，劉秀只好仍按大司徒的規格給他舉行了葬禮。

劉秀從一個布衣秀才揭竿而起，直接參與了反對王莽政權的鬥爭，為推翻王莽建立東漢帝國立下了功勳。在天下大亂、群雄割據之際，他歷經艱難曲折，終於恢復了社會的秩序和國家的統一，為社會經濟和文化的發展創造了條件，使西漢曾經的繁榮得以繼續，從而開創了光武盛世的政治局面。

07 改革分封：控制宗室、皇子勢力的發展

制度也有一定的時效性，隨著統治地位的不斷改善，制度也應隨之改變，否則會導致不良影響。對於一個明君來說，只有控制家族勢力的發展，家族的利益才能得以鞏固。

劉秀定都洛陽後，效仿前朝，對宗室也進行了分封，嚴格遵守以劉氏同姓為王的祖制。在分封諸侯王時，以劉秀自己家庭的長輩及其子弟為主，兼顧同宗族的宗子和聯繫密切的族人。

廣陽王劉良，是劉秀的叔父。劉秀早年喪父，是在劉良撫育下成長的。太原王劉章，為劉秀兄劉縯之子；劉秀對兄長劉縯非常尊重。為感念劉縯，因此劉秀封劉章為王，而且，對劉章恩愛甚加。魯王劉興，是劉縯的二子，劉秀在舂陵鄉起義同王莽軍交戰失敗，二哥劉仲死於亂軍中，劉秀封劉興為魯王，意思是要他繼承劉仲。泗水王劉歙，是劉秀族父，更始政權建立後，他隨同劉玄入關，被封為元氏王，更始政權滅亡後，劉歙「東奔洛陽」，又被劉秀封為諸侯王。

分封諸王時，劉秀的佔領區還很小，大部分受封的宗室都沒有前往自己的封地。這些受封的宗室不能到封國，固然有劉秀統治區狹小的因素，但重要的是劉秀害怕他們利用諸侯王的封號擴展勢力，從而威脅到自己的統治。除此之外，劉秀還把西漢時期的十三個諸侯國做了合併，劉秀省併這些諸侯國，顯然是不想使這些諸侯國重新分封。

劉秀所實行的這些措施，是他對漢朝建國初年的分封制度的大規模改革。實行這種改革可以使他的專制集權統治地位穩固，避免來自受封為諸侯王的宗室方面的威脅。

劉秀在改革分封諸侯王的制度後，接著又面臨分封他的親子的問題。他「封皇子輔為右翊公，陽為東海公，英為楚公，康為濟南公，延為淮陽公，蒼為東平公，荊為山陽公，焉為左翊公，衡為臨淮公，京為琅琊公」，後來又將這些「公」都改成「王」。

伴隨著劉秀恢復王的稱號，原來被貶為「公」的一些諸侯王也恢復了王的爵位。但並不是所有的諸侯王都恢復了王的稱號，只有那些在血緣上與劉秀關係近的叔侄才有這個待遇。

劉秀雖然分封了皇子，恢復了一些叔侄的王的稱號，但是他對受封者還是加以限制的。首先，他限制受封諸侯王的封地，大多數諸侯王的封地都是不大的，只有個別除外。如原來曾是皇太子的劉強，因其母郭后被廢，而失去皇太子地位。劉秀「以強廢不以過，去就有禮，故優以大封，兼食魯郡，合二十九縣」，這是劉秀封皇子最多土地者。而楚王劉英，因其母許氏無寵，故而封地最小，尚不足一郡。但這些情況都只是特例，與諸皇子在家族中所處的地位有關。其次，限制諸侯王制民，只讓他們享有衣食租稅，而不讓他們參與政事。為了更有效地貫徹這一措施，劉秀加強了諸侯王國中相的權力。再次，劉秀限制受封皇子的「就國」時間。表面上看，劉秀是出於對皇子們的關心。事實上，他是要把這些受封的皇子們集中在京城洛陽，利於對他們進行控制。最後則是打擊諸侯王同賓客結交。由於劉秀限制受封諸侯王的「就國」時間，這些在京城的諸侯王往往廣交賓客，而所交的賓客多是一些有權勢者，因此劉秀對諸侯王結交賓客是極為反感的。他知道諸侯王大量結交賓客，必然造成他們個人勢力的擴大，會危及他的統治。

劉秀建國後，在延續西漢分封制度的基礎上做了一些改革，對受封者的限制是大大加強了。在他統治期間，諸侯王叛亂的事件很少發生。從這一點看，劉秀對諸侯王的限制政策是成功的，既鞏固了劉氏的天下，又使自己的專制集權統治和政局更加地穩定。

08 以儆效尤：嚴於律己，嚴防外戚干政

外戚干政，是西漢政權傾頹的一個重要根源。要穩定政局，君主就得嚴格要求自己的親人，約束他們的不法行為。這一點，劉秀基本做到了。

劉秀意識到外戚干政是導致西漢末期政權易手的一個主要根源。為此，在東漢政權建立之初，為避免重蹈覆轍，劉秀規定：凡后族、宮戚皆「不得封侯與政」。當時居住在京城的皇親國戚驕奢淫逸、專橫跋扈，他們的家奴也狗仗人勢、胡作非為，京城百姓敢怒而不敢言。皇親國戚們根本就無視法令的存在，要想徹底扭轉這一局面是很難的。因此對於那些不避強權、打擊不法后族的嚴明官吏，劉秀堅決予以支持，並加以獎勵。董宣便是劉秀特召來約束皇親權貴們不法行為的一名酷吏。

董宣生於西漢末年，是河南陳留縣圉鎮（今杞縣境內）人，出身寒門。光武帝建東漢後，廣選人才，他在司徒侯霸的推薦下出去做官，升到北海相的位置上，後又遷為洛陽令。

董宣到任不久就接到下屬的報告，說：「光武帝的姐姐湖陽公主寵信的一個惡奴，在公主

的庇護之下到處為非作歹，竟然在光天化日之下殺了人，並逃到公主府中不出來。」董宣一聽，根本不顧公主的情面，馬上派衙門裡的吏卒前去拿人，然而卻被湖陽公主擋在大門外，無法抓到凶犯。

董宣不相信那個惡奴從此不再跨出府門一步，就布置手下在湖陽公主府第附近暗中監視。過了一些日子，湖陽公主帶著那個殺了人的惡奴一起出門了。董宣得到消息，便親自帶著衙役守候在公主的必經之地，把公主的車隊攔了下來，請公主把惡奴交出來。湖陽公主豈肯受制於董宣，便沉下臉來說：「大膽，洛陽令董宣！竟敢攔阻我的車馬！」

董宣唯法是尊、不畏權貴。他把腰刀往地上一拄，厲聲斥責公主庇護殺人惡奴犯了國法。說完，董宣不顧公主阻撓，把那個殺人惡奴拖下車來就地正法了。湖陽公主當眾受到了羞辱，立刻氣急敗壞地掉轉車頭直奔皇宮向光武帝告狀。

董宣處決了湖陽公主的家奴，便做好了被殺頭的準備，於是上朝負荊請罪。這時，湖陽公主在光武帝面前又哭又鬧，光武帝也是大發雷霆。董宣還未等光武帝開口，便磕頭請求道：「請陛下容我說一句話再死。」光武帝怒氣沖沖地說：「你犯了大不敬罪，還有什麼話可說！」董宣從容不迫地答道：「陛下聖德，中興漢室，可如今您卻縱容公主的惡奴殘殺良民，還憑什麼去治理天下呢？臣不須用箠殺之刑，請允許臣自殺。」說罷，董宣站起身來一頭撞向殿上的柱子，頓時血流滿面，光武帝趕緊命令太監上前抱住了董宣。

其實光武帝聽了董宣的一番話之後，就已明白董宣的做法是對的，公主是無理取鬧。但礙於姐姐湖陽公主的面子，光武帝就命董宣向公主磕頭賠罪可免一死。董宣卻因自己是秉公執法而執意不肯謝罪、光武帝只好命兩個太監按住董宣的腦袋，強迫他給公主磕頭。為人正直的董宣還是不肯低下頭去，最後光武帝只能自我解嘲地笑了笑，揮手說：「算了，算了，把這個硬脖子的洛陽令攆出去吧！」

後來漢光武帝不但沒定董宣的罪，還嘉獎他執法不避權貴，賞賜他三十萬錢。如此一來，外戚的參政權力被限制、削弱，外戚干政的威脅得到了有效的控制，皇權也得到了有效的加強，這對於穩定東漢封建政權上層秩序有著重要意義。

09 神化皇權：頒行讖緯，作為統治思想的工具

君權神授學說是中國皇帝制度長期延續的重要理論依據。歷代統治者都充分利用神權來加強君權的不可侵犯性，一方面在客觀上維護了政權機構的穩定，另一方面則是部分帝王自身用來安定內心的。

本來光武帝是不相信讖緯這些東西的，後來發現它實在是維護自己政令和統治的「法寶」，於是便大肆推行以作為法定的思想統治工具。

讖緯是一種庸俗經學和封建迷信的混合物。讖是用詭秘的隱語、預言作為神的啟示，向人們昭告吉凶禍福、治亂興衰；緯是用宗教迷信的觀點假託神意對儒家經典所作的解釋。王莽篡奪西漢政權就大肆利用了讖言。王莽以符命取代西漢王朝建立新朝，劉秀正是在這個讖緯之言盛行的年代成長起來的，因而讖緯在他的思想上打下了深深的烙印。

東漢的開國功臣李通就是一個旁證，李通是製造「劉氏天子，李氏為輔」的讖緯人之一。李通的弟弟李軼是更始政權的核心人物，也是殺害劉秀兄長劉縯的凶手。儘管劉秀後來施行韜

晦之策，但還是不能原諒李軼，終於藉助朱鮪之手殺掉了李軼。然而對於李通，劉秀不但委以重任，而且還讓他參與朝政，李通本人多次辭退，但是劉秀不允許，而且加封李通的小兒子為侯爵，而劉秀回到南陽，還派人專門祭祀李通的父親，劉秀這樣做其實是因為看到了讖緯之學給自己帶來的好處。

由於劉秀的大力提倡，讖緯之學越發興盛起來，在當時被稱為「內學」，儒學生徒都要記誦讖緯，對策試文也要引用讖記。不僅如此，劉秀還對一些不懂讖緯和反對讖緯的學者進行懲罰。

有一次，劉秀問郊祀的事情，想用圖讖決斷，徵求太中大夫鄭興的意見。鄭興回答說：「我從不接觸讖緯的學說。」劉秀聽了後大怒，反問道：「你不接觸讖緯的學說，是在反對讖緯的學說了？」鄭興看到劉秀如此生氣惶恐萬狀，馬上恭敬地解釋說自己才識學淺，不懂讖緯之學，沒有資格去反對，這才倖免。鄭興是當時著名的學者，因為「不善讖緯」，始終沒有得到重用。不信讖緯之學的士人得不到重用，那些反對讖緯之學的士人的下場就更為悲慘了。

桓譚也是當時著名的學者，在劉秀建天文臺時指斥讖緯荒誕，差點被劉秀砍了腦袋。桓譚叩頭謝罪很久才免於一死，但被貶為六安郡丞。桓譚鬱積成疾，還未到任就死在了半路上。劉秀對桓譚的嚴厲處罰使朝野大為震恐，從此朝廷上再也沒人敢公開指責迷信活動了。不久，劉秀「宣布圖讖於天下」，也就是把圖讖國教化。

劉秀晚年，大司空張純等人曾經根據讖緯之術請開明堂，劉秀照辦。後來劉秀又根據圖讖封禪泰山。

建武三十年（五四年）春，劉秀打算東巡齊魯一帶，張純等大臣上奏說：「自古以來，受大帝之命而做人間帝王的，治理國家有了成績一定要舉行封禪大典，向大帝報告自己的成功。」但是劉秀認為國家距離「國泰民安」還相距甚遠，舉行封禪報功有些不合時宜，因而沒有採納眾臣的建議。其實劉秀的內心裡還是很想舉行封禪大典的，之所以沒有答應大臣們的要求主要是因為沒有找到進行封禪的讖緯依據。

西元五六年，劉秀夜讀讖緯之書《河圖會昌符》時，發現書上有這樣的話語：「赤劉之九，會命岱宗。」劉秀認為書中的「赤劉之九」指的就是自己，因為他是高祖皇帝劉邦的九世孫。「岱宗」指的是泰山，整個緯文的意思是：「赤帝劉邦的九世孫，際會天命於泰山。」劉秀還不放心，命大臣們收集整理關於要求劉秀封禪泰山的緯文，大臣們很快就找到了三十六條這樣的緯文。如此一來，劉秀就決定封禪泰山了。

讖緯之學固然是自西漢後期以來社會上流行的一種思潮，但與統治者的需要也是直接相關的。劉秀把讖緯作為一種重要的統治工具，是想為自己的統治找到一個合法的理由。在當時讖緯之學盛行的風氣下，劉秀利用人們對此相信不疑的心理更好地統治天下，穩固了劉氏的江山。

10 當機立斷：改易太子，廢郭氏立陰氏

權力的交接在歷朝歷代都是一件大事，也是一件讓統治者頭疼的事，如果選擇的繼承人是個庸君，就可能危及家族的統治。劉秀可謂慧眼獨具，當機立斷地做出了明智的選擇。

歷代皇帝在晚年時，考慮最多的便是立太子安天下的問題，光武帝劉秀也不例外。劉秀在定奪是非優劣之間能當機立斷、果敢決策，不愧是一代明君。這在他處理廢立皇后的事件上表現得尤為突出。

劉秀最初娶的是陰麗華。陰氏為新野有名的美女，出自名門望族，從小知書達理、美名遠揚。年輕的劉秀對陰麗華一見鍾情，當時還是一介布衣的劉秀有兩大人生目標：「仕宦當作執金吾，娶妻當得陰麗華。」更始帝元年（二三年），二十九歲的劉秀與陰麗華終於喜結良緣。

婚後，劉秀仍繼續致力於反莽鬥爭。征討王郎時，劉秀同族真定王劉揚擁兵十多萬，效忠於王郎，不肯歸附劉秀。劉植前往勸說劉揚，劉揚勉強同意，卻提出了讓自己的外甥女郭聖通

與劉秀結親的條件。於是更始帝二年（二四年），劉秀令劉植為媒，擇日親往真定郡迎娶郭聖通。劉秀的這場政治婚姻取得了明顯的效果，在劉揚軍隊的協助下，劉秀一舉消滅各路起義軍，並於西元二五年建立了東漢王朝。

即位後，劉秀很是為難，一面是自己的結髮之妻陰麗華，一面是自己的繼娶之妻郭聖通。如果有得選擇，劉秀只願意讓陰麗華做皇后，可是郭聖通與自己也有夫妻情誼，而且她不但有兒子，背後還有舅父劉揚的十萬大軍。劉秀只好把封后一事暫時擱置下來，封她倆為僅次於皇后的「貴人」。正在這時，沒安好心的真定王劉揚謀反事洩被殺。劉秀原本以為可以理直氣壯地立陰麗華為皇后，但陰麗華藉母以子貴為理由拒絕了。在陰麗華的堅持下，西元二六年六月，劉秀立郭聖通為東漢王朝第一任皇后，她所生的兒子劉強成為第一任皇太子。

而此時東漢王朝的天下還沒有完全平定，劉秀為了彌補對陰麗華的愧疚，每次行軍打仗都將陰麗華帶在身旁。西元二八年，就在劉秀征討彭寵時，陰麗華在中軍帳裡生下了她和劉秀的第一個孩子：未來的漢明帝劉莊。

隨著時間的推移，郭聖通與陰麗華都為劉秀生下了一群子女。郭皇后的心態在慢慢地轉變，尤其是當陰麗華生下兒子，郭聖通的心思更是急劇地轉變了。

郭聖通知道自己之所以能坐在皇后的位置上，完全是因為陰麗華當時沒有兒子謙讓的結果。而現在陰麗華已經有兒子了，並且劉秀對她的恩愛日久彌堅。郭聖通害怕有一天陰麗華會利用劉秀的寵愛而對自己不利，到那時自己和孩子恐怕都沒有好的下場，這種想法使得郭皇后對劉秀和陰麗華更加怨恨。這種怨恨之情明顯違背了劉秀宣導的「宮教」，再加上郭皇后不能同宮內其他妃妾友好相處，更不能很好地撫育其他妃妾的子女。劉秀遂於建武十七年（四一年）一紙詔書廢除了郭皇后，立陰麗華為皇后。儘管殿中侍講郅惲等曾經進言慎待皇后，劉秀仍堅持自己的決定。後來劉秀又同意了太子劉強的請求，廢止劉強太子的地位，而改立陰麗華的兒子東海王劉陽為太子，並改名劉莊，這就是後來的漢明帝，陰麗華後被稱為光烈皇后。

劉秀在廢掉郭皇后改立太子這件事上是很明智的，不僅因為他更加鍾情於陰麗華，最重要的是為大漢江山考慮，是想讓劉氏的江山更永固，他不想在他死後出現第二個「呂雉」，也不想讓他的愛妃陰麗華成為第二個「戚夫人」。

第十二章　守成之君　明帝劉莊

東漢第二代皇帝是漢明帝劉莊（二八年——七五年），他是光武帝劉秀的第四子。原名劉陽，建武十五年（三九年）被封為東海公，建武十七年晉爵為王，建武十九年被策命為太子，後改名為劉莊。建武中元二年（五七年）繼位，在位十八年。諡號「孝明」，廟號「顯宗」。

漢明帝統治時期，吏治清明，朝政穩固，對外基本上消除了周邊少數民族的侵擾，邊境安寧，國家經濟也得到了一定程度的發展，明帝因此成為中國歷史上較有名的守成之君。

01 嚴切鎮壓：平宗室諸侯王謀反

為了鞏固自己的統治地位，封建君主常以非常手段來鎮壓眾臣。

漢明帝雖是一位「守成之君」，但他與父親光武帝「以柔道行之」的執政方略大有不同，明帝執政素有嚴切之風，他為了控制宗室諸王，採取了非常「嚴切」的手段，對他們加以約束與打擊。明帝不斷減少諸王食俸收入，使他們的經濟實力大為削弱。永平十五年（七二年），明帝分封皇子的領地，比原來的諸王都減少了一半左右，此前大約是以九～十縣為準，此後則只有四～五縣。明帝認為自己的孩子不能夠等同於先帝的皇子們，認為每年給他們二千萬的食俸就足夠了。相比較之下，明帝時諸王的地位與光武時期侯的地位相差無幾，明帝的做法使得諸王的地位急劇下降，經濟實力也嚴重降低了，從而無法與中央相對抗。

明帝對宗室諸王及皇子的抑制與打擊強度非常大。永平十三年（七〇年），楚王劉英與方士結交，被一位名叫燕廣的人發現，燕廣遂告發他與漁陽王平、顏忠等「招聚奸猾，造作圖讖，擅相官秩，置諸侯王公將軍二千石，大逆不道」。明帝將劉英流徙於丹陽涇縣，劉英到丹陽後自殺，而「楚獄遂至累年，其詞語相連，自京師親戚諸侯州郡豪傑及考案吏，阿附相陷，坐死徙者以千數」，被牽連入獄者達數萬人。

光武帝劉秀有十一個兒子，明帝即位，臨淮公劉衡早卒，原太子劉強在被廢後於永平元年憂鬱而死，剩下九王中有七王在明帝朝因「謀反」、坐法等而受到不同程度的打擊。沛獻王劉輔在出獄後，研讀經書，算是找到了避風之所；山陽王劉荊、楚王劉英以「謀反」的罪名被迫自殺；淮陽王劉延在兩次謀反後被嚴加「監護」；中山簡王劉焉因殺一姬被國相舉奏，坐罪削縣；濟南王劉康在被打擊後，「尊貴驕甚」，效法琅琊孝王劉京多殖貨財、奢侈恣欲，走上了一條腐敗自沉的道路；最受明帝尊寵的東平憲王劉蒼，也在輔佐明帝穩定天下以後，因明帝的猜忌心理於永平五年不得不要求返回藩國。此外，如東海王劉強子政、濟南王劉康子錯都因「淫欲薄行」、干亂法紀而被治罪；淮陽王劉延子魴及同族嵩、信、平、遵等皆因與諸王交通、謀反坐法或除國。

漢明帝為了維護自己的統治地位，不惜採用非常手段來打擊同族勢力，致使諸王在重壓之下生存。

02 防範外戚：承繼光武遺風

倚用宦官、放縱外戚，一般都是昏君所為，於是加強皇權的政治措施也就成為了漢明帝的統治策略。漢明帝嚴厲處理外戚，鞏固了自己的統治地位。

漢明帝劉莊三十歲即皇帝位，思想已比較成熟，且有一定的理政經驗。他在位期間，繼續推行光武帝加強皇權的一系列統治措施。為了穩定統治階級內部，他不僅對宗室嚴加控制，對外戚也嚴加防範，並且還下令禁止後宮嬪妃的娘家人被封侯和干預朝政。除了不許外戚干預朝政外，他還命令陰氏、鄧氏等外戚家族互相揭發對方的不是，因此外戚在漢明帝的控制之下沒有掌握大權。

明帝即位後，為了表彰為東漢建國立下汗馬功勞的開國元勳，將二十八位將軍畫像供於雲台。明帝的岳父馬援也曾追隨光武帝南征北戰，明帝對馬援卻不予供奉。大臣們因此得出一個信號：明帝是在限制和約束外戚。明帝在位時，他的大舅子以及小舅子馬廖、馬光、馬防的職位都不超過九卿。

明帝永平二年（五九年），皇親陰豐犯殺妻之罪，按律當斬。陰豐的父親是漢明帝之母陰太后的弟弟，明帝不顧當時還健在的陰太后的面子，絲毫不加以寬貸，下令將陰豐處死。陰豐的父母也因受牽連而自殺，陰家的封國新陽侯國被取消。

竇融也是東漢開國功臣之一，他為人正直，卻不善於約束自己的家人和子弟，他的堂兄之子竇林因為犯罪而被明帝處死。竇融的長子竇穆是光武帝的駙馬，因為封地離六安國比較近，竇穆就想佔據六安。他假傳陰太后的旨意，讓六安侯劉阿休掉自己的結髮妻子，續娶自己的女兒。此事後來被明帝得知，竇穆被免官，竇氏一族，除了竇融留京外，全部被遷回故郡。竇融也被明帝斥責，嚇得辭職回家養病。竇穆一家雖然被赦免，允許回京城居住，但明帝派人嚴格監視他們。竇穆心懷不滿，經常口出怨言，又賄賂官吏，結果他和兩個兒子，以及後來赫赫有名的外戚竇憲的父親竇勳都死在了獄中。

通過這一系列的事件，可以看出明帝在處理外戚的事情上相當嚴厲，幾乎達到了殺一儆百的目的，所以明帝朝沒有出現外戚參政的情況。

03 馬后其人：深明大義，母儀天下

皇帝面臨難題，馬皇后會為其出謀劃策，但從不藉機為自己的家族撈好處，她深明大義，從不干預朝政，每每讓家族渡過了難關。

漢明帝的皇后馬氏是中國歷史上有名的賢內助，她的父親是驍勇善戰的東漢開國名將伏波將軍馬援。馬援為人正直，就是太過於實在，口風直爽，因而得罪了很多人。馬援病死之後，他生前曾得罪過的人紛紛向皇帝告狀。光武帝的女婿梁松也曾被馬援得罪過，因而也在光武帝面前告他。光武帝英明一世，卻在此時相信了小人的讒言，追繳了馬援的新息侯印。儘管後來光武帝平反了這個冤案，但馬家的地位在馬援死後已經遠遠不如從前了。

京城各貴族見馬家失勢，藉機欺負馬家。馬援的侄子馬嚴對此非常氣憤，就上書光武帝請求讓馬援的女兒入宮作儲王妃，他想用這個方法振興馬家。光武帝或許還念著馬援的舊情，便選了馬援的小女兒入太子宮，也就是後來的明帝皇后。

劉秀做出的決定出乎很多權貴的意料，但對於馬嚴卻是個天大的驚喜。馬氏入太子宮成為太子妃後，得到了皇后陰麗華的格外照顧。陰皇后對馬氏的孝順溫和非常喜愛，經常讚不絕口；馬氏的品行也得到了太子劉莊的喜愛。

明帝劉莊即位後，由於他對馬氏的寵愛，沒有顧忌她沒有親生兒女，也沒有顧及馬氏家族已衰的事實，在太后陰麗華的支持下，明帝繼位三年後冊立馬氏為皇后。

明帝登基後，一些王公大臣們紛紛將自己的女兒送進宮中，期盼著能夠藉此成為皇親國戚。在這些新入宮的女子中有一位賈氏，賈氏入宮不久，就為明帝劉莊生下了兒子劉炟。

明帝依例將生育了皇子的賈氏晉封為貴人，然後把賈氏所生的兒子劉炟交給馬皇后撫養。馬皇后非常感謝丈夫對自己不育的體諒，悉心撫養這個孩子，她事事親力親為、無微不至，給這個孩子的母愛甚至超過了宮中其他妃嬪養育親生孩子的付出。馬氏與養子之間彼此相親相愛，毫無芥蒂。

馬皇后的賢德，使陰氏家族、賈氏家族以及另兩位嬪妃家族甚至滿朝公卿大臣都無話可說。明帝永平三年（六〇年），馬氏成為明帝劉莊皇后的同時，其養子劉炟被冊立為皇太子。

馬氏做了皇后之後從不干預朝政，但她對世事卻能明斷其理，這一點讓明帝十分佩服。馬氏常常在明帝身邊服侍，明帝遇到政務上的難題也讓她幫著出主意，馬皇后卻從不藉機為自己的家族撈好處，可以說是一位史上難得的好皇后。

第十三章　寬厚無為　章帝劉炟

東漢第三位皇帝是漢章帝劉炟，他是漢明帝劉莊的第五個兒子。劉炟生於建武中元二年（五七年），永平三年（六〇年）四歲時被立為太子，永平十八年（七五年）即皇位時年十九歲。第二年改年號為建初（七六——八四年），後來改元元和（八四——八七年），三年後又改元章和（八七——八八年），在位十三年。

01《白虎通義》：尊崇儒學，確定禮制

社會政治層面功能的形成和加強，使儒學不再是單純的倫理道德修養和政治理想的學說，而是具有了社會制度方面律條的作用。

從西漢初年叔孫通制禮作樂開始，儒家思想漸漸得到皇家的重視。漢武帝採納經學大師董仲舒之議，獨崇儒術，罷黜百家。經義為漢治法，攻讀儒經便成了經師們榮顯的專門行道。但漢武帝採取相容並蓄的態度，分別為當時有名的儒家學派在太學設一講座，稱為學官。自此以後，儒家學說經政府的宣導，獲得了廣泛的傳播，越傳越多，越傳越繁瑣。漢宣帝甘露三年（前五一年），鑒於當時諸經分派分支太多，對經義的解釋也各有差異的狀況，宣帝制訂了「石渠閣（**未央殿北藏秘書的地方**）奏議」，使之成為西漢封建政權第一套完整的法典。西漢末年，哀、平之際，儒家哲學內部發生經學今文、古文派之爭，從此以後二派鬥爭激烈，你消我長。

東漢光武帝建武中元元年（五六年）宣布圖讖於天下，進一步把儒家經義與讖緯圖書等迷

信的東西結合起來，完成了東漢國教的形式。讖與緯連稱，是一種長期的發展結果，即總結過去所有的具有一定性質的預言，而用以解釋一般性質的儒家經典，使那些預言與儒家經典相交織，使聖人的教條與神靈的啟示合二為一。就這樣，聖經變成了天書，孔子就變成了神人。

到了漢章帝建初四年（七九年），東漢光武的法典和國教更加系統化了。當年，章帝將大夫、博士、議郎、郎官及諸生、諸儒集會白虎觀，講義五經同異。使五官中郎將魏應承制問，侍中淳于恭奏，章帝親臨現場裁定對錯，決定取捨。這樣一連數月，問題才得以解決，這就是白虎觀奏議。欽定的奏議，賦予了漢光武帝以來儒家經典與讖緯迷信相結合的神學性與國教化性質。作為這次歷史性會議結果的集中體現者，是典籍《白虎通義》，又稱《白虎通德論》、《白虎通》等，班固作為史臣對「白虎奏議」做了系統整理。

從《白虎通義》所引的經傳來看，它包括《易》、《詩》、《書》、《春秋》（包括各家的《序傳》）、《禮》、《樂》、《論語》、《孝經》以及各種逸文。《白虎通義》實際是白虎觀奏議的記錄。全書共分四卷，書中除徵引六經傳記外，雜以讖緯，將今文經學與讖緯糅合一起，體現出了東漢統治思想的特點。

02 禮遇諸王：恩寵有餘，遺禍無窮

君主個人性格的缺陷，往往在治國方面體現得很明顯，寵信臣子為的是更好地治理國家，但有時政事卻毀於君主的寬仁。

東漢建國伊始，漢光武帝與明帝兩朝對宗室諸王的抑制措施都非常嚴厲，實行藩王年長都遣返回國，一律不准滯留京師的規定；並且嚴禁諸王結交賓客，以防結黨營私。尤其明帝劉莊對劉氏宗族的摧殘達到了頂峰。章帝劉炟對此感到「痛心疾首」，他即位之後便千方百計地維護宗室諸王的利益。

章帝即位後，於建初四年（七九年）下詔「令諸國戶口皆等，租八歲各八千萬」。明帝時分封諸王，每年食俸才二千萬；章帝此舉比明帝時提高了四倍。漢制皇女皆封為鄉、亭公主，章帝又將東平憲王劉蒼女、琅琊孝王劉京女特封為縣公主。

諸王受封後按規定必須立即就國，但章帝違反常規，恩寵逾制、禮敬過度。建初三年（七八年），廣平王劉羨、巨鹿王劉恭、樂成王劉黨都應到封地就任，但當有司上奏時，由於

章帝「篤愛」不忍與諸王離別，便都留在了京師。章和二年（八八年），濟南王劉康、阜陵王劉延、中山王劉焉來朝，章帝又把他們及其子弟長期留在了京師。章帝對諸王的賞賜也十分優厚，僅東平王劉蒼就「賜錢前後一億，布九萬匹」；另外，章帝還對諸王及其後代多予增土、封侯，如增封樂成王劉黨八縣、梁節王劉暢六縣、下都惠王劉衍十七縣，封趙孝王劉良利十人為亭侯、沛獻王劉輔子十二人為鄉侯等。

章帝比較倚重東平王劉蒼，在遇到爭議比較大、難以決斷的問題時，總是派人前去劉蒼處問詢，而劉蒼則每次都根據情況認真分析，給章帝一個合理的決斷作為參考，其建議常被採納。劉蒼年逾古稀之際來京城朝拜章帝，章帝親臨其京師宅邸並親自檢查他的生活用品。一個多月後，劉蒼欲返回封地，臨行之前章帝流涕相送。劉蒼回到封地後便一病不起，章帝派遣宮廷名醫前往候治，派遣朝廷小黃門前去侍奉，派往探視病情的人員不斷，可以說章帝對劉蒼及諸王的禮遇達到了極限。

但是章帝所沒有料想到的是他寬厚待人卻造成了人們無視禮法、違背制度的現象，他寬厚理事卻造成了國事的最終禍亂；他珍惜用財卻天災不斷，國資損耗，財用近於枯竭。章帝對宗室諸王放鬆控制，他們得到優待之後並不滿足，反而有恃無恐更加放縱，他們生活腐化侈靡、驕奢淫逸。章帝的省刑慎罰一方面緩和了明帝時期刑罰嚴酷帶來的一些矛盾，另一方面卻也使大富奸臣貪官污吏枉法於上，東漢後期土地兼併嚴重、吏治腐敗黑暗，不能不說是由於章帝的寬仁所致。

03 廢立太子：竇皇后橫刀奪愛

外戚專權的勢力逐漸囂張，倚仗手中的權力，為了自己的利益不惜一切代價，甚至橫刀奪愛。

對外戚的縱容以及外戚違法的事情發生後不能進行明斷，是漢章帝所犯的最大錯誤。章帝寵信竇后，放縱外戚，改變了光武帝和明帝的政策，最先開創了東漢外戚任政的惡例。漢章帝的皇后竇氏是竇融的曾孫女，父親竇勳。建初二年（七七年），竇氏與她的妹妹被選入長樂宮，第二年竇氏被封為皇后，她的妹妹也被封為貴人。竇皇后登上後位不久，漢章帝便下詔封她的哥哥竇憲為郎，封她的弟弟竇篤為黃門侍郎，一起打理宮中機要政事。竇氏兄弟恃寵日驕、肆意妄為，致使大族世家無不畏憚。竇氏的囂張氣焰和勢力擴張，引起了朝臣的警惕，司空第五倫曾上疏指責竇憲擁兵自重、交遊賓客，章帝對此也不警覺。

有一次，竇憲看中了漢明帝女兒沁水公主的園田，就用低價強行侵奪，公主也不敢計較。竇憲強「買」沁水公主園田的事情傳到了章帝耳中。有一次，章帝讓竇憲陪同巡幸，路過沁水公主園田時故意委婉地問起竇憲，見他言辭閃爍，才知傳聞是真的。儘管章帝當時龍顏大怒，卻因竇皇后撕毀衣服代為謝罪，而章帝最終以竇憲歸還公主園田了事也就沒有治其罪。這種欺君之罪的處理方式未免太過寬宏大量，它所導致的直接後果便是竇氏家族對皇權的日漸藐視。竇氏連漢家公主的田地都敢公然侵奪，可想而知百姓的土地就更不在話下了。章帝不深究，大臣們便不敢再言語，於是外戚更加有恃無恐，官吏便開始為所欲為，東漢後期朝廷也就每況愈下，直到走向滅亡。東漢後期朝政腐敗，官吏奢靡、土地兼併、外戚宦官專權，最終導致劉家政權的滅亡，漢章帝無疑扮演了一位禍首的角色。

章帝的後宮中，與竇氏姐妹同年入宮的還有宋楊的兩個女兒、梁竦的兩個女兒，她們與竇氏同時被封為貴人。建初三年（七八年）二月，大宋貴人生下皇子劉慶。建初四年（七九年），劉慶被立為太子。同年，小梁貴人生下皇子劉肇，被竇皇后收為養子。竇皇后為了達到專寵的目的，開始陷害宋貴人。章帝在竇皇后三番五次的挑撥之下，於建初七年（八二年）下詔廢皇太子劉慶為清河孝王，改立劉肇為皇太子。

竇皇后收養了劉肇之後，劉肇的生母小梁貴人非常高興，卻引起了竇皇后的極大反感，於是竇皇后又對梁貴人姐妹百般陷害，梁貴人姐妹憂鬱成疾，不久便死去了。

竇皇后按自己的意願廢立了太子之後，又想按自己的意願重排朝廷的位置。竇氏家族在明帝時幾乎遭到了毀滅性的打擊，而馬氏家族仍居顯要位置。馬氏家族代表人物馬廖謹慎篤誠、匿能自守，其子弟卻往往驕奢放縱，章帝早有察覺，並多次加以訓誡、約束，因此馬氏家族權勢漸微。

章和二年二月，章帝劉炟病逝於章德前殿，享年三十一歲。十歲的太子劉肇即位，即漢和帝，從此就由竇太后掌權了。

第十四章 少年天子 和帝劉肇、殤帝劉隆

東漢第四代皇帝是漢和帝劉肇（七九年——一〇六年），他是漢章帝的第四子，生於建初四年（七九年），親生母親是梁貴人，後被章帝竇皇后收於膝下。他於建初七年（八二年）被立為皇太子，章和二年即帝位。在位十七年，諡號「孝和皇帝」，廟號「穆宗」。

東漢第五代皇帝是漢殤帝劉隆（一〇五年——一〇六年），出生僅百日登基，在位八個月即夭折，年僅兩歲。是中國歷史上即位年齡最小、壽命最短的皇帝。

01 太后專權：位高權重的外戚竇氏

外戚專權，奸臣當道，年少英明的和帝一腔熱血灑於東風，斬除外戚奪回了劉家的皇權。

和帝即位時只是十歲的孩童，皇權自然落到竇太后手中，竇太后採取了一系列措施來鞏固皇權，實質是維護竇氏家族的利益。

首先，是封官集權。竇太后所封之官，要麼是她的親屬，要麼就是肯順她意的朝臣。竇太后之兄竇憲由虎賁中郎將提升為侍中，掌管朝廷機密，負責發布王命；她的弟弟竇篤任虎賁中郎將，統領皇帝的侍衛；另外兩個弟弟竇景、竇環都任中常將，負責傳達詔令和統理文書工作。經過這番任命，竇氏兄弟就都處於皇帝身邊的顯官要職之位，自然也就掌握了國家的政治中樞。

其次，宣布解除郡國鹽鐵的禁令。竇太后為了迎合豪強地主的利益，大開鹽鐵禁令，環境遭到破壞，資源被浪費，稅收減少了，豪強勢力逐步壯大，國家利益卻被損害。

然後，竇太后又因私利去攻打北匈奴。南匈奴單于在北匈奴遭受災亂之時，請求大漢王朝幫助他掃平北匈奴，但朝臣們並不同意去管他國之事。由於竇憲無視皇權，刺殺了來京都洛陽弔唁章帝的都鄉侯劉暢，竇太后為使竇憲免遭處罰，便派他為車騎將軍，與南匈奴一起攻打北匈奴。

竇憲率軍於永元元年（八九年）與北匈奴軍大戰於稽落山，大獲全勝，追擊餘部一直到私渠比鞮海。出塞三千餘里，登上燕然山（今蒙古人民共和國杭愛山），刻碑銘功後班師回朝。得勝還朝後的竇憲更加不可一世，他刺殺劉暢之罪沒有人再敢提起，竇太后將其加官封爵，升任大將軍，又封為武陽侯。大將軍一職位居三公之上，僅次於太傅了。跟著沾光的還有：竇篤升任衛尉、竇景和竇環升任侍中。竇氏兄弟驕奢日盛，滿朝文武無人敢違，漢家江山儼然為竇家所有。

尚無執政能力的和帝只得任由竇太后獨斷專橫，將政權攬於自己一人之手。竇太后把大批竇氏家族子弟和親朋故舊升任為朝官或地方官，從而上下勾結，報復打擊、專權放縱、為所欲為。其弟竇景放縱奴僕胡作非為，甚至大白天公然攔路搶劫，侮辱婦女，相關部門竟不敢言。其兄竇憲養了許多刺客實行暗殺政策，謀害那些具有宿怨私仇、持有不同政見、可能危害竇氏的人。竇太后依靠著至高無上的地位和權力來滿足一己私欲。永元元年（八九年）正值竇憲徵兵北伐匈奴，竇太后下詔為弟弟竇篤、竇景修建豪華住宅，府第相連，佔地無窮，大興土木所耗費的人力、物力、財力，更增加了人民負擔。

從和帝即位到永元四年（九二年）上半年的近五年時間裡，竇太后一直把持朝政，和帝實際上只是一個傀儡皇帝。隨著竇家權勢、欲望的膨脹，竇氏甚至有了竊據皇位的念頭，打起了誅殺和帝的算盤。漢家江山正處於危急之中。

02 奪權親政：排除異己，整頓朝綱

封建統治階級政權利益的鬥爭，可謂極為激烈，為了達到自己的欲望，各方努力展開爭鬥，最終的結果往往是奪權篡位，和帝的公正處事維護了自己的政權。

隨著年齡的增長，漢和帝劉肇越來越懂事，他已看出竇氏專權的危害，在那些忠於劉氏家族的大臣的引導之下懂得了維護漢家江山的重要性。另一方面，權勢日益膨脹的竇氏家族也感到了和帝成人後潛在的威脅，他們不惜鋌而走險陰謀殺害和帝。竇憲與女婿郭舉及其父郭璜、部下鄧疊及其弟鄧磊等密謀殺害和帝劉肇之事，試圖篡漢家江山取而代之。和帝經人密奏得到了消息，他清楚地認識到一旦竇憲陰謀得逞，除了自己的性命難保，漢室江山將從此易姓，於是決定盡早制定對策，否則後果不堪設想。

竇家專權以來，滿朝文武只有司徒丁鴻、司空任隗、尚書韓棱等可以讓和帝信賴，但是竇氏此時已經限制了和帝與內外大臣直接單獨接觸的權力，他的身邊只有宦官能夠替他去溝通內外、傳遞信息。經過認真的觀察，和帝覺得只有中常侍候令（負責宮內河池苑囿的宦官）鄭眾

可以議此事。鄭眾服侍和帝多年，對皇室一直忠心耿耿，且為人謹慎機敏，於是和帝趁別人不在場跟鄭眾說了自己的想法。鄭眾早已看不慣外戚勢力的橫行霸道，就勸和帝早些下手。

由於竇憲正在涼州鎮守，和帝擔心一旦京城有變，他必然領兵叛亂。為了減少損失，保證事情成功，和帝下詔令竇憲來京輔政，先行把他調回來，等到竇憲回到京師再抓捕他。事情著手的頭天晚上，和帝親自御臨北宮，命令司徒兼衛官丁鴻嚴兵守衛、緊閉城門；命令執金吾、五校尉等分頭捉拿郭氏父子和鄧氏兄弟，清除了有兵力的周邊勢力。次日，和帝派謁者僕射直入竇家宣讀詔書，將竇憲的大將軍印綬收回，並限令竇憲與其弟竇固、竇景等各回封地，郭璜等人下獄處死。和帝因竇太后的養育之恩，沒有公開處死竇氏兄弟，等他們回到封地後才下令他們自殺。竇氏四兄弟中除竇環未參與謀反被免罪外，其餘全部斃命。

竇氏為維護專權安插了大量黨羽，且竇氏家族權勢的貴盛造成了一些時臣趨炎附勢成風，因此朝廷上下多有附臣與親信，和帝執掌政權後立即著手清理竇氏家族的餘黨。太尉宋由因為是竇氏黨羽而被罷免後自殺，凡是依仗竇家關係而做官的親朋故舊全部遭貶官回家。

年僅十四歲的和帝在這場奪權鬥爭中以勝利告終。整個過程乾淨俐落，並沒有引起朝野的極大恐慌與混亂，由此可見和帝的機智、敏銳、幹練與穩重。在剷除竇氏一黨的過程中，也免不了有一些挾私怨報私仇的現象發生，班固便是蒙冤而死的一位將軍。漢和帝後來知道了這些情況，便下詔譴責那些朝臣公報私仇的惡劣行徑，並將那些害死無辜之人的獄吏處死抵罪，充分表現了和帝處事公正、有錯必究的能力。

03 清明政治：以民為本，鞏固社稷

「民為邦本，本固邦寧」，國以民為本，民無信不立。民氣不順，社會就難以穩定。解民憂、順民氣，國家才能走向和諧。

一舉掃平了外戚竇氏集團的勢力，和帝開始親理政事。他非常勤懇，每天早早上朝，直到深夜仍然批閱奏章，可見他對自己皇權得之不易的珍惜。和帝親政以來從不荒怠政事，他的所作所為可以稱得上是一位英明之主。

永元九年（九七年）竇太后死。由於宮廷緊守秘密，和帝為梁貴人所生的事實始終沒有公開。太后死後，梁家才敢奏明朝廷為梁貴人討一個說法，和帝這才知道了自己的身世之謎。和帝念及竇太后對自己的養育之恩，認為不應降黜，於是不降等號，謚為章德皇后。梁貴人被追封為皇太后。

和帝深感吏治建設對一個政權的重要性，因而非常重視官吏的選擇任用。據統計，和帝當政時期曾四次專門下詔納賢。這不僅反映出東漢吏制的空虛與墮落，也表現出和帝為改變這種

現狀而做出的積極努力。

和帝一朝，曾多次平定過少數民族的叛亂。西北有西域都護班超大破焉耆，西域降附者五十餘國；東北有烏桓校尉任尚大破南單于將遼東收歸，改為渤海郡。

和帝當政時期，曾多次下詔賑災救難、減免賦稅、安置流民，告誡臣下勿違農時。和帝在法制上也主張寬刑，他任用的掌管刑獄的廷尉陳寵運是一個富於同情心的仁愛之人，每次斷案都依刑經而「務從和帝」，對有過失之人也能根據情況從寬處理。和帝十分體恤民眾疾苦，多次詔令理冤獄、恤鰥寡、矜孤弱、薄賦斂，告誡上下官吏認真思考造成天災人禍的自身原因，而他也常常以此自責。如永元八年（九六年）京城洛陽地區發生蝗災，他的憂民之心殷殷可見。嶺南（今廣東地區）出產龍眼、荔枝，為了滿足朝廷需要，往往「十里一置，五里一堠，晝夜傳送」。唐羌認為勞民傷財，因而上書請求停止，和帝批示同意，愛民之意發自肺腑。

從奪回政權到親理朝政，可以看出漢和帝是一個寬和仁愛的君主。

04 陰后鄧后：是非明辨，廢立后妃

作為一個英明的君主，明辨是非，甚為重要。是非應當明辨，這樣才能鞏固自己的皇權。

在清除竇氏集團的鬥爭中，和帝做到了明辨是非、當機立斷；在其後廢立后妃的事情上，這一點也表現得相當充分。

終和帝一朝，先後冊封了兩位皇后，一位是陰氏，一位是鄧氏。陰皇后的父親是東光武帝皇后陰麗華哥哥陰識的兒子陰綱，母親鄧氏是光武帝大功臣鄧禹的孫女。陰氏於永元四年（九二年）十三歲時入選後宮，由於她聰明嬌美、多才多藝，漢和帝非常喜歡她，不久就封她為貴人。與陰氏一樣，鄧氏也是一位世家女兒，名綏，父親鄧訓是鄧禹的第六子，官職護先校尉，母親陰氏是陰麗華堂弟的女兒。永元四年的大選中，鄧綏因父親亡故，為服父喪未能與陰氏一起參加特選，三年後才以特選資格進入皇宮。永元八年（九六年）和帝十八歲時，大長秋鄭眾奏請他冊立皇后。經過一番選擇，十七歲的陰氏被冊封為皇后，十六歲的鄧綏於同年被封

為貴人。

陰氏原本聰慧美麗，但當上皇后以後卻逐漸露出了驕縱的本性。她甚至在和帝面前也會使出小姐脾氣，更嚴重的是陰氏還善嫉妒。時間長了，和帝對陰皇后漸漸產生了不滿，對她的寵愛也大不如前。

相比之下，鄧貴人卻是深明大義、善解人意。她對自己的要求相當嚴格，每事謹慎，一切行動均遵循禮法，對陰皇后更是恭敬，對待宮女、內侍等人也十分寬厚。鄧氏在和帝面前也十分壓抑自己的個性，約束自己的行為，還時常勸說和帝不要對她特別恩寵。鄧綏有一次大病幾日，臥床不起，和帝十分憐惜，恩許她可以讓家人進宮探視，並且不限時日。鄧綏卻竭力推辭，說宮廷禁區如果外人久留會使他人不服，會批評天子徇私情，會譏諷后妃，於公於私都不宜。和帝聽後，對鄧貴人除了寵愛之外又加了些許敬重之情。

陰皇后見和帝對鄧貴人恩寵有加，便越加妒忌與不滿。鄧氏則加倍小心謹慎，生怕在陰后面前有個閃失。鄧綏見和帝對陰皇后日益冷淡，對自己日見寵愛，心中很不安寧。每當和帝想在嘉德宮留宿，她總藉口身體不適，勸和帝去陰后的長秋宮，可見鄧氏的寬宏大量。和帝看到她如此委曲求全，非常感慨她的以身養性。

永元十三年（一〇一年）夏天，和帝身患痾疾，臥床很久起不來，病情日漸加重，陰皇后見和帝垂危，開始盤算如何打擊報復鄧氏。大家都以為皇帝沒有希望了，只有鄧貴人在嘉德宮裡天天為和帝祈禱，希望他早日康復。聽說陰皇后要加害自己，鄧氏非常擔憂，值得慶幸的是和帝的病後來漸漸好轉，並能上朝理政，陰皇后的計畫也就落了空。陰皇后的外祖母鄧朱氏給她出主意，用巫術蠱道來咒詛鄧氏快快死去，以保全皇后之位。此術有違漢律，屬於非法行為，陰皇后為了鞏固自己的地位也顧不了那麼多了。

永元十四年（一〇二年）夏，有人把鄧朱氏家供蠱一事向和帝密告，和帝經查問確有其事之後非常氣憤，遂以大逆不道之罪將有關人員逮捕入獄。和帝認為陰后失德不應再母儀天下，於是派人將陰皇后從長秋宮遷出別宮居住。陰皇后追悔莫及，在憂憤和羞愧中一病不起，終於在永元十五年（一〇三年）死去，時年二十三歲。

陰皇后被廢之後，中宮缺位。和帝經過慎重考慮決定立鄧貴人為皇后，朝臣均表示同意。鄧綏當了皇后，不像陰后那樣頤指氣使，她依舊謹慎自制、帶頭節儉，凡珍奇異玩一概下令摒除，以免玩物喪志。只要有供皇子讀書所用的紙墨即可，其他一概無求。鄧皇后的所作所為給後宮帶來了一陣良好的風氣。才女班昭所做的傳世之作《女誡》七篇，就是根據鄧皇后的舉止言行加以修改補充而成的。鄧皇后在和帝死後臨朝執政十六年，兢兢業業、勤政愛民，扶持漢室謹慎守成，以致最後操勞而死，這在古代后妃中實屬罕見。和帝最終選擇鄧氏為后，可以說得上是獨具慧眼。

和帝劉肇體弱多病，和帝元興元年（一〇五年）病死，時年二十七歲。和帝死時還沒有來得及立太子，陰皇后、鄧皇后都沒有孩子，和帝的嬪妃所生之子先後夭折多達十幾位。為了劉家後繼有人，之後的皇子出生後都由奶娘抱出宮外在民間寄養。和帝駕崩時已難以找到皇子們的下落。鄧皇后想方設法卻只找到了宮女所生的兩個皇子。長者劉勝八歲卻有瘤疾，只好迎立出生才百日的劉隆為太子，即漢殤帝，尊鄧后為鄧太后。殤帝即位時還在襁褓之中，只能由鄧太后臨朝聽政。漢殤帝劉隆於延平元年（一〇六年）八月，死於崇德前殿，年僅兩歲，此後由鄧太后親政。

第十五章　坐享其成　安帝劉祜

東漢第六代皇帝即漢安帝劉祜（九四年——一二五年），他是清河王劉慶的兒子、漢章帝的孫子、漢和帝的侄子。劉祜生於永元六年（九四年），登基時年僅十三歲，還不具備處理朝政的能力，因此由太后鄧綏臨朝執政長達十六年之久。鄧太后死後，安帝劉祜又依賴外戚及宦官來處理朝政，他是一個平庸至極、賢愚不辨的皇帝。

01 鄧氏臨朝：賢太后掌權，高枕無憂

在皇室後繼乏人的危急關頭，鄧皇后親臨執政，她吸取竇皇后的教訓以身作則，限制外戚權力，為國家穩定做出了貢獻。

漢殤帝劉隆於延平元年（一〇六年）不幸夭折，時年兩歲。漢殤帝死後，鄧太后與大臣們商量，徵得他們的同意就連夜命人迎接清河王劉慶的兒子劉祜入宮。劉祜入宮後，先是被太后封為長安侯，然後準備即位；在宮殿輝煌的燈光下，十三歲的劉祜茫然不知所措，只好聽任大臣們的擺布。鄧太后以劉祜「忠於國家，孝敬父母，仁慈厚道」，又是章帝的皇孫為由，宣布讓他繼承和帝的位置。宣詔完畢後，劉祜接過了朝臣捧上的象徵皇帝權力的玉璽和綬帶，登上了皇帝的寶座，即漢安帝。第二年，改年號為永初元年。漢安帝即位後，鄧太后還像漢殤帝時那樣繼續臨朝執政。

鄧太后親理朝政近十六年，她不失為一個明白的女主，對官員百姓實行了一系列管理措施。她勤儉節約，裁減貢賦；以身作則，限制外戚；廣納賢士，任用賢良；開辦學校，注重教

育；對劉氏家族的江山穩固做出了積極的貢獻。

鄧太后對鄧氏家族子弟的管理非常嚴格。鄧太后初登后位時，和帝按照慣例要封賞她的宗室子弟，但她擔心自己的家族會重演歷史上外戚集團那樣的悲劇，因此對皇帝的賞賜總是「謙讓」。一直到和帝死時，鄧氏家族很少有人受封。等到鄧太后執政以後，她更加注意自己族人的言行。鄧太后深知如果不對家族之人嚴加管束，鄧氏家族最後就會身敗名裂，因此她常常壓抑族人的欲望，限制其勢力，並時常告誡兄弟子侄們不要飛揚跋扈。鄧太后臨朝後，自然災害不斷、盜賊內起、四夷外侵，但她勤政愛民，只要聽說百姓受饑，她便徹夜不寐，裁減宮中的用度來救濟災民。因此她能夠使民心穩定，天下也比較太平。

漢安帝繼位之初，鄧太后吸取前朝竇氏家族的失敗教訓，不偏重外戚，而是採取外戚與宦官並用的策略，並且還授權河南尹、南陽太守等朝廷官僚嚴格管束鄧氏家族的親戚賓客。同時，鄧太后還表揚儒學，尊事奉公，把官僚集團吸引到外戚勢力中來。綜觀東漢歷史上幾個得勢的外戚集團，鄧氏家族的表現應該是較好的一個。鄧氏兄弟不受皇封皇賜，他們平時也小心謹慎、奉公守法、勤於處事，這和鄧太后對她家族的嚴格要求有很大的關係。

正所謂人無完人，鄧太后在執政期間當然也有失誤之處。她以女主的身分攝政，不能走出房闈之外，就不得不委用宦官這種刑餘之人，以國命寄之，宦官因而口含天憲，權勢進一步增長。一些朝臣，如大長秋鄭眾、中常侍蔡倫、秉權干政司空周章等人多次直言勸諫，鄧太后都沒有充分認識到這一點；除此之外，鄧太后還過分看重手中掌握的權力，以致安帝長大成人後仍不肯還政於劉家。那些勸她歸政的人都遭到了嚴厲的懲罰。她作為太后沒有能培養安帝怎樣做一個天子，安帝劉祜小時聰明懂禮，但長大後親近宦官，平平庸庸，令鄧太后感到不滿意。對於廢立之事也沒有對安帝加以正確的教導。在鄧太后死後，安帝僅用五年的時間就盡失國政，這與鄧太后不能說沒有關係。

漢安帝朝鄧太后雖然壟斷了政權，但她還是比較清明忠順的，對這時期社會的穩定做出了一定貢獻，比起和帝時竇氏執政的驕奢淫逸，這可以說是大漢王朝之大幸。

02 鄧族慘禍：皇帝洩憤，累及無辜

在封建社會，誰能掌握皇權就能掌握著天下，這使得漢安帝心懷憤懣，誅殺了鄧氏之後。

由於鄧太后對宦官的依靠，使宦官的權力在安帝前期有所擴大，宦官們佔據了高官要職。鄧太后這樣做，雖然有平衡統治階級內部權力的目的，但引起了一些朝臣的不滿；同時，在安帝成人後鄧太后卻不還政於他，使漢安帝對鄧太后日益產生不滿，兩人之間出現了矛盾。漢安帝從小在郡國中長大，對宮內的事情並不熟悉，入繼大統後，每天都與自己的乳母、宦官生活在一起，這些人的文化素養不高只知道貪圖小利，在安帝面前說三道四地指責鄧太后和鄧太后的家人。漢安帝的乳母王聖見鄧太后不願歸政於安帝，常常與安帝一起秘密議論此事，她擔心鄧太后會廢掉安帝，自己也就失去了靠山。由於安帝與外界接觸不深，不辨真偽，只知道權力應該是自己的，因此對太后日益嫉恨，鄧太后也逐漸對安帝的品行產生了不滿。

建光元年（一二一年），四十一歲的鄧太后因病去世，漢安帝親政，這時在漢安帝周圍已

經形成了以乳母王聖、中黃門李閏、江京為首的宦官集團。安帝長期不滿受制於鄧太后，她的死對漢安帝來說可真是一次大解放，鄧氏外戚奉公守法，沒有獨攬大權，漢安帝可以毫無顧忌地行使皇權了。

鄧太后去世後，乳母王聖和那些曾經受過太后責罰的官員一起誣衊鄧太后的兄弟鄧弘，說他陰謀廢黜漢安帝另立平原王劉得為帝。這一誣告正中安帝下懷，漢安帝立即以謀反罪將鄧弘處死，鄧家很多人遭貶官、慘死、流放，很多和鄧氏家族關係密切的地方官吏也受到牽連。鄧氏家族作為外戚雖然沒有違反國法，卻與以往的外戚命運並無不同。比如漢高祖時的呂后、漢宣帝的霍后、漢成帝的趙后、漢章帝的竇后，真是應了「一朝天子一朝臣」的古語，一朝天子也自然是一朝外戚，因為新皇帝要形成自己的核心，就必須要除去先帝皇后的家人，並將其取而代之。

鄧氏家族被清除以後，一些正直的大臣開始為鄧氏申冤，之後又不斷有人上書為他們喊冤。漢安帝怕引起大亂，也是在確實找不到處置鄧氏家族把柄的情況下，下詔各州郡將鄧太后之兄遷葬於洛陽家族的舊墳內，命各個公卿都參加他的葬禮；又下詔命鄧太后的弟弟返回京師，以平息朝臣的憤怒之情。

分析鄧氏家族獲罪，主要是因為鄧太后不肯還政於漢安帝所造成的。漢安帝誅殺鄧氏之後宦官得勢，他們招引失意的官僚和地方豪強做官使之成為自己的黨徒，與外戚集團對抗和爭權，東漢的政治更加黑暗了。

03 放權外戚：倚重三種勢力，做甩手天子

安帝放權於外戚奸佞，任由宦官專權，導致吏治腐敗、民怨沸騰，外戚與宦官專權的局面愈演愈烈，最後引發了廢長立幼、欺君罔上的事件。

漢安帝在鄧太后的操縱之下登上帝位，卻沒有親政，因此在他執掌政權之後便顯得能力有限。大體看來，安帝在親政的五年中先後依賴過三種勢力：安帝奶奶宋氏家族、皇后閻氏家族，以及宦官。安帝追尊父親清河王劉慶為孝德帝，追尊母親左氏為孝德后，追尊奶奶宋貴人為敬隱后；並封奶奶的四個兄弟宋衍、宋俊、宋蓋、宋暹為列侯，宋氏一族中被封為卿、校、侍中大夫、謁者、郎吏的有十多人。長樂宮宦官蔡倫因當初受竇氏的指使誣陷宋貴人，安帝登基後下令讓蔡倫自己到廷尉受刑，逼得這位中國古代的發明家（造紙術）飲毒而死。

河南滎陽人閻姬是漢安帝的皇后，她的祖父閻章的兩個妹妹都是漢明帝的貴人，閻家因此成為皇親國戚。元初二年（一一五年），也就是閻姬被選入宮的第二年被冊封為皇后。她的父親閻暢被任命為長水校尉，又封北宜春侯，閻暢死後其子閻顯承繼父業。安帝親政之後，閻皇

后的兄弟閻顯、閻景、閻耀、閻晏都得以升遷卿、校之職，他們掌握著京師禁兵。延光元年（一二二年），安帝又改封閻顯為滎陽君，就連閻顯、閻景那七八歲的兒子們也都被任命為黃門侍郎。閻皇后欲效仿鄧太后凌駕於萬人之上，她想方設法地參與朝政，安帝也只能唯命是從，閻氏家族一時間權傾朝野。

宦官江京因迎立安帝立下首功，被升為中常侍，兼任大長秋一職，封都鄉侯；李閏遷中常傳，封雍鄉侯；中常籍樊豐、黃門令劉安、鉤盾令陳達等也都一一有賞。安帝乳母王聖被封為野王君，其女伯榮為中使。這些人勾結在一起無所不為，敲詐勒索、行賄受賄、驕奢淫逸，以致矯詔的事情時有發生。安帝與內侍們親暱，使宦官勢力成為他執掌政權的依賴力量。

有朝臣上疏批評、斥責王聖母女，安帝不僅不思其過，反而將奏疏拿給王聖等人看，使王聖母女、近臣內幸對這些忠臣痛恨不已，並尋機報復。

安帝身為天子，卻寧願做一位「甩手掌櫃」，倚重三方勢力來打理劉家天下，最終直接導致了廢長立幼、欺君罔上事件的發生，也使外戚與宦官專權的局面愈演愈烈。

04 私立少帝：安帝無為，閻氏專權

昏庸無為的安帝聽信了寵妃的讒言，廢除了劉保的太子地位，為血腥的宮廷之變埋下了伏筆。

漢安帝寵愛閻氏，先立她為貴人，後立為皇后。閻皇后雖受到安帝的寵愛，可是沒有生下兒子，這對她的皇后位置來說是一個潛在的威脅。宮女李氏為安帝生了一個兒子，起名劉保。在母以子貴的封建社會裡，兒子被立為太子，母親就有可能被立為皇后。所以閻皇后對李氏特別妒忌，怕自己的皇后地位會因為沒有兒子而被李氏取代，於是就將李氏毒死。李氏地位低下，在宮中只不過是個服侍后妃們的婢女而已，閻皇后毒死她之後，對外宣稱李氏是暴病身亡。

永寧元年（一二〇年），劉保被立為太子。劉保常生病，安帝認為他所住的房間不吉利，就讓他同安帝的乳母王聖一起居住。安帝對王聖言聽計從，她在幫助安帝清除鄧氏家族的勢力中立了功，被封為野王君，所以一時間權傾天下。劉保的乳母不願劉保和王聖一起住，因此得罪了王聖，最終被王聖誣陷而死。王聖因為害死了劉保的乳母，擔心將來劉保即位後會向她算

這筆帳。恰在此時，閻皇后毒殺了太子劉保的生母李氏，又想除掉劉保，因此二人不謀而合。一個聯手加害太子的計畫就此制定好了，昏庸的安帝聽信了他們的讒言，將劉保的太子位廢除，降封為濟陰王。

延光四年（一二五年），安帝在與閻后及其兄弟南下巡遊的路上暴病身亡。閻后的哥哥閻顯等人擔心京城的留守官員知道安帝駕崩，會擁立安帝唯一的兒子濟陰王劉保為帝，劉保是因閻皇后而被廢黜太子之位，若劉保即位當然對閻氏家族不利。閻顯等便嚴密封鎖安帝死亡的消息，將安帝的屍體放在臥車內，照常每天供給飲食，隨從官員於臥車前請安朝拜，以此來掩人耳目。經過四天的急行，他們回到京都洛陽，朝臣們均不知道安帝已死。閻皇后回到宮中便假稱安帝病危，以欺騙臣民，並於當晚宣布安帝死亡。隨即宣布尊閻皇后為太后，臨朝稱制。

閻皇后垂簾聽政後，任命閻顯為車騎將軍，位及三公，執掌朝政。閻顯的三個弟弟閻景為衛尉、閻耀為城門校尉、閻晏為執金吾，整座京城的武裝力量全掌握在閻氏兄弟三人的手中。閻太后為了長久專權，不立安帝獨子，而迎立漢章帝的孫子濟北惠王劉壽的兒子北鄉侯劉懿（又名犢）為帝，即漢少帝。閻皇后冊立劉懿，是因為劉懿年幼，父母又久居藩國，在朝中沒有根基，可由其任意擺布。閻氏家族執掌國政後大權獨攬，殺逐安帝親信宦官，劉氏王朝的政權便由宦官轉到了外戚手中。

漢少帝劉懿在位僅七個月就病死。少帝死後，閻氏兄弟又關閉宮門秘不發喪，屯兵自守，準備再次從眾王子中挑選一個易於控制的傀儡做皇帝。這就再次引發了一起血腥的宮廷政變。

第十六章　治世不明　順帝劉保

東漢第七代皇帝是漢順帝劉保（一一五年——一四四年），他是漢安帝唯一的兒子，母親是宮人李氏。劉保於延光四年（一二五年）被立為帝，在位十九年。謚號「順帝」，廟號「敬宗」。他的一生經歷了大起大落的波折。

01 安帝獨子：從廢太子到真皇帝

安帝性情溫和，為人過於軟弱，他依靠宦官得來皇位，大權自然掌握在宦官手中，安帝朝宦官、外戚互相勾結，弄權專橫，政治腐敗，階級矛盾日益尖銳，政治局面黑暗。

東漢開國皇帝光武帝劉秀有十一子，漢順帝有九子，漢章帝有八子。而到了和帝，所生皇子前後夭折了十幾個，到最後只剩下兩個，大的是個癡呆，繼位的殤帝死時年僅兩歲，因此皇子的降生對於劉氏王朝來說是越來越顯得珍貴了。元初二年（一一五年），宮人李氏生下劉保。沒等劉保滿月，閻皇后便鴆殺了李氏。永寧元年（一二〇年），六歲的劉保被立為太子。為慶祝皇儲得立，後繼有人，漢安帝詔令改元，並大赦天下。延光三年（一二四年）八月，安帝乳母王聖、宦官江京與閻皇后共同誣告太子與乳母、廚監等東宮官屬密謀叛亂奪權。安帝非常憤怒，詔令廢太子劉保為濟陰王。

安帝去世後，繼位的漢少帝僅當了二百多天皇帝就命歸黃泉了。閻顯兄弟及江京準備再從章帝的兒子濟北王和河間王兩家中挑選一個王子作為傀儡皇帝，打算繼續讓閻太后臨朝；而安帝唯一的親生兒子濟陰王劉保卻被閻氏排擠在外。宦官中的中黃門孫程非常同情濟陰王劉保，因而心中怨恨江京以及閻顯。孫程見少帝劉懿病重，料想到閻顯等人肯定會另有陰謀算計之事，於是他聯絡了一批對閻顯專權不滿的宦官和大臣，準備一同迎立濟陰王劉保為帝。

擁立者與被擁立者之間有一種權力上的默契——被擁立者得到皇位，擁立者得以封功賞爵。趁閻顯欲立的小王子還沒有被接進京城，宦官孫程等人打算先下手為強。他們聚在一起，割斷衣衫，對天發誓，表示要為迎立濟陰王劉保而同生共死。不料閻顯卻已早有防範，除了派李閏在劉保所住的地方進行監護外，又加派江京去劉保的住所進行監視，目的就是防止有人劫持劉保，擁立他為帝。孫程等人在夜間乘其不備潛入劉保的住所，江京、李閏等正坐在劉保住所的大門前悠閒地聊天，孫程等人拿出暗藏的利劍突然衝上前去將江京等三人殺死。孫程等未遇到任何反抗，很輕易地劫持到了濟陰王劉保。孫程令服侍濟陰王劉保的人員將他扶持到德陽殿登上皇帝的寶座，劉保時年十一歲，是為漢順帝。

大臣們的態度也是很明朗的，他們認為濟陰王劉保是安帝唯一的兒子，按封建傳統是最合法的繼承人，原本被立為太子，只是因閻顯等人的陷害才遭廢黜，因而迎立劉保是合乎法理的。孫程手中抓住了一個被朝臣認可的合法皇帝，等於有了一張王牌，也有了一定的號召力，與閻顯的鬥爭便處於有利的上風，於是他傳順帝的詔令緝拿閻顯。尚書郭鎮帶領警衛將閻景送到監獄，當夜閻景便死在獄中，閻家再也無能為力，徹底地失敗了。孫程便派人到皇宮取下閻太后手中象徵皇權的印綬，又以順帝的名義下令逮捕閻黨中人並一同處決，閻氏兄弟的家屬被流放到比景（今越南中部地區）。閻氏兄弟及其黨羽被誅殺後，永建元年（一二六年）正月，漢順帝率朝臣到東宮朝見太后，閻太后就在這個月病死了，她死後與漢安帝合葬於恭陵。

閻氏專權以短命告終，權力歸到宦官孫程之手，以孫程為首的十九位宦官都得到了封侯。孫程等舉薦劉保，並不是因為劉保賢能，漢順帝劉保在承繼皇位的同時也遺傳了漢安帝政治上的無能，導致了政治局面的黑暗與昏庸，而其中最明顯的標誌便是宦官與外戚的輪流執政。

02 平衡權術：以外戚抗衡宦官

帝王之道，就是平衡之道，妥為利用各方勢力使之相互牽制。然而帝王如不能掌握爭鬥主動權，就會面臨大權旁落的危險。

宦官的社會地位在秦朝時十分低下，宦官的政治地位到了西漢有了一定提高。從東漢光武帝開始，宦官被重用的程度逐漸增加，其權力逐漸擴大。儘管宦官在士大夫眼中仍是一些「刑餘之人」，與之共事是一種恥辱，但宦官的社會地位確實是毫無疑問地提高了。順帝朝時，宦官可以娶妻納妾，他們為了挽回社會上對他們的輕蔑而廣泛娶妻納妾。不僅如此，他們還可以養子襲爵，他們為了財產和封爵後繼有人，往往收養親屬或異姓子女，也買奴隸為養子。順帝陽嘉四年（一三五年）下詔允許宦官養子傳後並可襲爵，這樣一來，在法律上承認了宦官養子襲爵的合理性。

宦官集團由於擁立順帝有功而受到了順帝格外的寵愛，並得到了特權。他們不僅直接參與政事，而且在順帝統治前期專權於朝政；有時甚至能夠左右皇帝的命令。這期間，一些大臣不斷上書聲討宦官專權，順帝劉保也倍感來自宦官的壓力，他正在朝廷中尋找著一支能夠取代宦官而又讓他放心的力量。

陽嘉元年（一三二年），梁妠由貴人被冊封為皇后，順帝逐漸地將皇權倚重於梁氏家族。梁氏的父親梁商是一個遵循禮法之人，他在百官中很有聲望，在順帝的眼中也是很有威望的人。梁商為人誠實穩重、孝順父母、天資聰敏、友愛兄弟，是一位處事謹慎、待人謙柔和順、廉潔不貪的好官，他並沒有因女兒嫁入皇家就飛揚跋扈。梁氏被封為皇后之後，漢順帝厚賜這位國丈駟馬大車，又下詔封梁商之子梁冀為襄邑侯，梁商覺得兒子沒有為國家做出貢獻，就沒有讓兒子接受這個他人求之不得的爵位。梁商深知自己的外戚身分更加地潔身自愛，此時梁氏家族雖然還沒有形成與宦官相抗衡的強大勢力，但梁氏外戚勢力已逐漸擴大，外戚與宦官的較量由此漸漸地展開了。順帝的乳母山陽君宋娥於永和二年（一三七年）因犯「構好誣罔」罪刑而受到處罰，擁立順帝居功的十九位宦官中黃龍、楊他等九人與被奪爵歸田的山陽君有密切的往來，因此被遣歸國。經此一事，朝中宦官勢力遭到了打擊。

永和六年（一四一年），梁商死後，漢順帝親臨其喪，賜以東國秘器陪葬，錢二百萬，布三千匹。按照朝廷禮制厚葬，其子梁冀被任命為大將軍，其弟梁不疑被任命為河南尹。梁冀接替了梁商的職位，但他卻像災星一般地使外戚專權達到了空前的地步，更使得東漢的政治進一步昏暗。

在這場外戚與宦官的較量過程中，宦官勢力不斷地遭到了打擊，而外戚勢力則是不斷地壯大。梁商在外戚勢力壯大的過程中奠定了重要基礎，其子梁冀則達到了權力頂峰。到了漢順帝末期，外戚的勢力已經取代了宦官成為朝廷絕對的統治力量。

03 梁后之功：以史為鑑，寬厚待人

以史為鑑，可以知興替；以書為梯，可以冶情操。寬則得眾，犯而不校，盡力把大事化小，朝廷上下才能相安無事。

順帝劉保的皇后是梁妠。梁家是東漢的大戶，與東漢皇室的關係由來已久，和帝的外曾祖父梁統曾在王莽時期任酒泉太守，劉秀建立東漢後歸附劉秀成為開國功臣，被封侯任官。梁統還常常上書言事，勸皇帝立君之道要以仁義為主。梁統後來到九江任太守，清廉剛正，當地人畏而敬之。梁統死後，他的兒子梁松襲侯，娶光武帝劉秀的女兒舞陰公主。梁松精通儒家的經書，常與光武帝一起議定禮儀，受到光武帝的寵幸。光武帝死後，遺詔梁松輔佐漢明帝。漢明帝繼位後，梁松受到彈劾，說他懷私推薦官員而被免官，後來又牽涉寫匿名書誹謗，結果被下獄處死。漢和帝即位時並不知道自己的身世，直到西元九七年竇太后病逝，漢和帝才知自己並非竇太后的兒子。漢和帝身世一經挑明，便追封自己的外祖父梁竦為褒親愍侯，把自己遭貶的三個舅舅梁棠、梁雍、梁翟都封為侯爵，賞賜與恩寵異常，梁氏家族從此開始發跡顯貴。

永建三年，漢順帝十四歲的時候，依照漢制選宮女，梁雍之子梁商的女兒，年僅十三歲的梁妠被選入宮中。梁商因外戚的原因，年紀輕輕就襲封侯爵。梁妠自幼聰明伶俐，很善於做女工，琴棋書畫也都很精通，又特別喜愛讀史書。梁妠被選入宮後，皇宮內的相士見到梁妠後十分驚訝，說她是自己從未見過的富貴相。梁妠被封為貴人後很受漢順帝的寵愛，經常被召幸。她聰慧、溫柔，漢順帝尤其喜愛她的知書達理，非常敬重她。

陽嘉元年（一三二年）漢順帝年滿十八歲，按照漢代的禮制，有司上書為了國家著想請求皇帝冊立皇后。漢順帝准奏，召集大臣朝議此事，有的大臣上奏說：梁家世代為名門貴戚，梁貴人知書達理，後宮的嬪妃對她也很佩服，應冊立她為皇后。這正符合順帝的心意，因此順帝非常高興地封梁妠為皇后。

梁妠當上皇后之後，從歷史的經驗中知道外戚專權不僅對國家不利，還往往招致滅門之災。她常常以史為鏡，告誡自己的家人遵守法律、忠於職守，不要驕橫跋扈和貪贓枉法。她自己也處處謹慎，嚴於自律，對待嬪妃、宮女和周圍的太監都很和善。梁皇后還經常勸誡漢順帝以國事為重，不要貪戀酒色，要親近賢臣、遠離小人。這樣一來，梁皇后在宮中便很有威望，也深得漢順帝的寵愛和敬重。遺憾的是，梁皇后侍奉順帝十六年卻沒有生育。漢順帝的虞美人生有一子一女，梁皇后非常疼愛他們視如己出。

建康元年（一四四年），漢順帝立虞美人的兒子劉炳為皇太子。同年八月，漢順帝病死，年僅兩歲的劉炳即位，即漢沖帝，尊梁皇后為梁太后，沖帝年幼不能親政，梁太后便臨朝執政。

梁蚋與其父梁商一樣是個清明之人，因此在她臨朝聽政之後大漢王朝並沒有因外戚的專權而發生什麼極端事件，但其後梁氏家族卻因梁皇后的哥哥梁冀的專權而聲名狼藉。

04 身後事：沖、質二帝

面對最高權力和自身的利益，歷史總是有著驚人的相似，權力的爭奪總是伴隨著殺戮和血腥。

順帝朝宦官、外戚相繼執政，他們執政的根本目的是為了維護自己集團（家族）的利益，因而順帝時期朝政上下一片黑暗，奸佞當道。當時一些忠良正直之臣全力進諫，希望順帝能夠勤於政事，有自己的為政主見。然而順帝雖然經歷了很多曲折與磨難，卻未能磨礪出睿智的思想，不能駕馭皇權，只能在權臣的鬥爭中或順水推舟，或作為看客。

漢順帝於建康元年（一四四年）剛剛確立皇子劉炳為太子後就一病不起了。八月初六日，順帝於玉堂前殿駕崩。九月十二日，順帝葬於憲陵，廟號敬宗，太子劉炳即位，即漢沖帝。永嘉元年（一四五年）正月初六日，漢沖帝劉炳身患重病，不久駕崩，在位僅一百四十八天僅三歲，葬於懷陵。

沖帝死後，皇位如何承繼成為十分尖銳的問題。在沖帝病重之時，梁冀就瞞著梁太后和文武百官著手尋求新的繼承人。他看中了渤海王劉鴻年僅八歲的兒子劉纘，並且偷偷派人把他接到洛陽。太尉李固等人認為應該立清河王劉蒜，他年長有德可以親自理政。梁冀卻堅持立幼君，以便梁太后及自己能夠繼續把持朝政。永嘉元年（一四五年）正月二十四日，梁冀親自持節將劉纘迎入南宮。第二天，封為建平侯，當日即皇帝位，是為漢質帝。

梁太后在質帝即位以後，非常信任太尉李固，朝政多委任於他。這使得梁冀非常嫉恨，於是寫匿名信誣陷李固，說他假公濟私、樹立黨羽；還誣陷李固於順帝停喪時路人都知道要掩面哭涕，他卻撲著胡粉搔首弄姿，從容不迫、舉止閒暇，一點沒有悲傷之意；梁冀又指李固違詔矯制、作威作福，罪應誅殺。梁太后知是梁冀所寫根本不信，所以看後就扔掉了。

漢質帝年齡雖小，卻十分聰慧。有一次舉行朝會，他望著梁冀說：「這是個跋扈的將軍啊！」梁冀聽後又恨又懼，生怕小皇帝長大了會不利於己，就派手下人在質帝所吃的湯餅中下了毒藥，毒死了他。本初元年（一四六年）七月初二日，質帝被安葬於靜陵。劉氏家族相繼死了三位皇帝，可見漢室衰微已無可避免。

第十七章 亂國之君 桓帝劉志

東漢第十代皇帝是漢桓帝劉志（一三二年——一六八年），他是漢章帝（劉炟）的曾孫，祖父是河間孝王劉開，父親蠡吾侯劉翼，母親是劉翼之妾匽明。劉志十五歲那年即本初元年（一四六年）即皇位，在位二十一年，諡號「孝桓皇帝」，廟號「威宗」。在位期間處於外戚、宦官和黨人捆綁鬥爭的漩渦之中，他對外戚的態度是畢恭畢敬，卻對宦官異常依賴，而黨人又不肯讓皇帝完全依靠宦官，因此鬥爭不斷。

01 三帝之後：梁冀弄權，得以君臨天下

權力的尊嚴是不容侵犯的，在封建社會家天下的時代更是如此。皇帝作為家族利益的總代表，必然要擁有絕對的權力，但外戚卻利用年幼的皇帝弄權於天下，使得皇帝形同虛設。

漢桓帝是在漢順帝、漢沖帝、漢質帝相繼死去之後登上皇位的。建康元年（一四四年）順帝得了重病去世，年僅三十歲。還在襁褓之中的太子劉炳（母親是順帝的虞貴人）即位，即漢沖帝。

順帝的皇后此時已成為太后的梁妠掌管了皇權。梁太后是一位知書達理，甚至可以稱得上正直的女主，她一方面要處理後宮之事，一方面又要打理朝政，精力與能力畢竟有限，在忙不過來的情況之下，便十分倚重自己的哥哥梁冀，因此朝政大權便落到梁冀手中。

儘管父親梁商一輩子正直為官，而梁冀卻沒有繼承父親的遺風，他無惡不作，為此常受到梁商的教訓卻不知悔改。梁冀從小生長在豪門貴戚之家，少年時便遊逸成性，恣意妄為。梁冀

與梁太后一起輔佐一個小皇帝，本來可以說是很滿意的事情了，但沒想到沖帝短命，在位不到一年便病死了。接下來該立誰為皇帝呢？當時，清河王劉蒜和渤海孝王劉鴻之子劉纘在朝臣的候選之列。梁冀為了能夠繼續把持朝政大權，最後確立了年齡比較小的劉纘為皇帝，即漢質帝。

漢質帝雖然只有八歲，卻非常聰明，能夠識別人之好壞。他公開指出梁冀的跋扈，使得梁冀心生畏懼就派人將質帝害死了。

質帝死後，原來的候選皇帝劉蒜本應即位了吧？也有大臣這樣主張，但是梁冀認為劉蒜這個人威武明斷，如當了皇帝恐怕難以操縱，於是他不顧大臣們一再反對，又立了蠡吾侯劉翼十五歲的兒子劉志為皇帝，即漢桓帝。其中還有一個特別的原因，那就是劉志的未婚妻是梁太后的妹妹，一旦劉志登了帝位即可為梁氏家族所控制。梁冀正是需要一位不理朝政並受控於他的天子，桓帝符合了他的需求，才得以坐穩劉氏江山二十一年。

桓帝登基無疑是外戚梁冀掌權的結果，年幼的皇帝怎能知道政治鬥爭的內容與利害關係。皇帝無實權，只能聽任擺布罷了。

02 恩寵梁氏：驚恐之餘，助紂為虐

在「小家」與「國家」之間，外戚專權，倚勢作惡，助紂為虐的奸黨佞臣最終還是得到了應有的惡報。

漢桓帝即位之前，梁冀便因貪贓枉法、作惡多端而聲名狼藉，甚至有人公開聲討他。由於桓帝是被梁冀擁立，對梁氏家族的擁戴心存感激，即位以後不僅沒有對梁冀做出任何處置，反而對其晉爵加賞。梁冀依仗梁太后在朝廷內外飛揚跋扈，連以前的皇帝都為他所害，劉志更不能輕舉妄動，加上他的父親劉翼曾被懷疑涉嫌謀取帝位而遭貶，所以劉志對於外戚梁氏可以說是感激中帶著恐懼，幽怨中帶著無奈。這樣一來，更加助長了梁冀的作惡之風。

桓帝即位後論功行賞，梁冀增封食邑一萬三千戶，封其弟梁不疑為潁陽侯、梁蒙為西平侯、其子梁胤被封為襄邑侯。另外，胡廣、趙戒、袁湯以及中常侍劉廣等都被封為侯。和平元年（一五〇年）梁太后病逝，桓帝為了安慰梁氏家族，又增封梁冀萬戶食邑，至此梁冀一人已累計封邑三萬戶，大大超出了漢代封侯的界限；又封梁冀妻子孫壽為襄城君，兼食陽翟縣租稅，年入五千萬，加賜赤紱，儀服同漢室長公主。元嘉元年（一五一年）桓帝又褒獎梁冀，召開公卿會議定其禮儀，當著公卿們的面把漢朝元勳的各種禮儀全部加在梁冀的身上，真是前所未有，但貪得無厭的梁冀卻仍認為所奏禮儀太薄而悶悶不樂。

梁冀的欲望難以滿足，他將各地貢獻給皇帝的奇異珍品悉數收入府中，待自己挑選剩下後才轉給皇帝；他又大肆修建豪宅大院，富麗堂皇堪比皇宮；還修建了規模宏大的園林，採土築山，深林絕澗。梁冀的妻子孫壽與他一樣貪婪，夫妻二人在一條街的兩邊各佔一塊地，競賽一般地比著建造高宅大院，大興土木，盡掠珠寶，院中景象全是人工所為，卻像自然天成一般，並於園林之中放滿奇禽異獸猶如世外仙境。二人常常令人用輦抬著在花園中玩賞，過著神仙一般的生活。孫氏家族依仗梁冀的權勢也飛黃騰達，梁冀對妻子孫壽又寵又怕，在孫壽的威勸下，梁冀把高官顯爵加給孫氏家族，對外則聲稱自己是舉賢避親。

桓帝時期，梁氏家族中先後有七人封侯，三人為皇后，六人為貴人，兩人為大將軍，稱為君的有七人，娶了公主的三人，其他卿、將、尹、校五十七人。延熹二年（一五九年），梁氏集團滅亡時，僅梁冀被沒收的家產就達到了三十多億的銀錢。

梁冀為了獨攬大權，不允許別人批評他，對那些批評他的人則進行殘酷迫害，他還控制著官吏任免大權。當時有一條不成文的規定，凡是官員升遷都要先到梁冀家謝恩，以示對梁冀的尊敬，然後才敢去上任，在臨行前梁冀會告訴官員到任後要照顧什麼人，有不聽話、不辨事的官員會立刻被殺害或毒死。太尉李固在立君問題上曾多次與梁冀發生衝突，梁冀對此心懷憤恨。建和元年（一四七年），甘陵劉文與魏郡劉鮪謀反，事敗被殺，梁冀誣告李固和杜喬也曾參與其中。李固當時即被下獄，最後慷慨死於獄中。杜喬後來也被梁冀找藉口殺掉了。

梁冀倚仗家族的勢力長期把持著朝政，雄踞皇帝之上，趾高氣揚、不可一世，終於招來了惡報。

03 天子之威：剷除梁氏，又倚重宦官

桓帝作為統治者，想要管理好這個國家卻缺乏足夠的智慧，這就使得他去依靠自己所親近的宦官力量來維護自己的統治，從而又上演了重用宦官的一幕。

和平元年（一五〇年），漢桓帝已經是十九歲的成年皇帝了。他登基之後一直由梁太后臨朝聽政，這一年梁太后故去，臨死前下詔「歸政於帝」。但梁冀的勢力實在太大了，直到延熹二年（一五九年）梁氏集團被剷除後，桓帝才總算擺脫了他的控制。

桓帝對梁冀一手把持朝政，心中感到忿忿不平。但是朝廷上下到處都是梁冀的親朋故舊，宮廷內外到處都是梁冀的親信黨羽，桓帝的一切活動都在嚴密的監控之中，甚至連他的私生活也在梁氏的監督之下。

延熹元年（一五八年）五月二十九日，天上出現了日蝕現象。太史令陳授通過小黃門徐璜告訴桓帝說，「這次日蝕之象原因在於大將軍梁冀」，這句話傳到了梁冀的耳朵裡，他便陷害陳授將其下獄並處死。太史令是皇帝的近臣，梁冀公然輕率地將他處置了，這讓桓帝非常憤怒。隨後梁

冀又派人刺殺桓帝寵姬鄧氏的母親未遂，桓帝憤怒到了極點，於是下決心要除掉梁冀。但到處都是梁冀的人，這種想法該和誰商量呢？又在哪裡商量才能避開梁冀的耳目？桓帝無奈之中走進廁所，隨口將宦官唐衡叫進去。「如廁議事」反映出漢桓帝由於梁冀集團專權而做出的被逼無奈之舉。漢桓帝與唐衡商定後選出可以依靠的人，即中常侍單超，小黃門史左倌、中常侍徐璜、黃門令具瑗。桓帝當即召五人入內室共謀誅除梁冀之事，桓帝在單超的胳膊上咬出血來相互發誓。

延熹二年（一五九年）八月初十日，桓帝親自到前殿召集各尚書上殿，著手部署除奸之事：他命尚書令尹勳持符節帶領丞、郎以下官員拿著兵器守住省閣，收取各種符節送到宮中；派具瑗率領騎兵、虎賁、羽林、都候劍戟士共一千多人與司隸校尉張彪，一同包圍梁冀住宅；派光祿勳袁盱持符節收回梁冀的大將軍印綬，改封為比景都鄉侯。梁冀與妻子孫壽自知罪大惡極、難逃法網，於是二人自殺。桓帝又下令收捕梁氏、孫氏所有宗親，無論老少全部處死。其他受連累的官員死了幾十人，梁冀親朋故舊、賓客門生免官者達三百餘人，一時出現了「朝廷為空」的局面，可見朝野上下均是梁冀的人，把持朝政長達二十餘年之久的梁氏集團從此土崩瓦解。

漢桓帝此時已經二十八歲，在多年的外戚控制朝政的情形下，他也應該揚眉吐氣一回，從而爆發出一種獨立執政的能力。天下之人也抱有此種願望，希望看到大漢王朝嶄新的一頁。令人想不到的是，漢桓帝此後卻完全依靠宦官勢力，這股勢力更加腐朽，大漢王朝的政治仍然黑暗、社會仍然混亂，百姓依舊生活在水深火熱之中。

04 五侯得勢：天子宦官沆瀣一氣

歷代皇帝為了保住自己的皇位必須藉助身邊的人，漢桓帝也不例外。當他剷除外戚集團以後，就開始依賴宦官執政了，而自己卻只圖享樂。這樣的皇帝是不可能坐穩江山的。

宦官在誅除梁冀勢力的行動中立了首功，桓帝重賞單超、徐璜、具瑗、左官、唐衡五人，並封他們為縣侯。單超得食邑兩萬戶後又被封為車騎將軍，其他四人各得食邑一萬戶，世稱「五侯」。桓帝在得到了一些財物的賄賂後，又將其他不大不小的宦官相繼封為鄉侯。從此之後，大漢王朝的政治從外戚梁氏手中轉到了宦官手中。

宦官五侯的貪婪放縱行徑令朝野震驚。延熹三年（一六〇年），宦官單超死，桓帝賜給他東園秘器以及棺中玉器，贈給他侯將軍印綬，並派人處理他的後事，出殯時調動五營騎士，大造墳墓。其他四侯見單超得到如此禮遇，便越發有恃無恐、驕橫朝野。他們互相攀比，爭相建築宅第，奢侈之風一時盛行。宦官的兄弟們、親戚們仗勢無惡不作、橫行城中、魚肉百姓。

宦官們得到封賞之後的囂張行為，引起朝中正義之士的極大反感。延熹二年（一五九年）九月，藉著「災異數見」的機會，性情剛直的白馬令李雲上書認為這是「小人陷害」、「財貨公行」所致。李雲的上書無疑是將矛頭指向了宦官政治的腐敗，桓帝看後非但沒有反思，卻異常震怒，命人將李雲逮捕，並下詔黃門北寺獄辦理此案，由中常侍管霸與御史、廷尉調查處理。當時弘農府屬官杜眾認為李雲因為對皇帝盡忠而獲罪，便上書「願與雲同日死」，昏庸的桓帝更加氣憤，也將杜眾關進大牢。一些大臣也因為李雲說情而遭致免官，朝中再也沒人敢說話了，桓帝對宦官的袒護由此可見一斑。

漢桓帝即位時，朝政由梁太后把持，梁太后死後皇權又掌握在梁冀手中，他從來沒有親自處理政務的經驗。當宦官們幫助他剷除梁冀奪回皇權後，他便開始依賴宦官執政了，自己則只圖玩樂與享受。

永壽元年（一五五年）太學生劉陶因司隸、冀州等地發生饑荒，甚至出現了人吃人的現象而上疏痛斥，指桓帝「妄假利器，委授國柄」，奏書並沒有引起桓帝的興趣。延熹九年間（一六六年），太尉陳蕃上疏抨擊宦官「肆行貪虐，好媚左右」，為蒙冤的官員鳴不平，而對桓帝的勸諫之詞也沒有被採納。宦官們為了自己的利益就要長期控制桓帝，他們投其所好，從各地挑選來大量的美女供桓帝享樂。史載桓帝的宮女曾多達五六千人，他把更多的時間和精力花費在這些美女身上，不僅冷落了皇后、嬪妃，更是荒廢了朝政。他沉迷玩樂，終因縱欲過度而死，也沒能留下子嗣，真是誤己誤國。

05 黨錮之禍：忠貞之士毀於昏聵之主

漢桓帝時期，政治的黑暗、官場的腐敗，既阻礙了士人的入仕之路，也傷害了他們的忠正之心。於是他們面對現實，積極抗爭，卻給自己帶來了禍患。

漢桓帝時期，由於外戚、宦官輪流執政，特別是後期宦官專權而造成社會動亂、政治黑暗，一些正直的官僚和太學生密切配合，他們遙相呼應抨擊時政，成為一個與宦官相對立的群體。這些人被以宦官為代表的人誣稱為「黨人」。「黨」是結黨營私的意思，自從東漢發生「黨錮之禍」後，「黨人」一詞便廣泛地流傳開了。

李膺，字元禮，潁川襄城人。祖父脩，安帝時為太尉。父益，趙國相。初舉孝廉，為司徒胡廣所辟，舉高第，再遷青州刺史；陳蕃，早年在汝南郡任郡吏，後獲舉孝廉，先後換任郎中和豫州刺史周景的別駕從事，後在太尉李固表薦下任議郎。漢朝以李膺、陳蕃等為首的反宦官鬥爭引起了宦官集團的嫉恨，陳蕃於延熹八年（一六五年）任太尉後官復原職。二人都不滿宦官執政，李膺因去宦官張讓家中搜捕其貪殘無道的弟弟張朔，李膺不懼怕張讓將張朔殺掉了。

張讓向桓帝哭訴，桓帝立即召來李膺，責備他不應該先斬後奏，但李膺據理力爭，桓帝明白了張朔罪行也就不好再追問了，從此張讓心中充滿了對李膺的仇恨。由於李膺、陳蕃等的執政清廉，積極打擊宦官，因此太學生都把他們當作榜樣。

延熹九年（一六六年），河內的一個叫張成的方士，占卜朝廷要大赦，於是縱容兒子殺害自己的仇人。李膺當時為河南尹，接案後隨即派人捉拿凶手，不料其子得到寬恕而被免責，李膺了解到真相後非常氣憤，查實後立即處置了張成之子。張成素來與宦官之間的交往密切，於是在宦官的指使之下，張成讓弟子牢脩向桓帝誣告李膺和太學生、名士之間往來頻繁，他們結成朋黨敗壞朝綱、誹謗朝廷。桓帝看到牢脩的上書後很氣憤，糊裡糊塗地下令在全國範圍內逮捕黨人，將李膺等人關進黃門北寺獄。這件案子涉及到太僕杜密、御史中丞陳翔和范滂等兩百多人，天下很多有名望的賢士也因黨人案件牽連被捕，陳蕃也因上書力諫而遭免官。這就是歷史上第一次「黨錮之禍」。

在獄中的黨人受盡酷刑的折磨，他們的頭頸、手、腳都上了刑具，然後被蒙住頭一個個拷打，在獄中關押了一年多。永康元年（一六七年），竇皇后的父親竇武上書請求釋放黨人。同時，李膺也在獄中故意招了一些宦官的子弟，反咬一口說他們也是黨人。宦官這才有些擔心了，他們以「天時不正常，應該大赦天下」來哄騙桓帝。同年六月初八，桓帝下詔改元，大赦天下。兩百多名黨人全部釋放歸鄉，但名字被記在三府，禁錮終身，一輩子再也不許為官。

遇到昏君與奸佞小人當道，那些忠貞之士也只能空有報國之志，一不小心甚至會身毀家亡。此時，劉氏家族的百年江山在桓帝的手下已不可守了。

06 桓帝三后：梁氏滅竇氏興

權力必須保持一種平衡，才能形成良好的秩序。當家族內部各種勢力的爭鬥難分難解的時候，如何才能保持這種平衡？選擇一個讓雙方都可以接受的人來繼承權力，原來各方的利益在短時間內就不會發生變化，從而也避免了更大的衝突，保證了家族的團結，也維護了各方的利益。

漢桓帝因娶了梁太后的親妹梁瑩才得以被立為帝，他登上帝位之後，梁氏順理成章地成為皇后。姐妹二人，一個是太后，一個是皇后。梁皇后依仗著姐姐與哥哥的勢力窮奢極欲，儀服宮殿都超過前代任何一位皇后。不僅如此，她還是個妒忌心極強的女人，極力地限制桓帝寵幸其他嬪妃，她侍奉桓帝多年也沒有子嗣，這就更加深了她對其他嬪妃的嫉恨。嬪妃如有妊娠的跡象都難逃她的毒手，必置之死地而後快。

桓帝雖身為天子，但外戚勢大，心中即使不平也不能對梁氏表現出不滿，只能漸漸疏遠梁皇后。在梁太后病故後，他便擺脫了梁皇后轉而寵幸後宮其他女子，這使梁皇后憤恨交加，於延熹二年（一五九年）病死了。

鄧皇后是桓帝繼梁皇后之後的第二位皇后，可是這位鄧皇后卻因爭風吃醋而不得善終。桓帝親政後把數以千計的美女收到後宮，鄧皇后處處干預桓帝寵幸後宮妃嬪，桓帝對此很生氣。梁皇后在世時非常專橫，加上有梁太后和梁將軍的勢力，桓帝不敢輕舉妄動，而鄧皇后沒有梁皇后那樣的強大後臺，桓帝也就不以為意。延熹八年（一六五年），因鄧皇后與郭貴人爭風吃醋，桓帝便將鄧皇后廢掉，令她憂憤而終。

漢桓帝的第三個皇后是竇妙，她的先祖就是漢和帝時期飛揚跋扈的外戚竇憲，竇妙的父親竇武為官比較清廉。延熹八年（一六五年）秋天，竇妙初選入掖庭即被封為貴人，地位僅居皇后之下。她一入宮就成為貴人，很顯然是政治鬥爭的結果。

鄧皇后被廢半年多後，皇后之位一直虛位以待。文武百官都希望將有利於自己的人推上皇后的寶座，後宮內外為此就免不了一場異常激烈的明爭暗鬥。竇妙不僅出身名門大族，而且才貌雙全，更重要的是其父竇武有著很好的口碑，所以竇妙得以在激烈的鬥爭推動之下平步青雲。竇貴人雖然在很多人眼中是合適的皇后人選，但漢桓帝並不以為然。在梁氏專政時期，桓帝忍氣吞聲夠了，那一段經歷使得他憎惡所有權勢顯赫的大族。於是他決定要立自己寵愛的采女田聖為皇后，他的決定在朝廷上引起了軒然大波，大臣們紛紛上書勸阻，漢桓帝在極大的阻力之下終於同意立竇妙為皇后。

立了竇皇后，漢桓帝便晉升竇武為越騎校尉，並封他為槐里侯，隨即又升遷為城門校尉。

面對加官進爵，竇武卻聲稱自己身體不好堅決地予以推辭。除此之外，竇武更加緊了對宗族、賓客、僕人的管束，要求他們不得幹違法的事。

永康元年（一六七年）十二月二十八日，漢桓帝劉志死，竇太后臨朝執政。桓帝荒淫了一輩子卻沒留下一男半女。竇太后在大臣的建議之下選擇河間王劉開的曾孫劉宏繼位，因為桓帝來自河間，劉宏即漢靈帝。

第十八章 玩樂天子 靈帝劉宏

漢靈帝劉宏，東漢第十一代皇帝，章帝玄孫解瀆亭侯劉萇（劉萇與桓帝為堂兄弟）之子，母親董氏。他於建寧元年（一六八年）十二歲時被擁立為帝，在位二十二年。謚號「孝靈皇帝」。

漢靈帝劉宏由一個已經落魄了的皇族旁支亭侯子弟，搖身一變而為萬乘之尊是幸運的。同時，他登上皇位又是不幸的。漢桓帝留下的是一個千瘡百孔的國家，宦官躍躍欲試地覬覦著皇權，外戚虎視眈眈地準備統理朝政，遍野的饑民之聲、士人的不平之鳴，奏響了一曲末世哀歌的前奏。

01 少年天子：身陷外戚與宦官之爭

皇帝年齡的幼小，促成了外戚和宦官權力的爭鬥。這樣的事在各個朝代都有，但漢朝尤甚，最後竟發展成為皇權的外落，這不能不說是漢代的悲哀。

漢靈帝即位時還是個不諳世事的少年，對於宦官集團與士大夫集團的政治鬥爭，他當然會感到茫然。東漢王朝自和帝劉肇登基以後，多出幼年及少年天子，這些年幼的天子當然不會懂得如何去管理朝政大事，這就給了那些皇族外戚與內廷宦官可乘之機，他們之間為執掌國政而不斷地進行鬥爭，勝利的一方即代替皇帝行天子許可權，漢靈帝朝這種鬥爭的趨勢更加激烈。

漢靈帝建寧元年（一六八年），以竇太后、竇武為首的外戚集團與以曹節、王甫為首的宦官集團爆發了鬥爭。由於靈帝年幼，朝中便由竇太后執政，她當然不會虧待竇門子弟。經過論功冊封之後，她的父親竇武被封為聞喜侯，竇太后的兄弟竇機被封為渭陽侯，位拜侍中；竇武哥哥之子竇紹為都侯，遷步兵校尉，竇靖為西鄉侯，位拜侍中，掌管羽林左騎。這樣一來，竇氏家族一時之間權傾朝野內外顯貴異常。竇太后臨朝執政後，又起用了陳蕃，將陳蕃拉攏進了竇氏家族。竇武與陳蕃又起用了在「黨錮之禍」中受害的李膺、杜密、尹勳、劉瑜等人，這些大臣又出現在朝堂之上參與政事，使許多士人看到了一些為漢室效忠的希望。

宦官曹節在靈帝即位後被封為長安鄉侯，他不甘心受到壓制，千方百計地通過後宮關係向竇太后大獻殷勤，以此取得了竇太后的信任。但曹節畢竟是宦官，他這樣做引起了陳蕃與竇武的擔憂，於是他們密謀除掉曹節，竇太后卻拿不定主意。陳、竇二人不得已採取了武力消滅宦官集團的計畫，卻事先被宦官得知，從而激起了一場宮廷事變。永康元年九月初七，宦官們把靈帝騙出宮後關閉宮門，他們逼迫尚書起草詔令，任命宦官頭目王甫為黃門令，又脅迫竇太后奪取了玉璽，然後派人去逮捕竇武等人。竇武當然不肯受詔，他與侄兒竇紹邊戰邊退至軍中，召集數千人鎮守都亭。陳蕃一聽說發生變亂，立刻帶領屬下官員及太學生八十多人，手持兵器衝入承明門與王甫的兵士遭遇。結果，陳蕃被逮捕後送往北寺獄，後被宦官折磨而死。竇武與竇紹的兵力較弱，二人被重重包圍之後自殺身亡。被宦官抓獲的竇家宗親以及姻親甚至賓客等都被殺害了，以前經陳蕃、竇武舉薦之人遭免官並永不錄用。竇太后見大勢已去，憂憤而死。

宦官們對竇氏家族積怨已久，他們用一輛非常簡陋的車裝著太后的屍體隨便放置於城南一所宅院之中，曹節、王甫準備以貴人的禮節將太后隨便發喪了事，結果沒有得到靈帝的認可。曹節等人又想把太后獨自葬於別處，不與桓帝合葬，靈帝一時也拿不定主意，於是詔令公卿會議討論。會上，曹節、王甫強調「竇氏罪惡」，朝臣互相觀望都不願意先說話。最後，衛尉陳球說：「皇太后以盛德良家母臨天下，她配先帝是無所疑。」太尉李咸也表示支持。李咸上疏認為「后尊號在身，親嘗稱制，且援立聖明，光隆皇藥」，甚至說：「太后以陛下為子，陛下豈得不以太后為母！」這句話使靈帝最終支持了朝臣主張的太后與桓帝「合葬宣陵」的意見。

從「太后葬禮」都要拿到公卿會議上討論一事，可以看出靈帝的昏庸無能，此後外戚與宦官的較量也告一段落。從此，宦官更加驕橫霸道，直到中平六年（一八九年）靈帝死時，朝政都在宦官勢力的控制之下。

02 再起黨錮禍：天子無為，十常侍弄權

竇氏外戚失勢後，由於漢靈帝的無能只能成為一個傀儡皇帝，而真正的權力卻落在了宦官的手中。

漢靈帝的皇位來得有點意外，因桓帝無子，他才得以劉姓族人的身分榮登寶座。自登基之日起，他的心裡就籠罩著一個可怕的陰影，隨著危機四伏的宮廷生活的繼續，他心裡的懼怕程度越來越重。他異常敏感，極其脆弱，總是擔心有人圖謀社稷、覬覦王位、侵奪皇權，就像他突然得到皇位那樣，又在突然間喪失皇位。靈帝身邊的宦官們非常清楚地掌握了靈帝的心理狀態，他們利用靈帝的這種心理為自己製造有利的形勢，不斷地營造出「謀反」「叛逆」的假象來嚇唬靈帝。

李膺等人在第一次黨錮之禍發生後，雖然被罷官並終身禁官，但天下士大夫都一致推崇他們的操守而抨擊朝廷，還給他們取了許多讚美的稱號：稱竇武、陳蕃、劉淑為「三君」，君是指一代之典範；稱李膺、荀翌、杜密等人為「八俊」，俊是指為人之英傑；稱郭泰、范滂、尹

勳等人為「八顧」，顧是指能以自己的德行引導別人；稱張儉、翟超等人為「八及」，及是指能引導別人追求典範；稱度尚、張邈等人為「八廚」，廚是指能施財物救人危困。竇氏外戚被誅除以後，黨人清廉自守在社會上威望極高，他們為陳蕃、竇武申冤，攻擊時政，自然涉及宦官的切身利益，因此遭到了宦官的嫉恨。宦官們每擬詔書總是重申「黨人之禁」。

中常侍侯覽對張儉尤其怨恨，他的老鄉朱並是個好邪小人，時為張儉所唾棄，侯覽便投意他誣陷張儉。朱並上書誣告張儉與同鄉二十四人互相別署稱號，結成朋黨，圖謀社稷，而以張儉為領袖，靈帝於是詔令收捕張儉。

永康二年，宦官曹節指使人奏請「諸鉤黨者故司空虞放及李膺、杜密、朱寓、荀翌、翟超、劉儒、范滂等，請下州郡考治」。年少無知的靈帝竟問他：「什麼是鉤黨？」曹節答道：「鉤黨就是黨人。」靈帝又問：「黨人做了什麼惡而要殺他們？」曹節回答道：「他們相互勾結，圖謀不軌。」靈帝問：「他們想做什麼不軌的事呢？」曹節又答道：「想要奪權竊國。」一聽鉤黨之人要竊國，靈帝馬上奏准了曹節的奏請，曹節乘機捕殺虞放、李膺、杜密、范滂等百餘人，妻子皆徙邊。此外，藉機報私怨和地方官濫捕牽連，以致死徒、廢禁者又有六七百人。熹平元年（一七二年），宦官又指使司隸校尉捕黨人和太學諸生千餘人。熹平五年，進一步下詔州郡，凡黨人門生、故吏、父子兄弟及族親都被免官禁錮。直到光和二年（一七九年），武都郡上祿縣長和海上書言黨錮之弊，黨人的禁錮才被解除。這就是歷史上第二次「黨錮之禍」。至此，賢能忠義進步勢力遭到徹底打擊，宦官們消滅了敵對的政治力量，地位得到了提高，更加深了靈帝對他們的依賴。

宦官張讓因除掉竇武、陳蕃之功，由小黃門升為中常侍。中常侍是宦官中權勢最大的職位，負責管理皇帝文件和代表皇帝發表詔書，是皇帝最親近之人。漢朝初年，中常侍沒有固定的編制，慣例是設四人，每人年俸一千石。靈帝卻將編制增加到十二人之多，他們是：張讓、趙忠、夏惲、郭勝、孫璋、畢嵐、栗嵩、段珪、高望、張恭、韓悝、宋典。以張讓、趙忠為首，這些常侍都貴盛無比，分封為侯，並與時任大長秋和領尚書令的大宦官曹節、任黃門令的大宦官王甫互為表裡、把持朝政、行凶作惡。靈帝光和四年（一八一年），曹節死後趙忠以中常侍代領大長秋，張讓也成為「監奴典任家事」的宮廷總管。此時，張、趙二人的權勢達到了頂峰。他們的父兄子弟也沾光被派到各地做大官。當時人們把張讓、趙忠為首的十二中常侍專權稱作「十常侍」。昏庸的漢靈帝曾對人說：「張常侍（張讓）是我父，趙常侍（趙忠）是我母。」堂堂天子居然如此稱呼家奴，不能不說是千古笑柄。

宦官們通過掌控靈帝，利用皇權剷除了能與他們的勢力直接抗衡的力量，宦官專權由此達到了歷史的頂峰。身體上的殘缺和社會的鄙視，使得宦官們具有卑劣的人格和極強的報復心理，他們是一個十分腐朽的政治集團，由這個集團所掌控的皇帝來操持朝政、總攬大權，社會的極端黑暗是不言而喻的。在政治上，宦官們挾主專權，在全國範圍內實行獨裁統治，人們對他們只要稍有不滿，就慘遭誣告與陷害，要麼流放禁錮，要麼被罷官、投向大牢，或遭到殺身滅族之禍。在經濟上，宦官們兼併土地，恨不得包攬天下所有的良田，將它們盡數占為己有，其巧取豪奪的行徑與強盜並無不同。在生活上，宦官們更是腐化糜爛，揮金如土，並帶領著靈帝胡作非為。宦官們的無恥作為，使東漢王朝迅速向下沉淪了。

03 西苑賣官：君主愛財，取之無道

君子愛財，取之有道。而靈帝作為劉氏統治天下的一位統治者，卻是一位取之無道、貪婪奢靡的君主，致使劉家江山危在旦夕。

漢靈帝在以張讓為首的宦官集團的帶動之下大肆玩樂。宦官集團不僅為了保住自己的地位和政治上的利益而實行黑暗統治，而且貪得無厭，他們派自己的父兄、子弟、姻親、賓客、心腹到各州郡縣為官，施盡各種斂財手段，積聚了大批財產。為了保證向外搜刮的暢通無阻且名正言順，他們以皇權為庇護，獻媚靈帝就是他們的拿手好戲。先和四年（一八一年），靈帝在宦官的帶領之下，於西園及後宮設置市肆，命令後宮采女扮成客舍主人。在後宮的市肆中，靈帝令采女們販賣、行竊，雙方爭鬥，靈帝以此飲宴觀賞來取樂，直把皇宮內鬧得烏煙瘴氣。

實質上靈帝對權力的興趣並不大，他最感興趣的是錢。靈帝劉宏雖為皇室宗親，但因劉氏分支眾多，只有少數貴盛，其餘都式微了。靈帝父親位列侯位，與大富大貴的當朝權貴相比，家境當然只能算是一般。母親董氏，一向嗜財如命，看到別人暴富紅了眼，恨不能把別人的家

產全都搶過來據為己有。劉宏在母親的感染之下，對金錢、財產有著極大的佔有欲，連做夢都想著能撿到錢。劉宏做了皇帝之後，「普天之下，莫非王土」，然而他卻不相信全天下的財富都是他的。他視財如命，卻不放心把聚斂來的錢放在宮中，於是又派人在西苑建造萬金堂，將所收的錢幣繒帛藏於其中。不過他還是覺得應當像作侯爵時那樣置點田地買些房產才算保險，於是就拿出一部分派人回到河間老家購買良田、營造宅第。又將剩下的錢財分別寄存在宦官的家裡，一家存上幾千萬。以張讓、趙忠為首的宦官集團也是欲壑無限，這與靈帝的私欲不謀而合，於是他們便投靈帝所好，為靈帝廣事聚斂，自己也乘機巧取豪奪。

宦官暗中賣官爵始於漢桓帝之時，當時是為了彌補宮廷財政匱乏的局面。但光和六年（一八三年），靈帝在張讓的慫恿之下公開在西苑設立官爵買賣所，卻是為了聚積錢財。他們根據官爵大小高低及做官以後能得到油水的肥瘦分等收錢；求官的人可以估價出錢，出價最高的人就可以得標上任；可以現金交易，也可以賒欠，到任後再加倍償還。到了中平二年（一八五年），朝廷公卿和地方刺史、太守，以致三公都可以用錢買了。靈帝還採納了張讓的建議，除了在西苑開設官爵買賣場所之外，官吏的調遷、晉升或新官上任都必須支付三分之一至四分之一的官位標價，也就是說官員上任要先支付相當於他二十五年以上的合法收入。許多官吏都因無法交納如此高額的做官費，而嚇得「棄官而走」。當時有錢者之所以買官，就是因為有了官位就可以敲詐勒索百姓，就可以不擇手段地瘋狂收回買官時的「投資」，甚至是一本萬利。

靈帝設立西苑賣官制度後，改變了漢代以徵辟的方式提拔官吏的制度。以往地方向上級每年推薦數名賢士，再通過考核選出其中合格的人向上一級推薦，審核官吏的權力主要控制在官僚手中，所以形成了官僚集團。自從官位可以用金錢買到後，許多腰纏萬貫的地方豪強都做了大官，原來可以通過徵辟入仕的讀書人，則因沒錢買官而失去了做官的機會，所以靈帝的賣官制度使本來已經很尖銳的宦官與官僚集團矛盾進一步激化了。官吏以重金買得官職後，一上任便急於想方設法地用各種名目搜刮民脂民膏以撈回本錢，並不能為人民辦一點實事，因而激起了民憤。宦官弄權放縱，皇帝荒淫無道，官僚地主貪婪奢靡，使原本就十分尖銳的階級矛盾達到白熱化，終於引發了一場轟轟烈烈的農民大起義——黃巾起義，它使得漢室江山搖搖欲墜了。

04 靈帝憾事：後宮三麗人

後宮諸人為了維護自己的利益乃至家族的利益，不惜採取極端手段，你爭我奪，因此如何對待後宮之事也是皇帝能力的一種表現，但靈帝在處理中卻留下了遺憾。

靈帝於建寧四年（一七一年）立宋貴人為皇后。宋皇后是扶風平陵人，出身不算特別顯貴，卻也夠得上是皇親國戚。漢章帝時宋氏家族的兩姐妹便同時被選入宮廷，而且被封為貴人，大宋貴人還生了皇子劉慶，曾被立為太子，後被廢為清河王，宋皇后正是兩姊妹的曾孫女輩。宋氏聰慧美麗，深知宮中勾心鬥角、相互傾軋的險惡生活，因而待人接物小心謹慎，唯恐出錯而遭到不幸。俗語說「是福不是禍，是禍躲不過」，渤海王劉悝的妃子是宋皇后的姑姑，宦官中常侍王甫與劉悝有過節，總想找機會進行報復。宋皇后初立時由於靈帝的寵愛，王甫沒有對她怎樣，後來何氏進宮，靈帝漸漸疏遠了宋皇后，王甫感到時機成熟了就誣陷劉悝謀反，靈帝聽信了他的話將劉悝逼死。王甫為免遭宋皇后將來對自己進行報復，索性一不做二不休，又於光和元年指使人誣告宋皇后利用「巫蠱之術」惑亂後宮、詛咒皇帝。靈帝憤怒之餘又聯想到劉悝謀反一事，即下詔廢黜宋皇后，並誅殺了宋皇后的父親及兄弟，並流放她的其他親屬。宋皇后無辜遭廢，親人又被連累，不久便憂憤而死。昏庸的漢靈帝有時也會百思不解：堂叔劉悝從沒有犯過什麼錯誤，他是桓帝的同母之弟，又怎麼會謀反呢？宋皇后與自己共承天下，又怎麼會詛咒自己呢？雖然這樣想，但靈帝還是沒有走出宦官們為他製造的陰影，到死也沒有對劉悝及宋皇后的冤案進行平反安撫。

宋皇后含冤而死後，靈帝並沒有立后之意，但朝臣卻認為國有君卻無后，應盡早立后以告天下。當時，南陽屠夫何真之女何氏召選入宮，因其美麗得靈帝之寵愛。若按照漢習俗及「采女制」，何氏低賤的屠夫家庭出身是沒有資格入選宮廷的，但當時的腐敗現象嚴重，她的父親「用金帛」賄賂宮中採選人員，何氏才得以入選。何氏入宮便得到了靈帝的寵幸。熹平五年（一七六年），何氏為靈帝生下了皇子劉辯，因靈帝以前的幾位嬪妃、貴人所生的孩子大都夭折，劉辯可以說是靈帝的第一個兒子。靈帝因劉辯的出生而欣喜若狂，何氏因此被封為貴人。光和三年（一八〇年），靈帝又在權臣的主張下進一步冊封何貴人為皇后。

何氏由一介平民搖身一變而為後宮之主，使她產生了一種極為狂妄的扭曲心態。被冊封皇后以後，何氏驕橫之心迅速膨脹，她欲專寵後宮，對其他嬪妃又狠又防又嫉妒。靈帝的又一愛妃王美人生下了皇子劉協之後，何氏的這種心理達到頂峰——她派人毒死了王美人。此事件之後，由於宦官的苦苦哀求，何氏保住了皇后的鳳冠，但也永遠失去了靈帝的恩寵而苟活。

王美人是趙國人，其祖父王苞是東漢王朝的五官中將。王美人的出現給靈帝奢靡的後宮生活帶來了一陣清新。她豔麗的容顏更勝何皇后，她具有美善的品行、大家閨秀的賢淑、才華橫溢的靈秀之氣，這種氣質是其他嬪妃無法相比的。但王美人得寵之時，何氏已立為皇后，何氏生性嫉妒，驕縱專橫，恨透了王美人。王美人懷孕後，她擔心因此而遭何氏的毒手，自己的性命受到威脅，同時也會給自己腹中的孩子帶來不幸，就想方設法打掉胎兒，但卻沒有成功。光和四年（一八一年）三月，天意使得王美人生下一位皇子，即劉協。劉協的出生使何皇后不僅擔心自己的地位，而且擔心以後兒子的地位，因此產生了更大的恐慌，便毫不顧忌地鴆殺了王美人。事情很快被靈帝查明了，但何皇后這個殺人凶手沒被廢除，王美人卻永居九泉之下。

靈帝每見到皇子劉協，常常會思念起善解人意的王美人，以致在臨死之前還企圖違背「嫡長制」欲立劉協為帝。靈帝將立劉協的願望囑託給大權在握的臣子蹇碩，足見他對王美人的情意。

帝王後宮的鬥爭之險惡有時連皇帝也無法主宰，嬪妃們為了自己的利益乃至家族的利益，為了達到目的不惜鋌而走險採取極端手段。因此能夠處理好後宮之事也是皇帝能力的表現，靈帝顯然是一個失敗無能的人。

05 新君之位：無奈嫡長制

繼承人的選擇對一個家族、一個國家來說都是至關重要的，它關乎社稷的穩定、家族的興衰。而在封建社會「家天下」的時代，家族的利益要高於國家的利益，為了保證權力的一脈傳承，統治者們的選擇範圍是狹小的，能力是次要的，血緣才是最重要的決定因素。

漢靈帝因對何皇后產生了憎惡，便不想立劉辯為太子，批評他「無威儀，不可為人主」。因王美人所生劉協酷似自己，又對美人有不盡的思念之情，於是欲立劉協為皇位繼承人，但按照嫡長制，靈帝又擔心宦官、外戚、朝臣不同意他的做法。從各個政治集團的利益上、從維護傳統上，外戚、官僚與宦官三方的態度都要立劉辯為太子。靈帝無奈，卻一直不死心，在臨死之前把劉協託付給自己的心腹蹇碩，讓他尋找機會擁立劉協為帝。

漢靈帝末期由於世運不濟，劉氏政權岌岌可危，靈帝因此親手組建了一個以「西苑八校尉」為核心的衛戍部隊，小黃門蹇碩為上軍校尉統帥這支部隊，蹇碩素有「壯健而有武略」之稱。儘管從表面上看，蹇碩的權力很大，但實際上不過是一個低級的軍官而已，只是藉靈帝之名發號施令罷了。蹇碩與何皇后之間的矛盾由來已久，他深知何皇后的哥哥何進手中握著兵權，靈帝之託很難實現；加上在嫡長制的制度之下，劉辯身為長子是皇位的合法繼承人，而現在要他廢嫡立庶是更加有難度的。為達目的就必須先誅殺兵權在握的何進，蹇碩決定先下手為強。

中平六年（一八九年），靈帝駕崩。蹇碩在停放靈帝靈柩的大殿四周密布了伏兵，欲待何進入大殿叩拜時乘機動手將其殺死。然而蹇碩的計畫卻被何進得知了，何進立即部署反撲，並通報了何太后。何太后得知後，與何進一起擁兵入宮，升朝議政，宣布十四歲的皇長子劉辯為皇帝，是為漢少帝（**史稱廢帝**）。何皇后以太后身分臨朝，何進與太傅袁隗輔政，負責軍國事務。蹇碩一計不成又施一計，他想到與宦官商議一起捕殺何進，不巧機密再一次洩露，何進命黃門令將蹇碩拿下並處死。

何進除掉了心腹大患，以皇帝舅舅的身分輔政，並且拉攏了「累世寵貴，海內所歸」的袁紹、袁術二人，其權力日益膨脹。何進橫行朝野，大臣們心中十分不平。靈帝之母董太后也憤恨不已，便發誓除掉何氏一黨。何太后卻先發制人，她與何進一起設毒計除掉了董太后。劉協原在董太后的保護之下生活，這樣一來他的性命已十分危險。

被何進拉攏的袁紹見蹇碩、董太后雖除，但宮內宦官的勢力仍然強大，就向何進獻計希望盡除宦官，但何進及何太后卻不贊同。袁紹幾次進言都沒得到同意，於是他私自行事，假託何進之命密謀誅殺宦官。袁紹的行動引起了張讓等人的恐慌，他們得知袁紹與何氏正在密謀誅殺宦官之事，於是發動宮廷政變殺死了何進。何進部將吳臣、張章得知何進被殺，急忙調集軍隊包圍了皇宮；中郎將袁術也率兵攻打宮殿，放火燒了南宮九龍門及東西宮，逼迫宮中交人。張讓等人慌忙去見何太后，只說何進謀反焚宮，卻沒說他已死。何太后驚慌失措，被張讓等人挾持與少帝劉辯、陳留王劉協一起逃入北宮。

這時袁紹等帶人衝入宮中，他命令軍士見宦官就殺，但卻不見張讓、段佳二人。原來，他們已攜少帝兄弟出北門，夜走小平津，逃到了黃河岸邊。被何進的同黨追上後，張、段二人自知難免一死，轉身投入了滾滾東去的黃河之中。

這場外戚與宦官的火拼兩敗俱傷，劉氏政權實際上也就隨之滅亡了。

第十九章　玩偶皇帝　獻帝劉協

東漢最後一位皇帝是獻帝劉協。漢獻帝年僅九歲被擁立為皇帝，在位時間長達三十一年之久，但他的皇帝生涯自始至終都在扮演著大臣們手中的玩偶角色，最終劉家的江山被曹丕篡取。此後劉協以「山陽公」自處，五十四歲終老山陽（今陝西省商洛市山陽縣），葬禪陵。

01 幼立長廢：權臣的翻雲覆雨手

劉協歷經千險，在沒有任何庇護下登上了皇帝的寶座，卻是在權臣之間隨波逐流、苟且偷生，扮演著一個玩偶角色。

中平六年（一八九年）靈帝駕崩，靈帝死前將自己所鍾愛的幼子王美人所生的劉協託付給心腹蹇碩，讓他抓住機會擁立劉協為天子，可惜蹇碩事敗為何進所殺。劉協當時的庇護人董太后也因與何太后在把持朝政的問題上產生了矛盾為何氏所害。眼看性命岌岌可危，一場變故卻挽救了多災多難的劉協，並使他歷經重重大難後戲劇性地登上了皇位。劉協的皇帝位置沒能在蹇碩的幫助下爭取到，卻在外戚與宦官之爭的意外宮廷政變中唾手而得。

在外戚何進與宦官張讓的火拼事件中，董卓帶兵進入了洛陽。董卓成長於桓帝末年，他當時任軍中司馬，因征討并州立功被封為郎中，他將賞賜分給部下而得到部下的愛戴。黃巾起義爆發後，董卓隨左中郎將皇甫嵩領兵擊退了圍攻長安的涼州軍韓遂、馬騰。此後，漢靈帝擔心董卓擁兵自重，幾次想調動他的兵權，但董卓始終不肯交出，無奈之下靈帝只得順水推舟委任他作河東太守。於是董卓屯兵於河東，以靜觀朝野變化。董卓是奉何進之召前來宮中的，他看到何進的信感到自己的機會終於來了。宮廷政變時董卓已逼近洛陽，他聽說少帝在北芒，就與大臣們一同前往奉迎少帝，少帝劉辯見有大軍來嚇得失聲痛哭。董卓上前參見時，劉辯已嚇得語無倫次，董卓只好與時為陳留王的劉協交談並細問政變之事，劉協不慌不亂地詳細作答。董卓以此認為劉協賢能，並且劉協是董太后養大，董卓認為自己與董太后同族，於是心生廢少帝、立陳留王為帝的念頭。

董卓因救駕之功而自居，他蠻橫地對文武百官說：「這個皇上沒有能力，不可以奉承宗廟，做統治天下的君主。我想效仿伊尹、霍光之舉，改立陳留王為皇帝，大家認為怎樣？」官員都十分惶恐，沒有人敢回答，唯有尚書盧植認為此事不妥。董卓甚為氣憤，第二天又集群臣於大殿，威脅何太后下詔廢黜少帝劉辯，何太后無奈只好下詔書說：「皇帝的儀表缺少帝王應有的威嚴，而且在為先帝守喪期間未能盡到做兒子的孝道，如今讓他做弘農王，改立陳留王劉協為一國之君。」於是扶劉辯下殿，向坐在北面的劉協稱臣。何太后哽咽流涕，朝臣則心中悲傷，卻沒有一個人敢說什麼。於是劉協即了皇位，年號初平，是為漢獻帝，董卓自己則當了相國。

獻帝劉協在沒有任何庇護的情況下做了皇帝，當時只有九歲，一個九歲的孩童怎能預料未來會發生什麼事呢？他只有隨波逐流罷了。此後，獻帝劉協憑藉著自己可憐的智慧與挾持他的各色人等進行了無力的反抗，但這在那些久經政壇的軍閥眼裡只能算是孩童的遊戲，無奈的獻帝只能輾轉於各個權臣之間苟且偷生，天子的尊嚴所剩無幾。

02 受制董卓：傀儡皇帝無可奈何

獻帝劉協雖貴為天子，卻無權執政，面對天下興衰，只能做一個名副其實的幌子，任由臣子擺布。

劉協當上皇帝後，並沒有機會行使天子的大權，董卓入主洛陽後便意欲獨攬大權。但他的人馬不過三千步騎，僅僅是城中的袁紹、袁術統領的官兵的十分之一，實在是少得可憐。董卓善詐，便弄了一個小把戲來迷惑人們。每當夜深之時，董卓便把人馬偷偷帶出城去，到了第二天清晨，卻大張旗鼓地讓這支人馬開進城來。這樣反覆數次進出之後，洛陽的軍民也搞不清董卓到底調來了多少兵馬。不久，董卓又接連收編了原來何進及執金吾丁原的士卒，並把丁原手下的驍勇之將呂布收作義子，從此兵力大增，洛陽城完全在其控制之下了。

董卓擁立獻帝之後，自封為太尉，不久又戴上相國、太師的桂冠，位居三公之上。董卓極其傲慢，他上朝不趨，並可佩劍上殿，文武百官言語行為稍有不慎即被他處死，由此可見董卓的位尊權重。董卓原本就是個殘忍的傢伙，一朝大權在握，便縱容手下官兵殘殺洛陽城裡無辜的老百姓，他的士卒闖進私宅姦淫婦女、擄掠財物，其倒行逆施造成了洛陽城的混亂狀態。朝中一些有見識的官員，包括典軍校尉曹操在內都先後離開了洛陽朝廷，另有圖謀。

此時，各地梟雄討伐董卓之聲紛紛響起。董卓擔心廢帝（也就是弘農王劉辯）活著會給其他不同意他擁立獻帝的人留下一線復辟的希望，使他們討伐自己師出有名，便決意置劉辯於死地。董卓派人給劉辯送去毒酒，劉辯只能任人宰割，他悲憤地飲下毒酒結束了十八歲的生命。

董卓在朝廷內外充溢的討伐聲中也有些懼怕，決定挾持獻帝遷都長安，可憐的獻帝只能離開洛陽宮中隨董卓前往長安。董卓到了長安仍不改其嗜殺成性、瘋狂掠奪的作風，在距長安兩百六十里處的郿縣修築了一座被稱為「萬歲塢」的高牆大院，挑選一千多美女陪住其中，積聚了無數的奇珍異寶，以及可供三十年吃的糧食，準備以此雄踞天下以至終老。

董卓自知樹敵很多、不得人心，所以時刻警惕防範著身邊的人，他的義子呂布因武力超群而成為董卓的貼身保鏢，反對他的人都很難有機會下手除掉他。初平三年（一九二年），司徒王允借用美人計離間了董卓與呂布的義父子關係，呂布殺掉了董卓，董卓滅族。董卓之死大快人心，兵士們高呼萬歲，老百姓在大街小巷載歌載舞，長安城中一片歡呼雀躍、飲酒相慶。

獻帝因董卓而登基，其間並無實權，只能做一些對董卓利益無擾的事情。興平元年（一九四年），關中地區旱災嚴重，獻帝讓侍御史侯汶開倉接濟災民，但仍然有許多餓死的人。獻帝雖年幼，卻意識到可能是侯汶克扣，經查驗證實了侯汶假公濟私的情況，於是獻帝下詔杖責侯汶，從而使饑民切實得到賑濟，為百姓做了一點好事。

沒有董卓，獻帝無法成為皇帝，有了董卓卻空有皇帝之名。董卓控制了他這個天子，使他成為董卓給朝臣及諸侯看的一個招牌。獻帝想重振祖業，卻連起碼的尊嚴也無法保障，看來劉氏的輝煌已經一去不復返了。

03 軍閥之爭：身世浮沉雨打萍

才出狼窩，又入虎穴，漢獻帝的日子何其苦矣。

漢獻帝在董卓手裡是個名副其實的傀儡。袁紹因董卓擁立獻帝而與其反目成仇，關中十八路諸侯聯合打起反抗董卓的旗號。因為董卓沒有撲滅群雄的野心，所以他也懶得利用獻帝。獻帝在這種情況下雖然處境艱難，卻還沒有淪落到被人當工具的程度。但董卓是個不守禮法的人，獻帝也十分擔心董卓哪一天會不高興便殺掉自己，他在董卓的淫威下噤若寒蟬。這時，各地豪強地主以袁紹為盟主，圍攻洛陽討伐董卓，廢帝劉辯已為董卓所殺，對於獻帝來說諸侯們推翻董卓是件好事。獻帝無時無刻不在想辦法掙脫董卓的魔掌，並希望藉助諸侯軍閥的勢力將其消滅。

司徒王允指使呂布刺殺董卓後，本來是獻帝登上政治舞臺的一次極好機會，而朝政大權又由王、呂兩個人把持著，唯一不同的是，獻帝可以過幾天安穩日子了。王允雖然是位忠義正直的臣子，但他在董卓亡後對餘部的處理缺乏合理的判斷，他沒有及時分化董卓的殘部，瓦解官軍從而穩定民心，卻不斷擴大打擊面，株連很廣。老百姓紛紛傳言王允準備殺盡涼州（即董卓部下）人，形勢一下子在王允的重壓之下發生了極大變化。

涼州人李傕、郭汜等都是董卓的部將，他們在董卓死後派人到朝廷請求給予赦免，但缺乏政治眼光的王允未能同意，李、郭二人在迫不得已的情況之下率軍向長安城進發。他們收拾董卓殘兵達十多萬人，於初平三年（一九二年）五月將長安包圍起來，由於長安城內呂布的堅守，李、郭與之相持八天攻不下城。後因呂布之兵發生內亂，李、郭之兵才得以攻進城中。李傕、郭汜聯軍的凶殘比起董卓真是有過之而無不及，王允被殺，呂布率殘部投奔袁術。獻帝落入李傕、郭汜之手，晉升李傕為車騎校尉，郭汜為後將軍，兩人共掌朝政。李、郭二人動不動就威脅獻帝要割掉他的腦袋，可憐的獻帝終日食不知味，夜不能眠。興平元年（一九四年），獻帝行加冕禮，改年號為興平。

次年即興平二年（一九五年），李傕、郭汜二人又因相互猜忌而最終兵刃相見。李傕派人脅迫漢獻帝出宮，暫時取得了主動權。接著，他縱兵入宮大肆燒殺搶劫，宮闕被焚燒殆盡。獻帝無奈派大臣到郭汜營中調和，郭汜囂張地扣留了幾位大臣。此時的獻帝不過是李、郭爭鬥的一種工具罷了，後來在董承等大臣的保護下逃離李傕、郭汜兩路人馬的追堵，經過千辛萬苦於當年十二月逃到了安邑，興平三年（一九六年）七月回到了故都洛陽。洛陽城在經過董卓之兵的毀滅、破壞之後一片荒涼，只剩斷瓦殘垣，人丁稀少，滿目瘡痍。

獻帝在李、郭之爭中處境最為悲慘，不僅在政治上成為了李、郭爭鬥的工具，在生活上更是淒慘到有時連飲食都難以供應。雖貴為天子，卻輾轉流徙於豪強軍閥之間，生命都難以保證，獻帝再也無心去實現他的任何政治理想和恢復劉家祖業的心志了。

04 被禁曹操：天子還是政治工具

對於一個淪落慘敗的統治者來說，又成為了統治的工具，應該是不幸中的大幸，起碼物質得到滿足，精神上得到尊重。是天子，還是政治工具已經不重要了。

李傕、郭汜於興平元年（一九四年）發生火拼，獻帝輾轉東遷到洛陽舊都，隨著軍閥混戰局面的形成，他的政治作用也越來越突顯出來。還都之後，朝廷百官甚至沒有居住之處，糧食少之又少，有的官員餓死在斷垣殘壁之間。當時各州郡首領均擁兵自重，沒有人來洛陽過問皇帝的艱難處境。

此時，兗州刺史曹操卻及時來朝見獻帝了。曹操曾經參加過鎮壓黃巾起義之事，因功升為濟南相。後來漢靈帝設置西苑八校尉，曹操當了八校尉之一的典軍校尉，成為皇帝核心武裝的將校之一。但不久後靈帝死去，廢帝劉辯即位，何太后臨朝掌權，東漢政府長期存在宦官與外戚的鬥爭尖銳起來，政局十分混亂。董卓以武力廢掉劉辯，立劉協為獻帝，自封相國，把持朝政，並縱兵洗劫洛陽。曹操親歷這場變故，也親眼目睹了董卓之禍，他對此十分不滿，拒絕了董卓的封官誘惑，並逃離洛陽，在陳留招募兵馬，與關東各地軍閥一起聯合起來反對董卓。董卓之亂後，東漢王朝名存實亡，失去了對各地州郡的控制。各地軍閥割據稱雄，各霸一方，造成了大分裂的局面。西元一九二年，青州的黃巾軍攻入兗州（今山東西南部和河南東部一帶），殺了刺史劉岱，兗州的官吏請曹操擔任兗州刺史。曹操遂集中兵力打敗了黃巾軍，得降兵三十萬之眾，他從這些兵士中挑選出青壯年，充實和擴大自己的隊伍，組成了有名的「青州兵」，從此曹操在兗州有了立足點。

得知獻帝逃離李、郭二人之手回到洛陽後，曹操的一位謀士對他說：「如今天下四分五裂，皇帝流亡在外，奉行仁義的軍隊會很容易地取得勝利；擁有豐富的財源，才能鞏固自己的地位。應該尊奉天子，用朝廷的名義向那些叛逆之臣發號施令；發展農業和桑蠶業，以積蓄軍用。這樣才能成就霸業。」此言深得曹操之意。曹操採納了他的建議，於建安元年（一九六年）秋，親自到洛陽朝見獻帝，獻帝備感欣慰。曹操見洛陽殘破，城中無糧，便要將獻帝迎到許昌（今河南許昌東）。漢獻帝和大臣聽說到了許昌就有糧食，都盼望著早點遷都。就在當年八月，曹操把漢獻帝迎到了許昌，許昌成了東漢臨時的都城，也叫作許都。許昌是曹操的地盤，曹操從此牢牢地控制了東漢政府，開始了他「挾天子以令諸侯」的政治活動。

獻帝得到物質上的保障與曹操的尊重，與他在董卓及李、崔二人控制之下的形勢不同，曹操表面上對他還是禮遇的。獻帝遷都許昌後，任命曹操為大將軍。曹操具有了殺違犯軍令者的權力，有了總統內外諸軍的權力，總之是總攬朝政、大權在握。後來曹操表面上為了拉攏袁紹而辭去了大將軍之職，改任司空，但是天子在許昌，曹操高出所有文臣武將的地位可想而知。

漢獻帝在許都過著衣食無憂、無所事事的天子生活。但有時也會感到一種無形的壓力，因為曹操在不斷地誅除公卿大臣，不斷地集軍政大權於己身。曹操將皇宮侍衛都換成了自己的親信，他先是打擊了最有影響力的三公，罷免了太尉楊彪、司空張喜；然後誅殺了議郎趙彥；接著又發兵征討楊泰，解除近兵之憂；最後是一方面以太子名義譴責袁紹，打擊他的囂張氣焰，另一方面又將大將軍之職讓給袁紹，以穩定大局。獻帝與臣子們被隔絕起來，忠於劉氏江山的朝臣們被殺，曹操的專權行為引起了漢獻帝和一些朝臣的極大不滿。

獻帝在曹操的控制下生活著。這時中原地區的袁紹和曹操兩大勢力正進行著頻繁的政治和軍事鬥爭，孫策佔據了江東、劉表佔據了荊州、劉璋割據益州、涼州被韓遂和馬騰佔有、公孫度盤踞遼東。曹操「挾天子以令諸侯」的伎倆被各軍閥看穿之後，軍閥鬥爭越演越烈，劉家江山已搖搖欲墜。

05 衣帶詔：無謂的反抗

興亡誰人定，勝敗豈無憑，歷史的演變總有其規律，在被囚禁的情況下做一些內部策略，只能是一些無謂的反抗。

曹操將獻帝控制在許都之後，對如何消滅各地軍閥，尤其是與自己勢力相當的軍閥袁紹，是很講究策略的。他起初拉攏袁紹，避免與他過早地交鋒，先打擊其他較弱的勢力。曹操從陳留起兵到進入兗州，只用了兩年的時間，就形成了一個強大的割據力量；又經過了三四個年頭的艱苦戰鬥，先後打敗了進犯兗州的淮南軍閥袁術和徐州的陶謙、呂布，鞏固了兗州，擴大了地盤。一些地方豪強如李通、任峻、許褚、呂虔、李典釋也先後率領宗族、家兵前來追隨曹操，使曹操的勢力更加強大，敢與稱雄北方的袁紹分庭抗衡了。曹操受封大將軍，掌握朝政，「挾天子以令諸侯」。曹操因怕迎奉漢獻帝會激怒袁紹，又把大將軍之位讓給袁紹，自降為司空，對袁紹仍持低姿態。一系列的事實證明曹操的策略是成功的，曹操在建安五年（二〇〇年）的官渡之戰以少勝多擊敗了袁紹大軍，得到了北方大片土地。此後曹操相繼佔領北方州郡，到建安十二年（二〇七年）降服烏桓，統一了北方。

漢獻帝被曹操禁於許都之後也不是無所作為。他見曹操有集權於一身的趨勢，就企圖削弱他的權力，又準備找機會除掉曹操，以恢復自己的皇權。他便用鮮血寫成了一封詔書，秘密地藏在衣帶之中，這便是「衣帶詔」。獻帝把它賜給密臣董承，讓他與劉備等人密謀誅殺曹操，然而獻帝試圖收回皇權與對命運抗爭的這種積極努力卻不幸地失敗了。建安五年（二〇〇年），密謀被洩露，除劉備已藉故出走倖免於難之外，董承等主要參與的大臣都被曹操問斬，並處誅滅族人。獻帝的董貴人是董承的女兒，當時已有身孕，獻帝求曹操放過她，最終也未能倖免。

獻帝的伏皇后見董貴人之死，內心極為不安，於是寫信給其父伏完，歷數曹操的罪狀，請求他盡早尋找機會除掉曹操。曹操得知後勃然大怒，進宮脅迫獻帝廢去伏皇后。獻帝猶豫不忍，曹操便霸道地讓尚書令華歆起草廢后詔書，逼著獻帝蓋印。伏皇后得詔書後正想搬出後宮，忽然華歆又帶人來搜捕她。伏皇后嚇得躲進宮中的夾牆裡，但被華歆發現，華歆揪住伏皇后的頭髮將她拖到外殿。獻帝正在外殿坐著，看到自己的皇后披頭散髮、光著雙腳，情形十分悲慘，情不自禁地淚流滿面。華歆將伏皇后拉走，致使伏皇后最終幽閉而死。隨後，伏皇后生的兩個兒子都被曹操毒死，伏氏家族受株連被處死的有一百多人。漢獻帝眼睜睜地看著自己妻離子散，卻無力保護他們，痛苦時時折磨著他的心，同時他也明白更大的變故還在後面等著自己。建安二十年（二一五年）正月，曹操立他的第二個女兒曹節為獻帝的皇后。

漢獻帝實際上沒有做過一天真正的天子。初登大寶就被董卓把持朝政；董卓之後的李、郭二人又將獻帝作為他們爭奪的戰利品；逃回洛陽又落入曹操之手而移駕許昌，成了曹操的工具。曹操一旦發現這個天子已無足輕重，恐怕就不會再需要這個「傀儡皇帝」了吧？

06 禪位曹丕：劉家江山終易姓

漢獻帝一生生活在傀儡的影子下，最終還要背負敗落劉氏家族江山的罵名，哀其之大不幸！

曹操於建安十八年（二一三年）被漢獻帝封為魏公，加「九錫」：御用大車和兵車各一輛，各配有四匹黑色雄馬駕車；龍袍、冠冕並配上紅色的禮鞋；諸侯享用的三面懸掛的樂器和三十六個人演出的方陣舞；住宅的大門可以漆成紅色；登堂的臺階可以修在簷下；虎賁衛士三百人；象徵權威的兵器斧、鉞各一柄；朱紅色的弓一把，朱紅色的箭一百支，黑色的弓十把，黑色的箭一千支；祭神用的美酒一罎，並配有玉圭和玉勺。「九錫」是古代天子的待遇，可見曹操已經在為取代大漢王朝而作精心的政治安排了。獻帝明白曹氏代漢自立為帝的日子一天天地逼近了。這年七月，曹操的魏國開始建立祭祀土神與穀神的社稷壇和曹氏祖先的宗廟。建安十九年（二一四年）三月，獻帝頒布詔書指出魏公曹操地位在諸侯王之上，改授金制印璽、帝王和諸侯專用的紅色綬帶，以及諸侯王專用的遠遊冠。

建安二十五年（二二〇年），曹操病死，獻帝十分高興，以為曹操一死便可親政了，於是改建安二十五年為延康元年。當然，這只是獻帝幼稚的幻想而已。曹操死後不久，他的兒子曹丕就命手下的人捏造出種種祥瑞，說漢室氣數已盡必將被魏國代替，並且命華歆等人到許都脅迫獻帝讓位給他。華歆起草好了退位詔書逼迫獻帝頒布，獻帝只有認命，派御史大夫張音將詔書送給曹丕。曹丕得到詔書心中大喜，但卻裝模作樣地不肯接受，上表給獻帝做出推辭的姿態，如此反覆之後，華歆等人致書勸曹丕登臨大寶，又脅迫獻帝交出了傳國玉璽。可憐的獻帝沒有一個自己的親信及相當的勢力範圍，只得任由他人擺布，即使他一再努力，也沒能保住已徒有虛名的劉家江山。

獻帝於西元二二〇年十月告祭祖廟後，禪位給曹丕，他的禪讓標誌著漢朝四百餘年命運的終結。曹丕在繁陽亭登上受禪壇，接受玉璽，即皇帝位，隨即進入許都，改延康元年為黃初元年，國號魏，追尊曹操為武皇帝，廟號太祖。將獻帝廢為山陽公，曹皇后為山陽公夫人，搬出宮外，卻仍以漢天子之禮看待。做了大半輩子傀儡皇帝的劉協終於告別了他的玩偶生涯，十四年之後，獻帝於魏青龍二年（二三四年）抑鬱而終，享年五十四歲。葬於禪陵，諡號獻皇帝。

漢獻帝劉協的一生可以說是傀儡的一生，他歷盡磨難，飽受人格的凌辱，任人擺布，毫無君主之尊嚴。與歷代帝王比較而言，他的命運是淒慘的，最終還要背負劉氏江山敗落在他手中的罵名，真是大不幸矣！

大地叢書介紹

作者：李柏
定價：300 元

那天是西元一八九年、東漢光熹元年，八月二十八日，董卓帶領的軍隊擁著皇帝回到洛陽，回到亂糟糟的皇宮。東漢帝國脆薄的外殼在那天清晨被敲開一個小孔，像照著鍋沿輕敲雞蛋一般。帝國的崩潰開始了。

如同多數三國人物一般，董卓有他的戲劇臉譜：肥胖、好色、殘忍好殺；而歷史上的董卓……沒有翻案，也確實是如此。

事實上，董卓在歷史上活躍的時間很短，也不是什麼翻轉歷史進程的人物(換句話說，沒了董卓還會有千千萬萬個董卓)，但他的出身乃至權傾天下的過程卻是面絕佳的歷史透鏡，使我們得以一窺「中華第一帝國」腐爛乃至崩潰的千絲萬縷。

《亂世的揭幕者：董卓傳》以董卓的生平為經，東漢末年的政治局勢為緯，記述東漢帝國崩解乃至三國開始的過程。承襲前作《橫走波瀾：劉備傳》的敘事風格，作者李柏不強行翻案、不呼熱血口號、不作英雄崇拜，但求奠基於詳實史料之上，以平實流暢的現代筆法，帶領讀者抽絲剝繭，一探歷史謎霧後的真相。

相信透過此書，讀者將能領略更深、更廣、更真實的三國世界。

大地叢書介紹

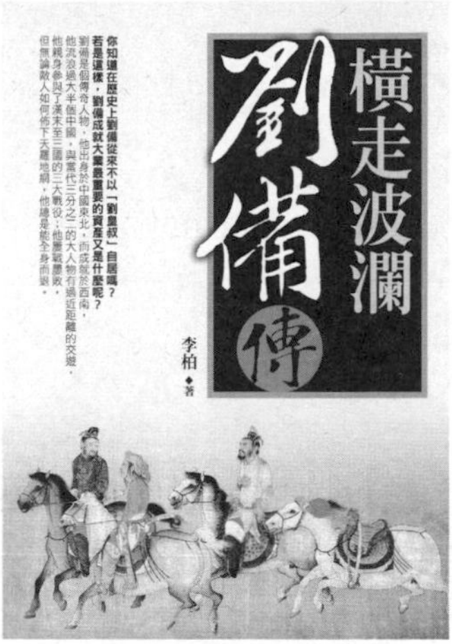

作者：李柏
定價：280 元

你知道在歷史上劉備從來不以「劉皇叔」自居嗎？若是這樣，劉備成就大業最重要的資產又是什麼呢？

劉備是個傳奇人物，他出身於中國東北，而成就於西南，他流浪過大半個中國，與當代三分之二的大人物有過近距離的交遊，他親身參與了漢末至三國的三大戰役；他屢戰屢敗，但無論敵人如何佈下天羅地網，他總是能全身而退。

這樣一個傳奇人物，絕對不是「仁義」、「識人之明」、「愛哭」這些簡單的概念所能涵蓋的，劉備一生所走過的，是各種精準或荒謬的政治計算，以及東漢各地方派系的傾軋。

本書不呼道德口號，不搞熱血英雄崇拜，而是從純粹正史的記載中，還原一個走過驚濤駭浪的大人物的一生。本書語法輕鬆詼諧，內容深入淺出，是搭配各式三國改編戲劇、動漫、電玩的最佳選擇。

正說大漢二十二帝 / 劉雅琳著. -- 一版.-- 臺北市：大地, 2022.01
面：　公分. --（History：114）
ISBN 978-986-402-352-3（平裝）
1.帝王 2.傳記 3.漢代
782.272　　110019976

正說大漢二十二帝

History 114

作　　者：劉雅琳
發 行 人：吳錫清
主　　編：陳玟玟
出 版 者：大地出版社
社　　址：114台北市內湖區瑞光路358巷38弄36號4樓之2
劃撥帳號：50031946（戶名：大地出版社有限公司）
電　　話：02-26277749
傳　　眞：02-26270895
E - mail：support@vastplain.com.tw
網　　址：www.vastplain.com.tw
美術設計：成樺廣告印刷有限公司
印 刷 者：博客斯彩藝有限公司
一版一刷：2022年01月

大地

定　　價：300元